编辑委员会

主　　　任　郝　平
副　主　任　龚旗煌
委　　　员　（按姓氏笔画排序）
　　　　　　卞　江　孙飞宇　朱守华　刘建波　李　猛
　　　　　　杨立华　吴国武　张旭东　陆俊林　周飞舟
　　　　　　昝　涛　高峰枫　傅绥燕　强世功

主　　　编　"通识联播"编辑部
编辑部主任　强世功
编辑部副主任　冯雪松　曹　宇
成　　　员　（按姓氏笔画排序）
　　　　　　王东宇　肖明矣　张欣洁　张钰涵　韩思岐

北大通识核心课

西方文明及其传统

Western Civilization and Its Traditions

"通识联播"编辑部 ◎ 编

图书在版编目(CIP)数据

西方文明及其传统 / "通识联播"编辑部编. — 北京：北京大学出版社，2021.10
（北大通识核心课）
ISBN 978-7-301-32496-7

Ⅰ.①西… Ⅱ.①通… Ⅲ.①文化史—西方国家—高等学校—教材 Ⅳ.①K103

中国版本图书馆CIP数据核字（2021）第183969号

书　　　名	西方文明及其传统 XIFANG WENMING JIQI CHUANTONG
著作责任者	"通识联播"编辑部　编
责任编辑	周志刚
标准书号	ISBN 978-7-301-32496-7
出版发行	北京大学出版社
地　　　址	北京市海淀区成府路205号　100871
网　　　址	http://www.pup.cn　新浪微博:@北京大学出版社
微信公众号	通识书苑（微信号：sartspku）
电子信箱	zyl@pup.pku.edu.cn
电　　　话	邮购部 010-62752015　发行部 010-62750672 编辑部 010-62753056
印　刷　者	三河市北燕印装有限公司
经　销　者	新华书店
	650毫米×980毫米　16开本　21.5印张　322千字 2021年12月第1版　2021年12月第1次印刷
定　　　价	68.00元

未经许可，不得以任何方式复制或抄袭本书之部分或全部内容。
版权所有，侵权必究
举报电话：010-62752024 电子信箱：fd@pup.pku.edu.cn
图书如有印装质量问题，请与出版部联系，电话：010-62756370

序言一

北京大学校长 郝平

近年来,高等教育界一直在探讨通识教育在人才培养方面的重要作用,不断探索、深化通识教育改革。通识教育,首义是"通",要求教育通达不同学问之识,使学生在广泛了解人类文明深厚积淀的基础上,增强跨界融通的能力,更好地适应不断变化的时代环境,发挥推动时代进步的作用。

当前,以智能化、信息化为核心,融合人工智能、大数据、云计算等新技术的新一轮科技革命方兴未艾,给各行各业带来系统性、颠覆性影响。科技创新、产业变革的"跨界""跨国"程度显著提升,社会对知识的需求呈现出综合化趋势,迫切需要能够站在促进全人类发展与进步的高度去思考并具有解决问题能力的复合型人才。

同时,我国高等教育已经进入普及化阶段,国家和人民希望拥有更加优质的教育资源。高等教育改革作为一项社会改革,能否在遵循教育规律的前提下办好人民满意的教育,实现内涵式发展,成为社会的重要关注点。为此,党的十八大以来,党和国家对新时代人才培养提出了新要求,特别强调要努力培养德智体美劳全面发展的社会主义建设者和接班人。

在这样的时代背景下,当代大学生要成为担当民族复兴大任的时代新人,不仅要成为某一领域的"专才",还应具备国际视野和探索精神。时代在进步,随着对人才素质要求的日益提高,传统的专业教育模式已经不能充分适应教育改革创新和经济社会发展的需要,而通识教育致力于培养"宽口径、厚基础"的人才,则有利于形成与专业教育各扬所长、相得益彰、共筑合力的育人模式，培养更多符合时代需要的优秀人才。

多年来，北大一直致力于创新通识教育理念与实践探索。早在20世纪80年代，北大就确立了"加强基础、淡化专业"的教学目标，并率先推出了公共通选课。进入21世纪，以元培教学改革为抓手，北大开始探索通识教育的管理体制，并从2010年起开设通识教育核心课程，构建起"人类文明及其传统""现代社会及其问题""人文与艺术""自然与科技"等四大通识教育核心课程体系，受到学生的广泛欢迎。2016年，北大发布本科教育综合改革方案，提出坚持以"立德树人"为根本，坚持以学生成长为中心和"加强基础、促进交叉、尊重选择、卓越教学"的教育理念，探索建立"通识教育与专业教育相结合"的本科教育体系，努力为学生提供更好的学习和成长体验，引导学生树立正确的世界观、人生观、价值观。

随着教育改革的推进，今年已经是北大通识核心课推出的第十个年头。在对课程成果汇总凝练的基础上，六十余位亲自参与课程教学的学者详述了通识课程教学的探索历程，三十余位悉心求知的学生回忆了自己探究学问的学习心得，集结成"北大通识核心课"丛书，包括《中华文明及其传统》《西方文明及其传统》《现代社会及其问题》《人文与艺术》及《自然与科技》。

这套丛书有两个最鲜明的特点。

第一，将经典阅读和思考作为通识教育培养体系的重要环节。"工欲善其事，必先利其器。"从实践来看，若要通过通识教育培养更多全面发展的人才，就必须掌握并运用有效的教育方法。阅读经典著作能够帮助青年重温人类文明和智慧，许多国际知名高校都十分重视经典阅读，明确将其作为通识教育的重要内容以及培养大学生文化底蕴的重要途径。北大的通识核心课也是在凝聚"经典阅读、批判反思""大班授课、小班讨论"等基本共识的基础上展开的，强调对经典文本的阅读和对根本问题的研讨，通过对专业知识、经典著作的学习和思考来提升学生的人生境界和思想品质，培育学生的人文精神、历史观念与科学素养。

第二，不仅诠释了通识教育的时代意义和价值内涵，也总结、凝练了北大十年来通识核心课的教学成果，真实记述了新时期北大本科教育的改革历程和实践探索。不断培养心系人类命运、志在社会发展的栋梁之材，是大学的首要使命，也是大学推进通识教育的力量之源。北大将继续从探索和积累中汲取智慧，努力开辟出一条"中国特色、世界一流"的通识教育之路。

"同心而共济，终始如一。"中国的每一所大学都承担着为中华民族伟大复兴培养时代新人的神圣职责。我们衷心期盼通过这套丛书，与高等教育的同仁交流教育思想、探讨改革路径，在通识教育领域进一步实现"知行合一"，更好地履行大学的根本任务，为国家和民族培养出更多理想远大、信念坚定、视野宽广、能力突出、人格健全、身心健康的优秀人才。

2020 年 10 月 20 日

序言二

北京大学教务部部长 傅绥燕

通识教育是近些年来一个非常流行的词,但可能还没有一个所有人都认可的准确明晰的定义。通识教育也在以各种形式开展着,但无论哪种形式的教育,其实都有着共同的目标,那就是:给予学生创造生活的能力并获得生命丰满的机会。简单来讲,"学以成人"大约可以涵盖通识教育最为核心的部分。

作为中国最为优秀的大学之一,北京大学肩负国家人才培养重任。引领未来的人,不仅要有优秀的专业能力,更要有人文的情怀、历史的观念和全球的视野。在中国内地高校中,北京大学最早提出要将"通识与专业相融合",并将通识教育的目标确定为"懂自己、懂社会、懂中国、懂世界"。作为一个自然人,社会人,有情感、有理性的人,今天的大学生,只有去了解、去认识、去理解,才能真正地"懂"。人是不断成长的,通识教育很难说能在哪一个特定的时间内完成,理解"自我、社会、中国与世界"大约应该是持续一生的过程。当然,大学是最好的提升阶段。

通识核心课是北京大学为实现通识教育的目标而建设的系列课程。希望学生在北大读书期间,通过对人类文明发展历程及现代社会问题的学习和认识,一定程度上了解自己、了解人和自然的关系、了解人和人的关系、了解现代社会的秩序以及这一切的来龙去脉。只有这样,才能跟自然和谐相处,才能跟其他人和谐相处,才能实现国和国之间的和谐相处。我们希望,通过几门课程的学习、几本书的阅读,教师可以将最基本的方法教给学生,教会他(她)如何读书、如何思考;给他(她)

开一扇窗，使之看到一片天地的存在。在这样的学习过程中，一些基本的能力自然而然地就能够培养起来，例如阅读、思考、交流、合作等。在未来的成长之路上，学生可以将这样一种经验、体悟扩展到或迁移到其他方面，进行自我塑造，并逐步走向成熟。

自 2010 年起，北京大学开始推动通识教育核心课程试点工作，在课程的选择、老师的选择、课程的讲法以及如何去契合通识目标上都非常谨慎。我们特别强调经典阅读以及对根本问题的思考和研讨，希望借此奠定北大本科生共同的理念、知识和问题意识。至 2020 年，北京大学共组织建设了 89 门"通识教育核心课程"。"北大通识核心课"丛书共分为 5 本，涵盖中华文明及其传统、西方文明及其传统、现代社会及其问题、人文与艺术、自然与科技等主题，将过去几年来北大老师在建设通识核心课中的宝贵经验和实践成果进行凝练和整理，希望借此深化中国大学对通识教育的理解，对营造大学育人文化起到积极的作用。

2020 年 10 月 21 日

目 录

一、探问通识教育

通识经典 | 大学通识教育的两个中心环节 .... 甘　阳　2
博雅GE微访谈 | 时空坐标中生命的关照 .... 朱孝远　11
博雅GE微访谈 | 学人的读书生活 .... 张新刚　17
博雅GE微访谈 | 马克思、《资本论》与我们 .... 方　敏　25
博雅GE微访谈 | 基督教解释传统之外的《圣经》研究 .... 高峰枫　32
博雅GE微访谈 | 超人 — 权力意志 — 永恒回归的尼采之歌 .... 赵敦华　41
博雅GE微访谈 | 哲学是哲学史 .... 先　刚　50
博雅GE微访谈 | 经典阅读与现代生活 .... 李　猛　60
博雅GE微访谈 | 洞悉生命中的美与丑 .... 吴　飞　70
博雅GE微访谈 | 理解西方 反思现代 探讨政治 复归哲学 .... 吴增定　77
博雅GE微访谈 | "帝国理由"五百年 .... 章永乐　87
博雅GE微访谈 | 哲学教育的门径 .... 李　猛　94
博雅GE微访谈 | 根本问题不会随时代变化而变化 .... 吴　飞　106
博雅GE微访谈 | 成为自我教育的人 .... 孙飞宇　112
博雅GE微访谈 | 我怎么教学生读《理想国》 .... 吴增定　124
博雅GE微访谈 | 理性所建构的世界 .... 陈　波　132

二、课程大纲

课程大纲 | 文艺复兴名著选读 .... 朱孝远　142
课程大纲 | 古希腊罗马历史经典 .... 张新刚　151
课程大纲 | 《资本论》选读 .... 方　敏　158
课程大纲 | 《圣经》释读 .... 高峰枫　161
课程大纲 | 尼采《查拉图斯特拉如是说》导读 .... 赵敦华　165
课程大纲 | 古代西方政治思想 .... 李　猛　173
课程大纲 | 中世纪西方政治思想 .... 吴　飞　181
课程大纲 | 现代西方政治思想 .... 吴增定　184

| 课程大纲 | 公法与思想史 .... 章永乐 190
| 课程大纲 | 哲学导论 .... 李　猛 198
| 课程大纲 | 理想国 .... 吴　飞 203
| 课程大纲 | 国外社会学学说（上）........................... 孙飞宇 206
| 课程大纲 | 国外社会学学说（下）........................... 李　康 212

三、通识教与学

| 助教心得 | 从一次教学改进看通识教育 .... 李宇恒 218
| 学生感言 | "以苦为师" .... 尚闻一 222
| 助教心得 | 从尼采阅读浅谈人文经典教学 .... 金一苇 225
| 助教心得 | 关于"古希腊罗马历史经典"课程的问与答 .... 李振宇 228
| 助教心得 | 亲历经典 .... 谭鸿渐 232

四、含英咀华

| 优秀作业 | 伯罗奔尼撒战争之始 .... 杨　晨 236
| 优秀作业 | 神学的转变与文明的交融 —— 浅论"12世纪文艺复兴"
  .... 尚闻一 248
| 优秀作业 | 豪拉提乌斯的罪与罚 —— 试梳理李维关于豪拉提乌斯案的叙述
  的历史脉络 .... 余晓慧 273
| 优秀作业 | Why Does Moses Smash the Tablets? .... 朱子建 282
| 优秀作业 | 地上之城的企望 .... 马若凡 285
| 优秀作业 | 马基雅维利《君主论》中的命运与德性 .... 赵宇飞 293
| 优秀作业 | 苏格拉底的哲学教育不应为阿尔西比亚德的行为负责 ... 缪　辰 308
| 优秀作业 | 格劳孔的理论对特拉需马科的两个命题的继承与超越 ... 潘明烨 312
| 优秀作业 | 浅析格劳孔对特拉需马科在正义命题上的继承与超越 ... 田　芄 318

编后记 .... 强世功 324

一、探问通识教育

通识经典
大学通识教育的两个中心环节

甘 阳[①]

自从1995年原国家教委在武汉召开"文化素质教育试点工作会"以来，我国许多大学都在以不同方式推动"大学本科通识教育"的发展。目前面临的问题是，在初步的尝试以后，我国大学的通识教育道路下一步到底应该怎么走，例如，是否需要成立"文理学院"（本科生院），通识教育时间应该是一年还是两年，如何看待国外特别是美国的通识教育经验（目前各校实际都以美国大学为主要参考），等等。

我以为，我国大学推动通识教育（General Education），首先要力戒形式主义和外在模仿，而要注重实质性的积累。通识教育的根本，首先在于能体现通识教育理念的相关课程和教学方式，如果在课程和教学方式上无法落实通识教育的理念，那么其他方面的所有改革，例如成立"文理学院"等，未必有太大意义；反过来，如果课程和教学方面能够体现通识教育理念，那么其他外在形式方面未必一定要做大规模的变动。我们应该力求找到一条代价比较小、折腾比较少的渐进改革道路。

我想在这里提出，中国大学的通识教育可以走一条更有实质效果的道路——以建立通识教育的"共同核心课"（the common core course）以及建立"助教制度"这两个环节为中心。我以为，这一道路是代价比较小但收效比较大的稳健道路，而且比较容易操作。首先，建立通识教育的"共同核心课"，暂时并不需要变动大学现有的所有课程体制，而只要求最有效地充分利用教育部已经规定的"素质教育课"（通选课）

---

① 本文首刊于《读书》2006年第4期。作者为清华大学新雅书院院长，中山大学博雅学院创始人、首任院长。

部分，但必须改变近年国内大学流行的通选课方式。此外，"助教制度"则以研究生来担任本科生课程特别是通识教育课的助教，这一制度不仅可以加强本科通识教育，同时本身就是培养博士生和硕士生的重要方式，这也是国外大学的普遍做法。美国大学的博士生毕业后大多能很快胜任教学工作并有与学生沟通的良好技巧，这与他们在读研究生期间大多担任助教有很大关系。相比之下，我国近年研究生大量扩招，但博士生和硕士生却几乎都不参与教学工作，这实际导致我国研究生在基本学术训练方面有严重欠缺。我国大学的研究生基本都是由大学提供奖学金，有理由按国外大学的通常做法，规定凡拿奖学金的须担任助教工作。

不过现在首先有必要检讨一下我国各大学近年推行"素质教育课"（通选课）的做法。"素质教育课"或通选课原本是我国高校为推动通识教育所做的努力，但我个人感觉，目前各校普遍采取的通选课方式，似乎恰恰可能使我国大学的通识教育努力流产，其原因仍然在于对通识教育的某种误解。目前各校的通选课设计基本都是模仿美国大学的通识教育体制，例如普遍把通选课体制分为五大类或六大类科目，规定每类至少选修一门，等等，因此初看上去这些通选课似乎就相当于美国的通识教育课。但实际上，这些课程与美国大学的通识教育课在性质上完全不同。根本的差别在于，在美国大学，通识教育课程是本科生前两年的主课和基本课程，亦即所谓"核心课程"，因此有严格的教学要求和训练要求。例如芝加哥大学本科四年要求修满四十二个课程，其中一半即二十一个课程为全校"共同核心课"即通识教育课程，这些课程是所有本科生前两年的共同主课和基础课，每门课的要求都很严格。但在我国大学现行体制中，由于通选课只是本科生主要课程以外的附加课，因此在教学体系中实际多被看成是额外的、次要的、可有可无的，最多是锦上添花的课（理工科院系尤其如此），这些课因此大多没有任何严格的要求和训练，往往成为学生混学分的课，或最多增加点课外兴趣的课。

简言之，我国大学目前对通识教育的普遍误解就在于，不是把通识教育课程看成是本科的主要课程和基础学术训练，而是把它看成仅仅是在主课以外"扩大"一点学生的兴趣和知识面，说到底只是在传统的"专业主义"不变的前提下给学生加点"小甜点"。因此具体做法上就不是有效利用目前学分有限的"通选课"来着重建设通识教育的"共同核心课程",而是片面追求不断扩大通选课的范围和数量,似乎通识教育目标就是"什么都知道一点",因此可供选择的通选课门类越全、课程数量越多,那么通识教育就搞得越好。如果继续按照这样的方式去发展通识教育,我国大学发展通识教育的努力实际将只能流产,再过十年二十年,也不大可能有什么结果。

我国大学目前"通选课"的学分本来就十分有限(教育部规定不低于十个学分,清华是十三个学分,北大最高为十六个学分),我以为正确的做法本应是有效利用这宝贵而有限的通选课学分,借鉴美国大学"核心课程"的科学教学方式和对学生的严格要求,首先着重建设对全校通识教育发展最基本的"核心课程",不求数量,但求质量,在逐渐积累这些高质量"核心课程"的基础上,最终形成比较完善的通识教育课程系统。因此,我们在参考美国通识教育模式时,应该首先着重考察美国大学的"核心课程"以及它严格的教学方式和严格的训练要求,这些方面才是我们特别值得借鉴的。而我国大学往往把注意力集中在盲目仿效美国通识课程的外在分类方式,却恰恰忽视了,我国目前的通选课,实际与美国大学的通识教育课并不是对等的,因为美国大学通识课程无论怎样分类——例如芝加哥分为六个领域,哈佛分为七个领域,斯坦福分为九个领域,其共同点是这些科目就是本科生前两年的"核心课程",这些"核心课程"都是严格设计、严格要求,并且往往是这些大学的精华和风格所在。

以斯坦福大学为例,通识教育课程分为九个领域,最出名且学校最重视的是其中的第一领域,即所谓"各种文化、各种观念、各种价值"(简称 CIV),这是每个本科生在大一都必修的核心课程。首先这是连续三个学期的课(斯坦福实行每学年三个学期的学季制),每课每学期五个学分,每周上课五小时,外加每周讨论时间通常三至四小时,最少不低于两小时;讨论课方式要求分成每班十五人左右(由博士生做助教来带领讨论)。这个 CIV 核心课程通常每个学期有数门课供学生选择,每门课程都需要经过学校专门的委员会审定批准,但其内容则无一例外都是经典著作的阅读和讨论。以其中一门"古今欧洲"课为例,指定要讨论的读物为:柏拉图对话两种,亚里士多德的《政治学》,《圣经》,奥古斯丁的《忏悔录》,中世纪英国文学作品《坎特伯雷故事》,马基雅维里的《君主论》，这都是西方传统经典，再加一本非西方经典《古兰经》。

再以被公认为全美通识教育重镇的芝加哥大学为例，其通识教育核心课程占本科生全部课程的一半，分为六个领域，每个本科生必须至少修满以下二十一门核心课程：人文学三门，社会科学三门，文明研究三门，外国语文四门，数理科学二门，自然科学六门。以其中的"社会科学共同核心课程"为例，就数量而言芝大的社会科学院一共只提供三门社会科学核心课程，这三门课分别名为"财富、权力、美德"，"自我、文化、社会"，以及"社会政治理论经典"。但这三门课程都是连续三个学期的，因此相当于九门课。学生可以在其中任选三门，亦即你可以选修其中一门课程的连续三个学期，也可以每门课都只选其中一个学期，但每个本科生都必须修足三个学期即三门社会科学核心课。其具体教学方式和要求，通常都是小班教学，也有上千人的大课，但讨论课时就要分成很多小班，这当然就需要很多博士生做助教。例如二十世纪九十年代开设的"财富、权力、美德"课，是由当时芝大的本科生院院长亲自上，选修学生多达千人（芝大一共三千本科生），需要二十多个博士生做助教，每个助教带两个小班，每个班二十人左右。这门课每周两节课，每次课八十分钟，学生每两周要交一次作业，助教每周要带领两个班分班讨论一次，亦即每个助教每周要主持两次讨论，同时要批改两个班四十名学生每两周一次的作业，工作量可以说相当大，而且所有助教每周要和主讲教授再碰头开一次会，汇总各小班问题情况并讨论下周课程安排。

这样的教学方式对学生的负责自不待言，但对学生的要求之严同样也是不言而喻。这些课程的具体内容，同样无一例外是经典著作的阅读和讨论。仍以上述"财富、权力、美德"课为例，其连续三个学期的课程安排是每个学期集中阅读四至五本经典著作，通常第一个学期以柏拉图、亚里士多德的著作为主；第二个学期的四本书是霍布斯的《利维坦》，亚当·斯密的《国富论》和《道德情感论》，以及涂尔干的《社会分工论》；第三个学期则一定有马克思的《共产党宣言》，韦伯的《新教伦理与资本主义精神》，尼采的《论道德的谱系》和《善恶之外》。芝加哥的通识核心课程尤其以强度大出名，没有一个课是可以随便混学分的,因为这些课程都是主课而且必修。

以上所述斯坦福和芝加哥的通识教育核心课程的教学方式、助教制度,以及对学生讨论班和论文的要求,事实上是美国主要大学如哈佛、耶鲁等都普遍采取的方式,各校具体课程各有特色,但在通识教育核心课程的质量、分量、严肃性和严格性方面则是基本相同的。我在这里特别想强调,如果真正开展通识教育,那么规定博士生做助教的制度乃是必不可少的,否则就不可能做到本科生讨论课都要求小班制。同时这种助教制度本身就是培养研究生的重要方式,它既强化了研究生的基础训练,也培养了研究生主持讨论班的能力,包括综合问题的能力、清楚表达的能力、尊重他人和与人沟通的能力,以及批改作业等判断能力,这些都是我国研究生目前普遍缺乏训练而往往能力很弱的方面。

我认为,我国大学发展通识教育,最值得参考借鉴的确实是美国大学的通识教育制度,因为这种制度对学生高度负责任,而且确实非常有效地达到了"打造精英"这一大学本科的教育目标。就美国主要大学本科通识教育课程的基本建制而言,我们应该特别注意一个最根本而且至今不变的突出特征,这就是美国大学本科通识教育事实上是以人文社会科学为重心,即使纯理工学院的通识教育也包含相当大比例的人文社会科学课程。由于这一点对理解大学通识教育的目的和意义至关重要,同时这一点似乎恰恰为我国大学所特别忽视,我在下面分别举三类不同的美国主要大学来加以说明。

第一类是通识教育对所有本科生统一要求的大学,例如哈佛、芝加哥、斯坦福等。以哈佛大学为例,目前本科基本体制是全部课程为三十五门课程,其中通识教育核心课程为八至十门课程。每个学生必须在七个领域的通识核心课程中每领域选修一门以上,这七个领域分别为:外国文化,历史研究,文学和艺术,道德思考,社会分析(社会科学),定量推论(这里一半是社会科学的课),自然科学。换言之,人文社会科学的核心课程占将近80%,这从提供选择的课程分布也可以看出,以2001至2002学年两学期通识教育七个领域供选择的课程为例:文学和艺术三十一门,历史研究二十三门,外国文化十四门,道德思考十门,社会科学九门,定量推论七门(其中四门为社会科学),自然科学十七门。事实上,哈佛的通识核心课程传统上以"文学和艺术"

以及"历史研究"领域的课最多,近年来则特别强调发展"外国文化"领域,将"外国文化"领域提到了通识核心课第一类。目前这个七领域分类是2001年以来的课程分类,较早的哈佛1978年开始的通识教育核心课程则分五类,其中人文社会科学占四类(文学与艺术,历史研究,社会科学与哲学,外国语言与文化),自然科学占一类。1985年后哈佛将通识教育核心课程改为六类,其中五类为人文社会科学(顺序开始改为:外国文化,历史研究,文学与艺术,道德思考,社会科学),而自然科学占一类。与哈佛相比,芝加哥大学通识教育核心课程中自然科学占三分之一强,在前面提到的六个领域二十一门核心课程中,人文社会科学为十三门,数理和自然科学占八门。但芝加哥大学通识教育(即所谓"芝加哥模式")的重中之重是其"西方文明经典"阅读,贯穿于人文社会科学核心课程的每门课中。斯坦福的通识核心课程分为九个领域,其中人文社会科学为六个领域即占三分之二,而且九个领域的重心如前面所言在其第一领域,即所谓"各种文化、各种观念、各种价值",学分占得特别多。

第二类是通识教育课程对文科生和理工科学生区别要求的大学,可以普林斯顿为代表。普林斯顿大学对其理工学院学生的通识课程要求为:必须至少修人文社会科学课程七门,外加英文写作一学期,外语两学期,其他则为数学四学期,物理学二学期,化学一学期。反过来,对文学院学生的通识课程要求则是:英文写作一学期,外语三至四学期,历史学、哲学与宗教二学期,文学、艺术二学期,社会科学二学期,自然科学二学期,同时鼓励但并不要求选修数学和计算机课程。可以看出,这里对理工科学生的人文社会科学课程要求比较高,但对文科生的自然科学要求则比较低。

第三类是以理工科为主的大学,特别是麻省理工学院(MIT)。其通识教育课程的特点,并不在于自然科学的课程比哈佛、芝加哥等在数量上多,而是在于其课程性质完全不同,哈佛、芝加哥的自然科学课程多为所谓"非专业的科学课"(以观念介绍为主的导论课),而MIT的自然科学通识课程则是专业性的数学、物理、化学、生物等课程,在这点上无疑是最类似我国理工科大学的本科专业课。但不同在于,MIT对理工科学生的人文社会科学要求远远高于我国理工科大学,它要求理工科学生必须选修至少八门人文社会科学的课程，而且其中至少三门必须集中在某一特定领域（例如历史、哲学或文学等等）。这里所谓八门人文社会科学的课程，其质量、分量和严格性都是不下于前述芝加哥、斯坦福等大学的同类课程的。

以上三类大学中，就美国而言，或以第一类最有代表性也比较普遍，但我以为，对我国大学而言，目前更值得参考的其实是第二类和第三类。例如北大、复旦、武大等以文理为主的大学，应该更多参考普林斯顿区别理工科和文科学生的安排，因为我国现在从高中开始就已分文理，短期难以改变，因此至少在近期内，大学通识教育课程以区别要求文科生和理工科学生比较实际。同时，对我国理工科传统的大学，则比较值得参考借鉴的应是MIT和普林斯顿理工学院的通识教育安排。但我国大学近年发展"通选课"的普遍做法却都要盲目地学所谓哈佛分类（例如北大的通选课设计就完全机械模仿哈佛1978年的五类分法），实际上这种做法不但不可能学到哈佛通识教育的实质，而且必然导致我国大学的通选课越来越失去目的和意义，结果将变得不伦不类。

这里的最大问题是：美国大学的通识课程相当于我国大学生前两年的主课，而不是仅仅相当于我们目前的通选课。事实上，我国通选课目前只占本科全部学分的不到十分之一，而美国大学的通识教育课程在其全部本科课程中占的比例，芝加哥占一半，哈佛、斯坦福等占四分之一到三分之一，通常最少不低于五分之一。以我们现在如此有限学分的通选课来模仿美国的全部通识教育课程分类，完全是文不对题的。例如上举斯坦福核心课第一领域，每门课五个学分，三学期的课是十五学分，这一个领域的一门核心课学分已经超过我国大学通选课的全部学分（多为十至十二学分）。很显然，如果我们把目前通选课的学分，老老实实地用来集中发展一两个领域的"核心课程"，那么效果会好得多。假如我们非要在形式上照搬美国大学通识教育的分类，那么对称的方式只能是把我国本科前两年的所有课程按美国的通识分类方式全面重新安排，或者把通选课的学分提到至少占总学分的五分之一以上。但这在目前多半是不实际的，而且即使形式上能够做到这样，根本的问题仍然在于实质性方面，即我们能否建立起在教学方式和讨论班安排上都像美国大学那样严格要求的"核心课程"。

我认为，我国大学发展通识教育，理论上有两种可能道路，一种是一步到位，使本科前两年的教学体系彻底改变以往的专业发展模式，完全实行通识教育安排。复旦大学最近建立"文理学院"似乎有这种企图。但其能否成功，标准不在外在形式，而在实质效果，亦即取决于能否真正建立起高质量严要求的"核心课程"教学体制。就目前看，这条道路对于我国大多数大学可能短期内是不太实际的。比较可行的是另一条道路，即充分利用目前有限的"通选课"学分，有重点地建设通识教育的"核心课程"。这里重要的是不应把有限的通选课学分再作平均分配，追求华而不实的门类齐全，而应该把这些学分用在刀刃上，有针对性地集中用于发展对全校通识教育最基本的少数领域的"核心课程"。因此不同的大学应该首先确定什么是自己学校目前最需要发展的通识教育"核心课程"。

以上述三类美国大学的通识教育安排作为参照，我国理工科大学最需要集中发展的通识教育课程领域是人文社会科学的核心课程。因为在数理自然科学方面，我国理工科的本科一、二年级学生，在课程数量和训练要求上肯定超出哈佛、芝加哥等本科生的通识自然科学要求，因此我国理工科大学的通选课实无必要再安排"数理自然科学"等方面的课程，而应将通选课的有限学分集中于发展高质量的人文社会科学核心课程。顺便指出，这种安排实际也正符合教育部原先推动素质教育课的意图。教育部1998年二号文件《关于加强大学生文化素质教育的若干意见》曾明确指出："我们所进行的加强文化素质教育工作，重点指人文素质教育。主要是通过对大学生加强文学、历史、哲学、艺术等人文社会科学方面的教育，同时对文科学生加强自然科学方面的教育，以提高全体大学生的文化品位、审美情趣、人文素养和科学素质。"根据这一精神，我国传统理工科大学显然应将有限的文化素质教育课学分集中在人文社会科学方面。同时，理工科大学的通识教育应该考虑采纳MIT的做法，即要求理工科学生在人文通选课方面相对集中在某一领域（MIT规定每个学生必须有三门集中在某一领域），例如学生可根据自己的兴趣相对集中在"中国历史""外国文学"或"艺术"等领域。如此可以避免走马观花式的泛泛了解，而能帮助理工科学生比较深入地进入人文领域。

另外，我国的传统文理性综合大学，现在恐怕最需要克服的是那种成天把所谓"哈佛模式"挂在嘴上的莫名其妙心理。从我国国情出发，我国文理性综合大学实际很可以参考普林斯顿等大学的做法，对文科和理科的通识教育做出不同的要求和安排。

但不管是选择哪一种具体做法，最根本的仍然在于对"核心课程"的教学和训练方式要有严格的要求，在课程教学方式上应尽可能引入小班讨论以及论文要求等实质性措施，这也就必然需要建立比较完善的助教制度，以实现小班讨论课的安排。最后，"核心课程"的内容方面需要摆脱各种泛泛的"概论课"方式，而应逐渐走向以经典著作的阅读讨论为中心，但这需要另一篇文章来讨论了。

博雅 GE 微访谈
时空坐标中生命的关照[①]

朱孝远

对话通识教育

Q：朱老师，请问您理解的通识教育是什么样的？您是如何在课程中贯彻通识教育的思路并且设计这门课程的？

A：通识教育主要就是通选课，是发展的大趋势。国外早就有了，现在北大也有了。我最近写了一篇北大通选课和加利福尼亚大学通选课之间对比的文章，很快就会发表出来。我们这里的通选课主要是解决知识面太窄的问题，美国的通识教育分量比我们更大一些。美国的课程有学校规定的、学院规定的、系里规定的和专业规定的，层次比较丰富。学校和学院要求的课比如有写作课程、公民教育课程等等。我们这里进入系里主要是专业训练，因此，我们的通识教育和国外相比比重还不是很大。

首先，很高兴学校重视这些课程，我一开始考虑的是一星期上两次课，一次用来上课，另一次用来阅读、讨论。其实这个阅读、讨论的课程并不是要求大家必须来，而是大家自愿的。但是在选课系统上没有说清楚，这让很多同学觉得负担太重了。这个核心通选课我觉得有几个原则，第一个是要讲一些基础的东西。我们其实对于文艺复兴的历史是比较熟的，我们国家有一个老教授——刘明翰教授，他动用了四十多个学者、十多所大学，用了十来年编著了一部十二卷的《欧洲文艺复兴史》。这部书是按照内容编的，比如政治卷、艺术卷等等。对于一门通

[①] 课程名称：文艺复兴名著选读；受访者所在院系：历史学系；访谈时间：2016年3月24日。

选课来说，这样太宽广了。我们要用一些最基本的概念加上阅读来让大家理解。第二个是要有一些创新性，要回答一些之前没有能够回答的问题，比如："文艺复兴为什么延续了350年？""为什么文艺复兴艺术品的标志是两面神？""和古希腊艺术的联系和区别？"第三个是要重视阅读，我们准备了很多阅读材料。最好的学习方法是读书，自己看一遍比听讲一百遍都有用。以前的学生读书的计划性比较强，比如这个学期要把莎士比亚这本书读完，就一定会去读完。现在同学们读书有一些随意性，看到什么就读什么。我们这门课的主要目的，往浅里说，是培养大家的学习兴趣。往深里说，是把大家引入一个领域。就这个目的来说，文艺复兴是一个很好的切入点，因为它刚好从中间把欧洲文明分开了。往前可以追溯到古希腊、罗马以及中世纪，往后可以到启蒙运动和全球文化。从中间切入，对于了解整个欧洲的文化是有帮助的。

每周的第二次课是同学们自愿参加的，我本来设想的是成立一些读书兴趣小组，我们的书单里有很多书，不能一本本讲，但可以通过这些小组的阅读来加深理解。

Q：朱老师，请问在上课过程中，您面临的主要问题是什么？课程要保证学术水准，但面对的是非专业的学生，您如何平衡二者的关系？

A：北大学生见多识广，接受新的东西特别快，不存在陌生的感觉。北大学生是比较敏锐的，我讲得好、讲得坏，一下子就能被他们听出来。其他学校的有些学生养成了一种记忆性的学习习惯，觉得记住了，考试时候拿出来用就够了。我觉得这个不对。大学是一个创造新文化的地方，我们面对的是未来世界，所以最好的结果还是你对学问产生兴趣。就这个目的而言，有没有学过文艺复兴的相关知识就不太重要，重要的是这门课能激发起某种兴趣，提高学生的阅读、写作能力。

何谓历史学？

Q：朱老师，您对历史学的理解是"时空坐标中生命的关照"，您可以细讲一下这一点么？

A：第一，历史镜头要对准人。中国传统就是对准人，《史记》《三国志》都是围绕着人来写的。现在我们很少讲人，只讲政治结构、经济结构而没有人，我觉得不太好。因为有人才有趣。第二，历史学是一个离不开时空的学科，空间是横向的，时间是纵向的。古代各个国家的历史是分散发展的，纵向对其发展比较重要，但发展得较慢。现代世界横向冲击影响很大。比如，引力波的发现对我们的影响要比古代某一事件对我们的影响还要大些。所以，是时间、空间和人组成了历史。

Q：您提到历史学不是一种知识的记忆，但是从上课的感觉来说，我们还是很难进入历史学的话语体系。

A：这个问题我觉得可以这样理解：历史学比较基础；政治学比较现实，更接近现实的社会一些。中国的文科分为两类，一类叫基础研究，一类叫决策研究。中国的问题是，这两部分是两拨人做两拨事，两者没有很好地结合起来。我们并不是想把历史研究变成国际关系研究，但是，我们要在基础研究分工的基础上与别的学科相交融。关键的问题是建立起一种机制，把决策科学建立在一些基础学科的研究之上。这样的话，决策科学就比较深刻，基础学科就比较有用。现在很多同学不喜欢历史学，觉得现代社会变动很快，古代的经验离我们有点远，学习历史学没什么用。其实，深层原因就在于，基础研究与决策研究相对分离、分立。国外一般有只属于政府的研究机构，主要是对基础成果进行再研究，为决策提供依据，这可能就是一种可以参考的机制。我们的目的是要让这两种研究有机地结合起来、互动起来。

Q：对于其他专业，尤其是理科专业的同学来说，他们进入历史学是不是会遇到一些困难呢？

A：一个学问越深刻它的受众面就越狭窄，越浅受众面就越大。历史学在文学和哲学之间，内容比较宽广，因此受众比较复杂。如果你是在研究相对论，这就很少有人能理解。如果是戏剧、艺术、教育、培养情操等等，想了解这些的人是比较多的。这些都是人之常情，无论你是什么专业的，你都是无法抗拒的。比如我们现在注重的人类发展指数，用来衡量人的幸福程度，包含了预期寿命、幸福程度、教育程度、生活状态、自然生态等等，从更多方面来考察，而不只是用经济指标来说明一切。这里，文化就是一个根本的要素。文艺复兴作为一个文化运动，不存在太深奥的东西。虽然有一些书比较难读懂，但有一些书是很好看的。

读书与学问

Q：您怎么看待历史小说，或者通俗的历史读物，和我们这门通识教育课程之间的共同点和不同点呢？

A： 人的文化是很难用一个标准来界定的。通俗作品有的写得很好，比如朱自清的《经典常谈》写得很好。大作家写小作品一般都很好，因为他们通了，不会因为他们写的是一种通俗读物就显得低级。关键不在于形式，而是在于你弄懂了没有。当你不通的时候，你做出来的东西就会变成故弄玄虚，看起来高深莫测，其实是因为你自己还没有真正理解。真正的学术你做不到，真正的通俗你也做不到。不通的话，即使你堆满了史料，还是不通的。通了，即使用平常的语言来讲，也是很好的。所以我们现在不那么追求形式，而是追求有所发现、有所理解，这样就能把学科往前推，突破学科现在遭遇的瓶颈。从这个意义上讲，通选课不是一种比专业课学术水准低的课，它只是课程的一种不同的类型。

Q：您这门课推荐了很多本书，这和精读一本书的区别是什么呢？

A： 读一本书也是好的，老子的《道德经》就五千字，对于很多人来说已经足够了。我们并不一定让大家全读完，但是教学大纲给了大家，就给了大家一种引领，有时间的话随时都可以读。我不可能要求大家全读完，不能让大家在有限的时间里做无限的事情。我希望给大家留下一个印象，如果大家以后想研究文艺复兴，可以根据提纲较有系统地读书。需要强调的是，多和少在这里也是一种辩证的关系，有些人看一本书可以写十本书，有些人看十本书但是一本书也写不出来，这是没有固定模式的。

文艺复兴与我们

Q：文艺复兴这个话题里的文学、艺术与历史之间的关联和区别在哪里呢？

A： 我们确实在谈艺术，但不是从艺术的角度在谈艺术。比如没有读过历史的人，不见得没看过蒙娜丽莎，但是他的理解是表面的，他能看到这个东西很好看，但是没有因果解释、没有分析。学过历史就知道了，希腊人的唯美主义是和当时的政治分裂有联系的，所以用奥林匹斯神山上的诸神来做号召，把他们雕塑得精美绝伦，成为所有希腊人都认同的文化符号，用来一统希腊。这样一种历史认识就相当专业了，就不是表面的第一印象了。所以，我们要避免从浅层次上对艺术品、文学作品做介绍，而是要去揭示其中深刻的内容。我们这种讲法肯定和美院的讲法不一样，这是我们学了历史才能得出的讲法，它是自成体系的。

Q：早期人文主义者——比如但丁——其实是有很强的神学背景的，我们怎么看待这种背景呢？我们现在不处于这个背景当中，学习历史时如何来克服这种困难呢？

A：我们要学习、要了解欧洲，不能不了解他们的宗教。学宗教不容易，但不学习就很难和欧洲人沟通。宗教文化、哲学思想等等都是人与人之间深层了解的工具，我们不能用一种排斥性的心理来理解。我们要保持一种开放性，要保持一种兴趣，去了解世界各地文化上的丰富性。同时对不了解的东西我们更要保持一种好奇心：外国人为什么这么过日子，为什么他们会信仰这种宗教？把这些问题弄清楚很有趣。这是一种加法。我比较喜欢过丰富的生活，喜欢去了解一些我们不熟悉的东西。这些东西不一定有用，但是好奇心促使我们了解一些表面看起来没用但长远看很有用的东西。北大教的学问其实要比我们马上就能应用的知识更多、更广泛一些，这就培养了我们的眼光和看问题的深度、广度。技术性的东西容易很快过时，但北大教给学生的知识、方法不会过时。所以，大学教育不能十分功利地界定什么有用、什么没用，因为我们追求的是世界的丰富化。你要让世界越来越丰富，就要做加法，不能做减法。知识中有很多是不能立即派上用处的，但放在那里，你就觉得有一种依靠。中世纪欧洲人没有知识，所以会去依赖神，他们没有确切的知识，因此只好去求神。我们现在有各种科学、知识，所以我们就生活得稳靠多了。一个问题你有十几种答案，你可能就更安全。就像今天你出门，你衣柜里是没有衣服可以选比较好，还是有十几件衣服可以选比较好？肯定是后者比较好。现代学问的一种进步是用多元说代替一元说，不完全是一个起因，不是 cause，而是 expression。

Q：那各种各样的知识之间是不是会发生冲突，反而会带来学习困难？

A：有选择总是幸福的。如果你连选择的机会都没有，那才是痛苦。但是，你也确实有可能在很多选择中迷失。搞历史的，重点在于展现历史的丰富性，不用某种决定论来规定一切。过去我们是讲决定论的，以为历史学和自然科学是一个东西，有几个条件就一定有某种后果。现在，我们发现事情并非如此，同样一件事情对于不同的人来说可能会产生完全不相同的结果。人与自然界不同，不是简单的刺激和反应，还和接受这个刺激的受体有关系，这里就多了一个步骤。所以，就算我现在可能已经了解到很多东西了，我还是希望有一个更加丰富的人生。体验了多样性之后，你才能知道哪种东西、哪种学问是好的，哪种东西、哪种学问是不好的。

博雅 GE 微访谈
学人的读书生活[1]

张新刚

对话通识教育

Q：您所理解的通识教育是什么？

A：我看过你们之前推送的其他老师对这个问题的看法，我觉得他们已经讲得很好了，我没什么新的观点。对我来说，通识教育主要是给本科生一个比较健全的人文教育。大学阶段是大多数学生塑造基本人生观、价值观的一个阶段，也是容易思考"意义"问题的关键时期，而对于这些问题，读经典总是最有帮助的。并且从长时段来看，在大学里养成的习惯会陪伴人一生，而在这些习惯中，读书可以说是最重要的一个，在这个意义上，经典著作又是最好的伴侣。所以，如果能通过通识教育来接触和深入理解人类文明的一些经典文本，我觉得对大家未来的生活和思考方式会产生积极的影响。

Q：与您在历史学系开设的另一门专业课"古希腊罗马史"相比，这门课程的定位有什么差别呢？

A：我把"古希腊罗马历史经典"这门通识课定义成一门读书课，而历史学系的通史课程更侧重对历史脉络的理解。通史课需要讲授公元前后 500 年间长达一千年左右的历史，由于时间的限制，不能十分详细地照顾到每个细节，因此只能关注一些大的脉络。这一大脉络就是以政治史为线索来梳理西方古代秩序构建的内在机理，而希腊史和罗马史则

---

[1] 课程名称：古希腊罗马历史经典；受访者所在院系：历史学系；访谈时间：2016 年 11 月 17 日。

会分别侧重城邦和帝国的演变两条主线。通识课设计的初衷则是把它作为一门读书课，在这个课上，修昔底德和李维一方面被作为史家，另一方面也是作为思想家来被阅读。除了和学生一起来阅读和讨论两部经典中的具体问题外，还希望慢慢教会学生摸索和掌握读书的方法。因为经典阅读总是要面对那些伟大的作家，进入每个作家心灵的路径是不太一样的，这是不同文本和作者对读者提出的要求，希望这个课能够帮助不同学科背景的人一起进入修昔底德和李维的心灵，通过文本细读把自己变成他者。当然，两门课相同的地方也很多，在通史课上曾经提过，古希腊、罗马的历史，不只是一个断代史或者地方史，因为希腊和罗马是西方文明传统的非常重要的源头。希腊城邦为后世贡献了"政治"这种独特的共同体组织形式和思考方式，罗马在政治上的成就更是一直影响了后世欧洲的秩序演变。具体到修昔底德和李维，他们在撰写两部著作的时候，脑子里想的也都不是一时一地的事情，而是人性、共同体构建、生活方式、道德等普遍性问题。

Q：那是否可以说，这两门课的差别是由历史学本身的专业要求导致的呢？比如哲学系很多的专业课本身就要求选读原著，这些课看上去就和通识课的安排更加相似？

A：具体地说，哲学和历史学肯定有不同的训练方法。写一篇史学论文，首先想到的可能是有没有可靠而充分的史料，而哲学论文处理的主要对象可能是哲学文本和哲学命题。不过，我更愿意看到二者作为人文学科的共通之处。不妨以我这两门课对伯罗奔尼撒战争的讲授做一个比较。在通史课上，我们会介绍不同学者对于这场战争爆发原因的看法。而在读书课上，我们会更强调修昔底德在作为一个作家的意义上是怎么写这本书的，其他人关于这场战争的不同解读则相对不是那么重要。但是，这二者还是能够结合在一起的。比如在对战争原因的讨论中，我们可以借助后世学者的研究，把修昔底德少有涉及的宗教等原因一并予以考虑，再返回到修昔底德这里，思考他为何弱化这个主题而格外强调雅典势力的上升与斯巴达的恐惧。这无疑会加深我们对修昔底德的理解。中国史可能也有类似的情况，比如前段时间，北京大学人文社会科学研究院（文研院）还请了中文系的程苏东老师讲《史记》的编纂问题。对于材料或者文本，我们还是要去揣摩作者本身的意图，这其实也构成了历史事件之外的另一种真实,这同样能够让我们进入遥远的古代世界。

Q:您刚刚也提到您参加了文研院的一些讲座,您觉得这种比较高端的跨学科研究意义上的通识和通识课所代表的通识有什么区别或者联系?

A:文研院的讲座给人文和社会科学青年学者搭建了一个非常好的平台。在这里"跨学科"的意义是,每个学者已经在自己的学科内部和关心的议题上做出一些研究,在这个基础之上,不同背景的学者之间产生的碰撞可能会加深我们对某个具体议题的理解。最重要的是,它能够让学者回到对问题本身的关注上,或者说让学者从自己的专业重新回到一个更为广大的问题脉络中去。通识课的跨学科不是在这个意义上的,它是想给这些学生一个更广阔的和专业的视野,使他们有机会接触到其他专业比较正统的知识教育和思维方式的训练。

课程的安排与目的

Q:您在课上会遇到一些非人文专业的学生吗?这对您的授课带来了什么样的影响呢?

A:我一开始上课的时候做了一个统计,课上大概有来自15个院系的同学,这对我来说的确是一个挑战。对于理工科的同学,他们可能在高中的时候就舍弃文科了,但是这并不妨碍他们对这些问题充满热情。我有一个经验,我以前开设"古希腊罗马政治思想"课程的时候,到最后有几个化学和物理专业的同学成绩非常好。这不是说那门课很简单,而是说这几个人可能是发自肺腑地就喜欢这些东西,但因为各种原因,之前被引向了一条完全不同的道路。我们刚才说,人文和社会科学培养出的学生有差别,和理工科的训练就更不相同了。以经典文本为核心的通识课甚至呈现出与理工科日常学习相背离的体验,就是一本书似乎并不是越新越好,而是越老才越经典,特别是对于古希腊罗马的古书,尤为如此。但是,经典文本自身所具有的能量是巨大的,它们对人性、政治和道德关系、秩序构建的思考始终在发光发热,让你觉得有魅力,能够吸引你去思考。如果能和学生一起把这层意思读出来,我想学科差异的隔膜基本就会消失。再举一个时髦一点的例子，特朗普的胜选演说，我还把它转发到了课程群里。因为刚刚读完了修昔底德，学生可以对照修昔底德杜撰或者记述的那些演说来看特朗普、希拉里或者奥巴马的演讲，会有更直观的感受。

Q：我们了解到，您的一个课程作业是希望同学们交换伯里克利和阿尔喀比亚德的位置，去编写两个人的对话。您为什么想布置这样一个作业呢？

A：这个作业的要求是让你深入到文本中去，去体会修昔底德如何看待伯里克利和阿尔喀比亚德这两人。首先，你要把修昔底德关于这两人的记述全部整理出来，有一个总体的把握，然后再通过修昔底德的评述以及总体的写作安排来理解修昔底德的意图和思考。理解一个人的最好方式就是试图变成他，如果成功地做到这一点，才敢说你对这本书有一个比较准确的把握。这个题目是鼓励学生熟悉文本，不要把自己停留在读者的角度，而是真正入戏、入书。我很期待看到这门课程的作业。

Q：您还推荐大家看一些相关的影视或者艺术作品，是不是也有这方面的考虑呢？

A：主要的目的还是让大家产生一些兴趣。我觉得做一件事情，兴趣是很重要的。我推荐的一些电影，还有一些是 BBC 或者 Discovery 的纪录片，他们都是请牛津、剑桥的学者来写剧本，带你到现场去看。这会给你一个直观的感觉，触动你想起小时候读过的荷马史诗或者是罗马的神话等等，可以让你更加主动地去学一些东西。不一定是要你对我说的政治史或者是秩序构建感兴趣，你对任何方向感兴趣都可以，重要的是能激发你自己的兴趣和冲动。课上我能做的，就是给大家提供一些思考范例和继续深入的地图，至于造化，就在个人了。

关于古代史研究

Q：您一开始是在政府管理学院学习的，后来成了历史学系的老师，您是怎么理解您现在所做的研究的呢？

A：首先需要澄清的一点是，我接受的训练其实准确地说是西方政治思想史，它本身就带有一定的跨学科性质，需要政治学、哲学、历史学的一些综合的训练，可能还有一些社会学的知识。比如我们的李强老师，经常教导我们要尽量拓宽自己的视野，要尽量在专业训练的基础上开放心态。我的硕士和博士训练，除了政府管理学院的课程之外，大部分是在哲学系和历史学系度过的。而现在我在西方古典学中心，它本身就是一个跨学科的机构。狭义地说，公元前五百年到公元后五百年，环地中海文明，包括历史、政治、哲学、文学、戏剧、艺术等等都在古典学的研究范围内，而我关注更多的是如何从政治学角度来厘清这个传统。不管是政治史还是政治思想史，可能并不是古典学界最前沿或热门的问题，但是对于我们来说，理解他们的脉络还是很重要的。这也是我在通识课上强调城邦和帝国两条主线的原因，就是希望把它的筋骨拎出来。这个背后需要努力的就是理解西方整个的秩序构建是怎么一步步走到今天的，这个基础奠定了之后，我们才能更好地去思考其他相关议题。

Q：那您这门课程为什么会选择《伯罗奔尼撒战争史》和《自建城以来》这两个文本呢？

A：选这两个文本的理由非常简单。一方面，对于历史学系来说，我们其实有很多通识教育的课程，但是严格读一两本书的课程并不多。我一开始考虑的是报一个希腊罗马史，因为在这两个开端中，一个塑造了政治的开端，另一个成功塑造了混合政体和帝国的政治传统。最能够反映城邦政治的史家可能就是修昔底德。希罗多德也有独特的贡献，但是修昔底德可以把希腊城邦内乱和战争这两个特质更好地展现出来。选李维的原因是，我们要寻找一个开端，而李维的第一卷恰好是一个不错的选择。至于塔西佗或者其他共和晚期的作品，对以前不太了解罗马史的同学来说，可能会是一个比较大的负担。另一方面，西塞罗或者波利比乌斯等等在理解罗马功绩时也强调历史的机理，我们常说"罗马不是一天建成的"，回头看罗马早期的王，每一个都对罗马的政治制度贡献了自己非常独特的东西。虽然这可能是后来的史家和作家的建构，但是理解这个建构本身是非常有意义的。我们希望能通过这两只"麻雀"，了解希腊和罗马两种秩序的核心特征。

Q：这门课讲授的两个文本，其实都是被很重要的现代政治哲学家

处理过的，怎么理解他们所做的处理呢？

A：霍布斯翻译了修昔底德的第一个完整的英译本，而马基雅维利对李维的书做了一个详尽的分析，这两个人还不太一样。马基雅维利，本来就是一个佛罗伦萨人，他对于罗马的德性或者罗马在历史上的成功是非常欣赏的。他心目中的罗马是要比斯巴达更为卓越的，而且罗马的案例也能很好地结合他那个时候君主的力量和共和政体的力量。但在古代希腊，君主的力量通常不被特别强调。除了超凡卓越的王，君主反而会被当作危险的对象。因此，罗马更符合马基雅维利的设想，将政体的获取和保有更好地结合起来。罗马，按照李维所揭示的，可以通过其中的平民、贵族之争这种张力来保持其活力。内乱是希腊史里永远解决不了的问题。罗马能够摆脱内乱，用自己独特的逻辑来化解这种张力，既没有撕裂这个共同体，还能将共同体的力量进一步强化，这是罗马十分有趣的地方。而对于霍布斯而言，学者通常是从两个阶段来看他的。翻译修昔底德是他人文主义阶段的终结，他从此就成为一个受现代自然科学影响的人了。这是一个很有意思的说法，关于具体的相关内容，学界有很丰富的讨论。如果我们去看列奥·施特劳斯的解释，他会说修昔底德给霍布斯提供了一个政治史学的立场和角度：我们不能奢望现代人都具备古希腊贵族的德性，而是要在这个普通人的基础上去建设一个新道德和政治秩序。如果这个讲法有一定道理的话，那么修昔底德的政治史给出了一个和柏拉图、亚里士多德那里的最佳政体不太一样的视角。修昔底德没有那么明确地给出最佳政体的答案，他自己是有一些倾向的，但是这并不妨碍他从另一个方面把人性的问题同样揭示得很深刻。

学术与生活

Q：您怎么看待学术与生活之间的关系呢？

A：对于老师来说，主要做两件事：一件是教学，一件是做研究。严格意义上说没有什么生活和学术的差别。我想，人文的学者选择这个行当，肯定不只是为了混口饭吃。他牺牲了其他选择来做这个事情，是因为他真正喜欢这个事情。有老师说过，大学老师的好处就是，做自己喜欢的事情，还有人付你工资，让你天天看书，这是一件非常奢侈的事情。如果把看书都视为工作的话，平时就真没有什么工作和非工作的区别了。2015年暑假，我去罗马的伊特鲁里亚博物馆，在那里待了三四个小时，把所有能拍的东西都拍下来了。在那里我首要的想法不是仔细地看每一样东西，而是在想"我可以把这个用在我第几讲的PPT某一个地方"，挺悲催的。（笑）至于生活的其他方面，我想大家都差不多，非要说点不同的话，大概是念书对生活的"祸害"，因为各种经典文本已经把晦暗的人性和世界图景揭示得很清楚了，很早就失去了很多虚妄的念头，这反而会促使你活得更加积极一些、通透一些、有趣一些。

Q：我们看到您翻译了很多英文的作品，课上也会经常和大家介绍一些古希腊语或者拉丁语词汇。您怎么看待语言学习，特别是古典语言的学习呢？

A：如果你是对古代感兴趣，或者对中世纪感兴趣，那拉丁语和古希腊语还是越早学越好。年轻人活力充沛，能多学一点就多学一点。我的同事程炜老师和范·韦里克（Hendrikus van Wijlick）老师现在都还开设有系统的古希腊语和拉丁语课程，大家如果想学，这是非常好的机会。

Q：很多同学都有出国继续读书的打算，也有人会觉得在北大能够带来更好的对于中国问题的关怀，您怎么看待这两者呢？

A：我想，对于人文和社会科学领域而言，大部分学科恐怕永远也无法做到像理工科那样普世。最理想的状况是有扎实的学术训练，并辅之以正确的问题意识。因为致力于人文社会科学的学者，除了纯粹的学术兴趣之外，多多少少还是有一些中国的问题意识或者关怀的，毕竟人类文明几千年的累积，可供研究的东西太多，最终个人的学习和研究还是会集中到非常具体而有限的问题上去，它需要我们为自己找出一个具体的理由。中国经过三十多年的发展，很多家庭的经济条件越来越好，非常早地把孩子送出国，再加上中国孩子又很聪明，完全可以在传说中的一流大学接受系统而专业的训练，这是非常大的优势。但是，这些年我们也慢慢看到专业化带来的另一方面的影响：研究的精细化一不留神就让人滑向碎片化或无意识化，而忽视对自己学术研究的问题意识的反思。当然，在具体的研究中，似乎一说要有中国问题意识和中国关怀很容易被认为是大话、空话，或者被误解为自绝于国际学界而不思进取，我并不是这个意思，而是说能否将具体的绣花技艺和所绘制的大图景结合起来。只有找到一个真问题，才能使自己的学术思考生根发芽，进而稳健成长，否则学术的"术"的层面会压倒思考的层面，很难长时段维系学者自己的快乐和兴趣。其实平时我们会注意到，中外好的学者和思想家总是能够在具体的研究中看到有意义的问题关怀。比如有一次听到阎步克老师关于制度史观的座谈会发言，我的触动就很大。阎老师的研究一直在试图给出理解中国史和政治传统的新范式，我想这是我们年轻学者应该学习的榜样。

博雅 GE 微访谈
马克思、《资本论》与我们[①]

方　敏

通识几问

Q: 方老师您好,首先我们想请您谈一谈对"通识教育"的理解。

A: "通识教育"有其标准的定义。但是就我个人来讲,"通识教育"的内容主要包括对人、社会和自然等方面最基本命题的认识和看法,是一种综合性的、基础性的素质教育。有关课程设置有别于各门学科的专业课程。

从历史上来看,一直有各种各样的学者、思想家都在不断地思考这些最基本的问题。通识教育,就是通过习读经典的方式来学习和思考并理解前人对这些问题的看法;再结合当下现实,以及同学们的自身情况,来逐步形成自己的认识。

Q: 那么在本科通识教育课程体系中,我们加入经济学类课程,您认为应该采取怎样的安排?

A: 经济学当然也属于我刚才所说的"通识教育"的重要内容之一。只不过,针对非经济类的同学开设的经济学通识课程,在专业性或者说工具性、技术性的要求方面,程度可以适当降低,着重于了解现代经济社会的运行方式及其性质。这样的课程我认为是应该纳入通识教育的,比如说最为典型的、已经开设为通识课的"经济学原理"。除此之外,我认为经济史、经济思想史方面的课程,以后也可以逐步纳入通识课程体系当中。

[①] 课程名称:《资本论》选读;受访者所在院系:经济学院;访谈时间:2017年10月29日。

Q：这次加入"《资本论》选读"，您有什么初衷？

A：其实学校方面，几年前就在考虑并希望把这个课放到通识课平台上来。不过我当时有一些顾虑，因为我们这门课本身是给经济学专业的同学开设的，所以有一些先修课程方面的要求，比如说"政治经济学原理""经济学原理""外国经济思想史"，等等。如果其他院系的同学没有这个先修基础，在这门课程的学习理解过程中就可能存在一些缺陷。所以，我们还是一直作为一门专业课在开设。

2015年，学校希望进一步把这门课加入通识课体系之中。我在课上也跟大家说过，2015年是第一次将一门专业课同时作为通识课来讲，而课上绝大部分同学都是本专业的同学。所以，如何兼顾专业和通识，还是一件正在尝试中的事情。

Q：那针对非本专业同学可能出现的有关经济学学科方法论和基本原理理解上的一些困难或偏差，您认为大家课下可以怎样弥补？

A：如果有问题的话，希望最好是课堂上跟我提出来，或者是课下跟助教联系。此外，具体涉及相关知识的时候，可能就需要大家在课下花点功夫补课，主要就是经济学原理、政治经济学原理和经济思想史的内容。

Q：您对这些非专业同学有怎样的要求？

A：我觉得，首先这是一门经济学的课程，因此我们要求有一定的专业性。其他学科的同学要按照经济学专业课程的学习要求进入这门课程，不能把它和其他学科，像哲学、文学等学科混淆了。我们需要有经济学的思维，同时需要有社会科学的逻辑。这是我们最基本、最重要的一个要求。其他方面如阅读、思考、讨论，到最后的写作，和别的课程要求是一致的。

结缘政治经济学

Q：您是怎样和经济学结缘的？能向我们简要地介绍一下您的求学和科研之路吗？

A：情况其实很简单。中学我一直学理科，对文史很不在行。上大学的时候，我就希望能够找一个文理兼顾的学科，所以决定选择读社会科学。而我是1989年上的大学，在那个年代，整个国家、社会和个人面临的最大的问题就是经济问题、体制改革问题。由于这些因素，最后就选择了经济学专业。

本科以来，我就一直在接触、学习和阅读马克思主义政治经济学的文献。随着学习的深入，我对它了解得更多、思考得更深，思想上也就越来越理解和接受它的基本思想方法。所以，读硕士、读博士都以政治经济学为专业方向。毕业之后在北大经济学院任教也一直讲授《资本论》和政治经济学相关的课程；自己的主要学术研究领域也都与政治经济学和经济思想史专业相关。

Q：在您看来，政治经济学这门学科最大的思想魅力在什么地方？

A：最重要的还是其方法论。这也是我跟同学们花了很大力气、用很多课时反复讲到的问题。相较于西方经济学，马克思主义政治经济学最最核心的特征就在于其方法论，我们也称之为马克思主义政治经济学的"硬核"。这涉及一门学科如何切入对于社会和历史发展的研究进程。马克思主义政治经济学就提供了一种独特的视角。在我看来，马克思所提供的这个视角，仍是至今为止最有说服力的一种。

Q：能请您给我们的读者简要介绍一下马克思主义政治经济学的这种独特方法论或视角吗？

A：这一最根本的方法论就是"唯物主义历史观"以及"历史发展的辩证逻辑"。在这种历史观的关照下，政治经济学就以经济社会关系的性质及其变迁作为主要研究对象。

在马克思主义政治经济学中，唯物史观和政治经济学研究之间有着这样的关系：政治经济学的研究是以唯物史观为根本的方法论而展开的；而唯物史观如果脱离了政治经济学对历史和现实的分析，就仅仅停留在历史理论的抽象层面上。唯物史观要成为一种能够被论证的理论，就必须依靠政治经济学的分析。

可能有人认为，唯物史观属于马克思的哲学或者历史哲学的问题，而不属于政治经济学的范畴。这是一种深层次的误解，二者是不可分离的；如果没有唯物史观，就没有马克思主义政治经济学。

政治经济学：过去、今天与未来

Q：还请您给读者们简要介绍一下：什么是政治经济学？它有着怎样的发展历程？

A：政治经济学这门学科自独立以来，其关注的基本问题是很清楚的，就是"国民财富的生产与分配规律"，并论证某种可欲且可行的经济社会秩序。这是一个十分宏大的主题，开展这一研究涉及各种各样的方法。马克思是在亚当·斯密等人开创的古典经济学派的基础上发展他的学说的。到了19世纪末，政治经济学又逐渐从古典学派转换为新古典学派；而后者直到今天都是西方正统经济学的重要基础。

在最近的一百年中，政治经济学或者说经济学本身发生了很大的变化：马克思主义政治经济学在当时的中国、苏联等社会主义国家中形成了一套公有制加计划经济体制的学说；西方经济学内部在20世纪30年代后，完成了"凯恩斯革命"，形成了"新古典综合"。

到了80年代，随着实行计划经济体制的国家开始向市场化转型，西方国家"新自由主义"经济学复兴，成为当前的西方主流经济学。但是这种学说自2007年金融危机以来，越来越多地受到质疑。同时，中国改革开放和经济转型的成功，为中国特色社会主义的政治经济学即"当代中国马克思主义政治经济学"提供了实践依据。

所以说，随着时代的变迁，经济学说也在不断地发展、修正和完善。包括2015年的诺贝尔经济学奖颁给行为经济学家，也是对西方正统经济学的一种修正。不论是在东方还是在西方，不论是西方经济学还是政治经济学，都是随着实践在不断地发展。

Q：那就此看来，马克思主义政治经济学的独到之处，是否就在于它在政治经济学中"添加"了唯物史观呢？

A："添加"这个表述不准确、不正确。对于马克思主义政治经济学来说，唯物史观的建立是其得以展开科学研究的前提。只有建立了唯物史观，马克思才得以完成他的政治经济学批判。从他本人的研究轨迹来看，从青年时期的哲学批判、社会批判，最后转向政治经济学批判，其中最关键的一步就是19世纪40年代他和恩格斯共同创立了唯物史观。有了这样一种独特的方法论指导，他才能够有所针对地批判古典政治经济学，并因此建立了自己的学说。

Q：众所周知，《资本论》（及其手稿）卷帙浩繁，如果缺乏引导，一般读者是很难进入其中一窥堂奥的。请问您能否为大家介绍一些马克思本人的更为初阶的政治经济学著作，或他人写下的普及性读物，来帮助一般爱好者形成对马克思主义政治经济学的初步了解？

A：这个问题还真不太好回答，因为这里确实有一些矛盾。在写作《资本论》的过程中，马克思本人对自己是很严格的，乃至于在生前也只是出版了第一卷；后面的二、三卷，包括第四卷《剩余价值学说史》，马克思始终都在修改。马克思是以最高的科学性标准，对自己的写作提出了极苛刻的要求，所以这和我们所说的一般性的知识普及是有一定冲突的。

你们在高中、大学的政治课课堂上，也会接触到一些原理的介绍。但是对于这些原理，包括各种基本概念、它们背后的理论含义，以及它们在思想史上的来龙去脉，如果不深入了解的话，这些原理就可能只是干巴巴的抽象论述，很难被消化。比如历史唯物主义理论，我们可以用寥寥几句将它陈述出来，但是里面包含的概念、涉及的各种理论，如果不能放在更大的理论背景和思想史背景中把握的话，那你就很难在智识上真正理解并接受它。

所以我上课也讲，历史唯物主义或者说唯物史观，如果你不在各种具体问题上去运用的话，它就只是教科书上的理论摆设，进不了你的思想武器库。就《资本论》的学习来讲，最基本的办法就是阅读原著，当然我们可以结合各种解读材料或教材来学习。但是如果抛开原著，就成了所谓的"政治经济学原理"，而不是"《资本论》选读"了。社会上早就有大量的《资本论》导读教材，包括我们给出的国内外的参考书，但是这些教材和参考书无论如何都不能够替代阅读原著。

Q：您也提到，马克思所运用的原理和概念，其背后都有着很长的经济思想史的脉络。那在您个人的研究中，经济思想史的研究对于您的马克思研究有着怎样的意义？

A：首先，《资本论》的副标题就叫作"政治经济学批判"。马克思是在对古典政治经济学、庸俗政治经济学展开理论批判的基础上，才构建起自己的一套关于资本主义生产方式的政治经济学理论的。所以，马克思主义政治经济学理论本身就是对思想史的学习、继承和发展。马克思使用了诸如劳动价值这样的很多前人提出并使用的理论学说,如果不了解思想史,就不可能明白马克思如何在批判的过程中修正和克服原有理论中的缺陷和错误,重新建立正确的范畴,如何克服古典经济学内部不可调和的矛盾以及导致其自身解体的根本错误,运用新的范畴和方法来巩固自己的学说。不理解这样一个思想史的批判过程,马克思经济学就很容易被当作古典经济学的一个分支,而看不到它自身的独特性。比如,在很多西方经济学家看来,马克思只是古典经济学家的一个优秀学生而已。

同时,思想史也提供了一个很好的比较视角。仅仅学习马克思的经济学说而不了解其他学说是不够的,所以我们也要求把西方经济学作为先修课程。只有在不同学说的比较中,才能更好地理解学说的科学性、合理性。

Q:在"《资本论》选读"的课堂上,我们接触的主要是马克思经济学的内容。至于马克思的社会批判和哲学批判的内容,本课程会有所涉及吗?

A:社会批判不是这门课程的主题。甚至我们一开始就明确提出要把这些内容尽量与政治经济学分析区别开。哲学和社会批判的方法对于政治经济学批判来讲并不适合。

比如说,马克思在著名的《1844年经济学哲学手稿》中展开了深刻的社会批判,并且也提到了很多经济的范畴、概念乃至命题。但是有关这些概念的分析和展开,与《资本论》的逻辑和体系并不完全一致,有的概念是不成熟的,甚至是错误的。在社会批判中,"异化"是一个非常重要的概念。但是,在政治经济学分析中,异化并不是一个核心范畴,更不是分析资本主义经济运动规律的起点和归宿。尽管异化理论本身非常有魅力,但是政治经济学并不是在社会批判和人道主义的基础上展开的。

Q:众所周知,《资本论》写作于19世纪中后期。马克思对当时资本主义作出的分析和批判,对当今我们这个时代来说,有哪些依然是具有批判力和洞察性的?

A:第一,在分析资本主义的过程中,马克思提出了很多基础性的范畴和学说，比如商品、货币、价值等等。这些基本范畴和基础理论所揭示的商品社会的基本经济关系，在今天并没有改变其根本性质。

第二，马克思在《资本论》中所作出的最重要的工作，就是对资本主义经济发展规律的认识和判断，包括生产目的、劳动过程的性质以及资本积累的内在趋势等，这些基本理论所反映的资本主义的性质、规律和趋势，在当今资本主义社会的现实中依然发挥着决定性作用。

第三，马克思对资本主义发展动态，或者说在矛盾中的辩证发展规律的揭示，对于我们分析当今资本主义的政治经济学现实仍然具有强大解释力。和19世纪的资本主义相比较而言，尽管今天的资本主义发生了很多事实的、体制的、政策的变化，但从政治经济学的角度来讲，这都是资本主义围绕自己的生产目的、按照自己的运行规律，不断最大化新的生产力要素，变革自身的生产关系，同时在上层建筑和社会文化等诸领域作出调整的产物。所以，马克思所提供的方法，仍然是分析现实资本主义的有效方法。

Q：那么在今天，我们应该如何进一步发展马克思主义的政治经济学？

A：首先是"充实"。我们要结合今天的中国特色社会主义、西方的资本主义，充分利用中外经济领域中的现实材料，去充实和丰富马克思主义政治经济学已有的基础理论。

如果要进一步发展，我们就必须回答：对当今社会，马克思主义是否还有足够的解释力？对于资本主义近一百年来的发展，是否具有足够的解释力？对于新中国成立以来到改革开放、再到今天进入新时代的中国特色社会主义，是否具有足够的解释力？要回答这些问题，我们面临的一项重要工作就是：从马克思主义的基本原理和方法出发，来看它能否为当下社会提供一种独特而深刻的阐释。

比如说，西方经济在20世纪发生的各种变化，包括金融化、新全球化等现象，依然是马克思所说的由资本积累要求所决定的。中国的经济改革，同样也是针对过去的生产关系、经济体制的一种调整。

博雅 GE 微访谈
基督教解释传统之外的《圣经》研究[①]

高峰枫

《圣经》在课堂内外

Q：对于几乎没有基督教背景的人来说，直接阅读《圣经》非常吃力，几乎无法理解其深意。老师您对在这方面有兴趣但不知道从何处入手的同学有什么建议吗？

A：我建议读一些通论性的、介绍性的导读。这些书会把《圣经》到底是怎样一部书、怎么形成的、包含哪些文类、《圣经》的主要内容，以及《圣经》对于后世文化的影响做简要的说明。这种书比较多，我建议最好能读英文书。读了这样的入门书，有助于消除陌生感和隔阂，心里会稍微踏实一些。我上课用的是牛津大学出版社出版的、可用作通识教育读本的两本书。这一个系列中的图书通常在主题或者人名的后面加上 A Very Short Introduction 几个字。一本叫 The Bible: A Very Short Introduction，另一本叫 The Old Testament: A Very Short Introduction。这两本国内都出过中英对照本。后面一本侧重讲《旧约》本身，前一本则侧重《圣经》对后世的影响。这两本书文字不难，对理解《圣经》非常有帮助。

Q：那您的课程总体来说偏向于《旧约》还是《新约》？

A：从专业的角度来说，我最开始做得比较多的是早期基督教的《圣经》解释，大概是公元 3 世纪至 5 世纪期间的基督教解经学。后来为了教课的需要，我才又读了一些其他研究著作，特别是 19 世纪以后

[①] 课程名称：《圣经》释读；受访者所在院系：英语系；访谈时间：2015 年 11 月 18 日。

的《圣经》考证著作。近现代的历史学家、圣经学家对《圣经》的解读和早期基督教的解经很不一样，历史考证比较多，结合了考古学、语文学、宗教学各种研究成果，很像中国考据学的路线。这样的研究路线，我觉得是现代《圣经》研究的根本。你可以质疑它，你可以不同意很多具体的结论，但基本的研究路径是在这里。

就这门课而言，三分之二是关于《旧约》，三分之一是关于《新约》。

Q：基督徒相信《圣经》的文字，但是在《圣经》释读课上，《圣经》被当作和其他文学文本没有多大区别的文本来研究。课上您的重点是什么？历史、神学、文学还是其他？您为什么要以此为重点？

A：首先，重点肯定不是神学，因为我不是学神学专业的，而且北大也不是神学院。但是我会讲到基督教传统的解读方式，但不会接受神学家的基本预设。《圣经》是编辑合成的书，不同时代和传统交织在一起。很多地方拖沓重复，有时同一个事件有两三个版本并存，不太重视现代意义上的情节连贯性和真实性。如果我们不熟悉《圣经》成书的过程以及其中遇到的问题，就很难理解这些明显的矛盾之处。所以我比较重视《圣经》文本的构成方式，有不少阅读障碍可以通过了解《圣经》成书和结集来加以克服。

如果文本涉及与历史相关的话题，我就会尽量多讲一讲有关历史的话题，比如《出埃及记》。如果是偏重文学性的文本，我就会多看看其中的文学因素，如长篇叙事中的前后呼应、一些"暗扣"等。因此，没有固定的方法。比如讲《撒母耳记上》会涉及王权制的建立，所以讲政治多一些。说得通俗点，就是用最对得起所讨论的文本的方式来讲。

信仰对《圣经》研究的意义

Q：人类社会似乎一直沿着世俗化的方向发展，对于没有宗教信仰的人来说，研究宗教文本有什么样的意义？

A：谈到《圣经》，我们先要区分所谓《旧约》和《新约》。《旧约》更加合适的名称应该是"希伯来圣经"或者"犹太圣经"，它是犹太人的古代典籍。《新约》是1世纪的基督教作家用希腊文撰写的。这两套文献所使用的语言不一样，时代也相差很远，但两套文献的关联十分紧密。因为最早一批基督徒基本上都是犹太人，不可避免地要借助希伯来传统来阐发对基督教的理解，因此，这两套文献可以说是血肉相连。但《旧约》和《新约》毕竟是两套不同的文献体系，有着不同的文化背景和侧重点。就这门课而言，我建议最好能先做到《旧约》归《旧约》，《新约》归《新约》，哪怕做得过分一点也无妨。基督教是从希伯来圣经这一文化体系中脱胎出来的，对于《旧约》逐渐有了自己的看法，甚至连《旧约》这个名字也是基督教起的。犹太人并不把自己的经典称作"旧约"，这部典籍对他们来说是历久弥新的，何"旧"之有？基督教为了要取代犹太教，所以称之为"旧约"，其中涉及两种宗教文化之争。我们对这些名称的使用要非常谨慎。

回到你的问题，《圣经》虽然是一个宗教文本，但对于没有特定信仰的人以及非基督教文化的人来说，可以算作是一个广泛意义上的经典文本，是要了解西方文化传统绕不过去的书。大家对《圣经》应有基本了解，这和是否有特定宗教信仰没有必然关系。或者可以说，《圣经》不应当是被基督教垄断的书。作为人类的思想文化资源，大家都应该去看一下。当然，研究的方法和角度是否与信仰相关，这就是另一个问题了。近代以来我们需要面对的强势文化，主要是广义上的西方文化，而《圣经》对西方文化来说，是至为根本的一部书。我们想了解西方的思想传统，就需要具备有关《圣经》以及《圣经》文化影响的基本知识，这样对于西方文化才能理解得准确、到位。从这个意义上来说，《圣经》是人类文化的经典，不分教派、不分信仰，只要你对西方文化感兴趣，《圣经》都是应该稍作了解的。

Q：您觉得把《圣经》以及基督教作为一个对象去研究与作为一个信仰去依赖最大的不同在哪里？

A：如果你信仰特定的宗教，那么要先有一个意愿，接受这种宗教的根本信念或者说基本假定。比如，如果你信仰基督教的话，你必须要承认耶稣是为了救赎人类的罪而来到这个世界，他被钉死，并在三天后复活。如果你是基督徒，你就必须承认，《圣经》中的上帝是存在的，你需要基本相信《圣经》中勾勒的人类发展的趋向。只有接受这些前提，才能成为某个宗教中的一员。而对于没有信仰，或者有其他信仰的人来说，这些前提不仅不是不言自明的，甚至是不能成立的。

所以你提的问题，我觉得可以从两个方面来谈。从学术研究的自由度来说，没有信仰和教规的约束，研究可能会走得更远，有些话题你敢去触碰，有些方法你会果断地采用。这样一来，束缚会少一些，胆子会大一些。但也有另外的问题。我们可以反过来讲，如果没有宗教信念的依托和规范，我们对于宗教文本的处理有时可能会比较任意，少了一点敬重的意味。如此一来，解释过程中所采取的态度会很不一样，有时甚至是轻慢的态度，显露出对文本价值的浑不在意。早期基督教的解经家都注意到了这个问题，就是在解读的时候，是知识优先还是信仰优先。这个问题，涉及解释学的原则，涉及我们如何理解"解释"这个词。我们面对文本的时候，是不是需要先有一个态度，这个态度不是一个具体的意见，也不是一套信条，而是说，我们是不是需要对文本有一种尊重，这个态度会决定后面具体的解释步骤。

现在即使天主教也有很多著名学者，对现代的研究方法非常开放，都尽量吸纳现代圣经考据、历史、考古的研究成果。当然，采纳的程度是有限度的，他们不会放弃自己的根本预设。所以，并非有宗教信念的人就必然会排斥一些新颖的、有挑战性的方法。反过来说，没有宗教信念的人，有的时候会追求轰动效果，尽量让自己的观点能吸引眼球，部分原因可能就是少了这种约束，或者说没有宗教团体给予的限制。所以，即使是没有特定宗教信仰的人，也最好对古代文本保持一种体贴和敬重的态度，这样的态度或许会稍微规约一点解释活动。

Q：您曾就德肖维茨的《法律创世记》写过《和上帝顶嘴》。写作《法律创世记》的德肖维茨是不是构成了一个特例呢，一方面他非常尊重《旧约》和犹太教的传统，但另一方面他的解释看起来似乎是非常自由，敢于说《旧约》开始的上帝是一个不够成熟的立法者，动辄要毁灭人类而事后又会后悔。

A：我感觉德肖维茨对本民族上帝的态度是又敬重又轻松。我们谈到敬畏上帝，往往想到的是"恐惧与战栗"，但这位作者的态度却和基督教的做法截然不同。我在上课的时候一直想要学生了解：我们很多对于《圣经》中基本故事和基本主题的理解，也就是通过流行的渠道获得的那些观念，主要是受基督教解读的影响。但我想说的是，在基督教式的《圣经》解释之外，还有其他更加有趣、更加"放松"的解读方式。基督教的解读只是一种解读，只不过碰巧它在两千年来的传统中更加强势。

我最近看得比较多的是犹太学者的研究著作。因为以前看基督教的解释比较多，现在再来看这些犹太学者的书，就会发现《圣经》研究当中涉及更大的问题，特别是涉及西方内部的文化之争。很多犹太学者努力要做的，就是把希伯来圣经从基督教主导的解释传统中解放出来。具体地说，就是究竟谁更有权威、谁更有资格来解释希伯来圣经？谁有可能解释得更贴切？这些跟你自己的文化身份是否有必然的关联？换句话说，是不是只有本文化内部的人才能更好地解释本文化的经典？还是说，你的这种民族身份和文化意识对你的解释会产生影响，但不一定是最关键的影响？这是我一直感兴趣的问题。

《圣经》作为文明的经典

Q：您是怎么开始对西方古典学和《圣经》产生兴趣的？您能否谈一下您的学术经历？

A：我本科和硕士都是在北大英语系念的。在20世纪80年代末、90年代初，国内最火的是西方六七十年代开始兴起的文学理论。当时，凡是想赶潮流的年轻人都会关注这些。那个时候大家对于"国学"、政治哲学、宗教神学等兴趣都不太大。我那时也算是想赶潮流的人，所以就阅读了一些西方文学理论。毕业以后、留学之前，曾工作过一段时间。当你和学校、学术潮流稍微脱节之后，就会渐渐开始反思一些东西，会开始看一些弄潮儿们不会提到的书，会听到其他的声音。我那时有点怀疑西方现代文学理论的价值，觉得也不像当初认为的那么有意思，学术上也没有那么严格。

出国以后，我觉得应该多学点西方人自己更在意的东西，于是就把文学理论先放一放。出国之后的前两年，其实是在慢慢摸索，想找一个不同于以前的研究方向。于是开始学拉丁文，听跟《圣经》有关的课，兴趣就慢慢开始偏向于古代文本，而且觉得这些文本对我来说更有意思。而现代西方文学理论，虽然我写博士论文时也会用到，但不再是主要兴趣了。

大概在美国上学第二年结束时，我已初步确定了研究方向，就是早期基督教对西方古典文学的吸收和消化。开始的那一年就是按照兴趣来选课。我当时觉得需要把学术方向调整到更稳健、更踏实的路子上来。所以经过将近两年的摸索，加上以前残留的一点个人兴趣，就换了一个研究方向。

Q：都说《圣经》是文明的根源性经典，但与四书五经比起来，表面上似乎更显得粗糙不经，我们也不太容易直接从中获得教益。您怎么看待这个问题？

A：对这个问题，我很有感触。在这门课上，我给大家布置了两篇英文作业，但第一堂课我就告诉学生，写作业时，请只专注于《圣经》文本，不要做任何比较。我不太赞同任意的、表层的对比，这样的对比没有约束，也就没有太大的价值。不是说不能比较，而是说中西的对比是一个难度很大的话题，需要长时间的准备。真要做到有效的对比，首先应当对这两种文化都非常熟悉，而一般人达不到这样的水平。对学者而言，要真想比较，就需要先做单方面的、狭窄的研究，要先能入乎其内，钻到人家的肚子里，把人家的一切弄个门清。至少要在西学的专业领域超过平均水平，然后再去研究另一种文化，同时也要超过平均水平，这样才能够去比较。事先就带着比较的眼光去阅读其他文化的经典，往往会先入为主，看着别人的典籍，怎么看怎么别扭，怎么看怎么浅显。《圣经》和四书五经之间，在我们进行深入的、单向的研究之前，没有太多比较的意义。如果我们对本国之外的其他文化有真正的兴趣，就先不要急着去用它来印证自己固有的观点。

正确的比较，不是从一开始就去设定对比的问题，而是经过深入研究之后，对比的话题自发地涌现。这种自然生发出的、"有机"的话题，才是进行深层比较研究的契机。《圣经》有自己的章法和路数，我们这些非西方文明的读者，肯定会先用自己熟悉的角度去看一个陌生的文本。但经过长时间的研究，我们会调整自己的眼光，学习新的范式，即从人家的角度看人家，这就使原来固有的视角更加成熟和丰满。我不是反对去做比较研究，我反对的是为了比较而比较以及为了证明我方的优越而去比较。而且比较研究其实是一件非常难的事，因为只有具备雄厚的学术实力才能谈对比。

Q：关于《圣经》的写作风格，奥尔巴赫（Erich Auerbach）曾经比较过荷马史诗和《圣经》，您如何看待《圣经》的这种文风？

A：奥尔巴赫的文章很有名，但是有些犹太学者并不认可他的对比，认为他的研究有些夸张。奥尔巴赫认为荷马史诗的一切都在文字表面上，而《圣经》的表面文字很简约，但充满了"背景"。但有些犹太学者认为，《圣经》本身并不区分表面和背景，而是高度风格化和类型化的写法。很多圣经人物不是我们常规意义上的文学人物，不具有所谓"性格"和"深度"，而更像一个显示某种功能的代码。荷马史诗和《圣经》，分属于不同的文类。奥尔巴赫选择比较《奥德赛》和《创世记》，是不是充分考虑了对比基础的牢固性也可以探讨，这也涉及如何有效对比的问题。

Q：如果说亚当和夏娃堕落被赶出伊甸园因而获得必死性，那么是不是如果他们一直生活在伊甸园，即使不吃生命树上的果子也不会死？

A：这个问题有点像分析文本时遇到的问题。我们分析文本，不能够讨论假设的问题。假设的问题是文本之外的话题，依照文本目前的样子，如果没有蛛丝马迹鼓励我们去立一个假设，我们就不必去假设。反之，有些文本确有蛛丝马迹，可以让我们做合理的推测和假设。我们的重点是，文本告诉我们的是什么。比如，我们问：如果俄狄浦斯没有在三岔路口杀死那位老人，是不是就不会有后面的悲剧？这样的问题，我觉得就不是一个合适的问题。神学家往往会用这样的假设与推测，来考虑为文本排除掉的其他可能性。

说到亚当和夏娃，大家都习惯说，他们偷吃禁果，犯了原罪，被逐出伊甸园。而此种原罪带来天塌地陷般的后果，造成人类彻底的沦落，等等。但原罪说实际上是基督教作为强势文化的解读方法，并不是唯一的解读方法。新近出版的一些书籍，对伊甸园一段故事中是否有原罪，甚至是否有"罪"，都比较怀疑。

通识教育三问

Q：您理解的通识教育是什么？您如何在课程中贯彻通识教育的思路并设计这门课程？

A：我首先要说明，通识教育并不神秘，不像有些人说的那么高深，好像是最好的教育。不过，通识教育确有必要。我理解的通识教育，其实就是在自己的专业领域之外，也要读一些历史上被广泛认可为经典的书籍。通识教育的"通"，我希望还能有"共通"或"共同"的意味，特别是对于知识共同体的建立而言。我们每个人的专业领域不同，而通识教育的好处就是大家有机会共同读几本书，这样就会有一个共同的出发点，有可能共同回归到这几本书当中。讨论有共同基础和出发点，比分散的、没有交集的讨论要好。这一知识共同体，或者可以叫"知识共通体"，很重要。

尽管经典文本被视为经典，有政治、历史等多种因素的影响，但我们不能因为对经典化过程的质疑，就认为没有共同的经典可读。我们最好能读一些被历代读者广泛引用、广泛承认的书籍。比如《圣经》，就可以算作是思想材料的仓库。单单看过去两百年，基督教的影响在西方已经日趋下降，但诸如男女平等、奴隶制、同性恋、转基因等涉及人类命运的重大问题，都会有人从《圣经》中找出支持和反对的证据。熟悉《圣经》这一思想库，有助于我们了解西方对这些热点问题的讨论。

Q：上课的过程中，您面临的主要问题是什么？课程既要保证专业的学术水准，但面对的又是非专业的学生，如何平衡二者的关系？

A：专业与不专业，这个问题不大，对《圣经》的研究与讨论，其实大家都不是很专业，对《圣经》了解的也不是很多。我在课上尽量用简明的方式讲课，首先让同学们了解文本，熟悉典故。如果在看电影、看小说、看学术著作时，遇到某个《圣经》典故，大家能一瞬间心领神会，这样我就很满足了。而且，我也会介绍一些现代的《圣经》研究成果，这些成果尽可能多元化，并不局限于基督教的解读，我希望尽量让讲课内容丰富多彩，而非沉闷窒息。

Q：您上这门课最大的经验体会是什么？

A：课上有不少英语系之外的同学，他们英文作业完成得非常好，表达流利清晰，这说明北大藏龙卧虎，有很多英语能力非常强的同学。这让我感到非常高兴。本学期这门"《圣经》释读"，本来是英语系的限选课，课程用英文讲授。如今这门课列入通识教育课中，向其他院系的同学开放，这是目前能够兼顾本系和外系同学的一种设置。希望下次开一个完全面向全校的课程，用中文讲，这样可以讲得更多、更放松，也可以介绍更多的研究成果。

博雅 GE 微访谈
超人—权力意志—永恒回归的尼采之歌[1]

赵敦华

赵老师眼中的通识教育

Q：您所理解的通识教育是什么？

A：通识教育（General Education）在中国尤其是北大的提法叫素质教育。素质教育在大学里面是由各个院系老师承担，而由各个院系承担的同时并由全校学生分享的课程就是通识课。通识课并不局限于人文学科，例如数学系会开设高等数学，分为 A、B、C 三类，C 类对于文科学生来说应该是通识课；就哲学系来说，也分为面向本专业学生以及面向全校学生开的西方哲学史，其中，面向全校学生开的西方哲学史课也是通识课。通识课旨在提高学生的素质，包括自然科学、社会科学、人文学科各方面的素质。通识教育不等于人文教育、博雅或自由学艺。

Q：在开设这门课程时，您遇到了什么样的问题呢？比如说您如何平衡专业学生和非专业学生的统一授课呢？在教授这门课程的过程中，您最深刻的体会是什么？

A：当时有同学问我需要先修哪些课程，其实我开设这门课程的一个原因正是不需要太多的西方哲学史的积累以及现代西方哲学的先修课程，没有读过西方哲学的非专业学生也可以分享这门课。我认为学习尼采最好的入门方法是读他的思想传记，包括支持者和反对者出于各种原因所做的传记，当然他也给自己写过一本传记，就是《瞧，这个人！》。

---

[1] 课程名称：尼采《查拉图斯特拉如是说》；受访者所在院系：哲学系；访谈时间：2016 年 12 月 15 日。

我会给同学们推荐三本传记，他们至少要选一本作为这门课的准备材料。

我最深的体会就是选修这门课的学生对尼采非常感兴趣，在中国发生过几次"尼采热"。民国初年，鲁迅、郭沫若、茅盾都非常喜欢尼采，他们试图在尼采的著作中找到冲击传统罗网束缚的强力。20世纪80年代的"尼采热"主要是在大学里面，当时的青年学子主要是为了追求个性解放。现在的大学生对尼采的兴趣比较多元化，不仅仅是满足于格言警句的冲击力，也不盲目崇拜尼采，而是追求对文本的理解，对文本里面的一些问题提出自己的看法。我开这门课本来目的就是要让同学把这本书从头到尾通读一遍，比较深入地解读尼采哲学，同时用批判的角度来阅读尼采。在这些方面，同学们的一些想法和我的意图能够保持一致，学习态度也非常认真。当然，也会有一点小遗憾。这门课没有采取小班讨论的方式，而是建立了QQ群和微信群，希望同学们能在群里面提出问题并开展讨论，但是同学们在群里提问的热情不是很大，只有少数同学会经常问读书问题。这是比较遗憾的。

赵老师的求学经历

Q：您在鲁汶大学从学士读到了博士，您为何要选择去鲁汶大学学习哲学呢？

A：我到鲁汶大学学哲学是我的导师陈修斋老师推荐的。1982年，77届学生毕业的时候，国家招考公派出国留学生，幸运的是我最后考上了陈老师代招的研究生，也是他给我选择了中世纪哲学研究方向。他认为在中国西方哲学专业中，中世纪研究是非常薄弱的，甚至可以说是空白的，而鲁汶大学是欧洲中世纪哲学研究的中心，所以他建议我到鲁汶大学攻读哲学博士。到了鲁汶大学高等哲学研究所之后，我发现那里的课程与方向非常多元化，哲学史上各个阶段的课程与专业方向非常齐全，不仅有胡塞尔档案馆，传统哲学和英美分析哲学也非常强。我刚接触中世纪哲学的时候感觉像进入了迷宫，不仅资料非常繁杂，而且还有很多特殊的术语和表述晦涩难懂，在学士和硕士阶段选了好几门中世纪哲学方面的课，都似懂非懂。

Q：您刚到鲁汶时，和卡洛斯·斯蒂尔（Carlos Steel）教授说的是想要学习中世纪哲学，但是您的博士论文（《罗素与维特根斯坦的对话——分析哲学问题的起源和发展》）做的是分析哲学，为什么会有这么大的转变？

A：读博士的时候发现，如果我要做中世纪哲学，不仅需要清理各种思想，而且要做文献的语文学考察，在这方面我还缺乏功底，也没有太多时间，所以选择分析哲学作为博士论文的方向，也是出于哲学方法训练的考虑。对我来讲，分析哲学主要是一种哲学训练，也是哲学思考与研究的方法。我在写论文的时候接受了很好的分析哲学训练，论文被评为最高的等级，而我也因为论文被评为了优等生（Suma Cum Lauda）。但是博士之后，我不想停留在这个领域，因为，如果分析哲学对象化，不是作为一种分析哲学文本的方法，而是以其他学科的问题作为主要研究方向，例如以脑神经科学、人工智能作为对象，我认为分析哲学并不能够发挥它的特长。

Q：我们知道，您的很多著作，例如《基督教哲学1500年》《圣经历史哲学》，都是关于基督教的，为什么会开设这门讲解尼采的《查拉图斯特拉如是说》的课程？

A：回来之后我还是遵循了陈老师的希望，我写的第一本著作是《基督教哲学1500年》。在这本书中，我主要采取了分析的方法去梳理中世纪哲学的主要文献的概念，包括从早期教父、奥古斯丁到托马斯·阿奎那、邓·司各脱、奥卡姆的威廉等主要文献的概念和思路。这本书全面系统地梳理中世纪哲学，主要得益于概念分析的方法。我从分析哲学之中学到的训练方法既不局限于早期的数理逻辑的分析，也不局限于中后期的日常语言分析，而是利用了逻辑与日常语言分析当中概念分析的工具，就是在思维表达以及使用哲学术语和概念的时候能够明白、清楚。所谓明白，就是哲学概念自身的意义是明白的；所谓清楚，就是与其他概念意义的区分是清楚的。我对哲学史上的一些主要文本的梳理以及教学基本上都贯穿了用概念分析来解读文本的方法。

我的两本著作《基督教哲学1500年》以及《圣经历史哲学》都是以同情的态度分析梳理基督教的思想，而尼采却激烈地抨击基督教。现在有很多人不同意这一点，但是从文本上来看，他的第一本书《悲剧的诞生》到最后一本书《敌基督》确实是反基督教的，我就是想看看两边的立场，用同情的态度理解基督教的立场以及尼采反对和批评基督教的理由。我想知道，在基督教传统中，有哪些确实如尼采所说的那样是需要加以合理批判和超越的，而在哪些方面尼采的否定站不住脚甚至毫无道理。我研究尼采已有多年了，他的主要著作我已经读过，尼采的书比较好读，不像其他哲学著作那样艰深晦涩。《查拉图斯特拉如是说》被公认为尼采最重要的代表作，之前写的早期和中期的著作在这本书中有更集中的体现和精彩的表达，后期可以说是这本书的延伸，我觉得读了这本书可以完整地理解尼采的思想。

赵老师对尼采的理解

Q：不知道您是否喜欢音乐？在尼采的生命中，音乐似乎占据了非常重要的位置，他在《悲剧的诞生》中特意向瓦格纳致敬，但是最终却走向了反瓦格纳的道路，那么"尼采反瓦格纳"到底反的是什么呢？或者说瓦格纳事件到底是什么样的事件呢？

A：我自己虽然不会唱也不会创作，但我非常喜欢欣赏音乐。音乐对我来说，体现的是康德在《判断力批判》中提到的：一种是优美，比如给人一种愉悦感的轻音乐；另一种是崇高，给人的心灵以震撼，比如贝多芬的《英雄交响曲》。尼采接受史上的一个重要的事件是1896年理查德·施特劳斯（Richard Strauss）谱写了《查拉图斯特拉如是说交响曲》，但是我不太喜欢这部交响诗，因为它不仅没有把握书中的崇高美，而且也没有将这本书的气势和激昂的音调节奏用音乐方式表达出来。

在《悲剧的诞生》中，尼采不只是向瓦格纳致敬，更主要的是贯彻叔本华思想。瓦格纳非常欣赏和崇拜叔本华在《作为意志和表象的世界》第三篇中对艺术的论述，在这个方面他们是一致的，瓦格纳也想在他的《尼伯龙根指环》中表达叔本华的艺术思想。尼采走向反叔本华与瓦格纳是因为他把他们作为虚无主义的最高代表，这是意志的虚无主义，虽然他们把生命意志看作是音乐的本质，但是叔本华的归宿是悲观主义，彻底否认生命意志。瓦格纳虽然在《尼伯龙根指环》中表现出生命意志的力量，然而在他最后的歌剧《帕西法尔》中，所有的角色都拜倒在坟墓上一个巨大的十字架下面，象征着死亡崇拜。尼采在《人性的，太人性的》中做了评论，他说瓦格纳实现的只是表面上的胜利，最终彻底走向了虚无主义。

《尼采反瓦格纳》像备忘录一样，把尼采在各个场合中攻击瓦格纳的话收集在一起，《瓦格纳事件》就是写瓦格纳如何堕落并走向虚无主义的。用尼采的话来说，瓦格纳从来都是一个虚无主义者，只不过他能够顺应民众的心愿，是一个善于表演的丑角，能用宏大的布景和灯光渲染气氛，然而实质上始终是虚无主义。

Q：尼采最为大家熟知的一句话就是"上帝死了"，似乎大家认为尼采是反基督教的。但是我能不能把这句话理解为：尼采反对的实际上是中世纪以来的本体论——神学，正是这个形而上学的神死了，那个在《圣经》中记载的承担世人苦弱的上帝才真正活了下来？（Marion 也在《偶像与距离》与《无须存在的上帝》中提到了尼采实际上是在反对偶像，他破除了一切形而上学的偶像。）

A："上帝死了"的口号不是尼采首先提出来的，而是路德宗一首赞美诗中的一句。黑格尔在他的著作中起码三次引用过"上帝死了"的赞美词，这是一种否定也是一种肯定的辩证，然而尼采确实是从敌基督的意义上使用"上帝死了"的表述。现在有一些人甚至基督教的神学家都认为尼采不是反基督教的，Marion 认为尼采反对的是一切形而上学的偶像。其实，尼采认为形而上学的偶像、道德的偶像和国家的偶像都是上帝这种偶像的变形，上帝在基督教的时代是最高的价值评判者，上帝死了意味着虚无主义的时代到来了，然而有一些掘墓人把上帝的尸首从坟墓里挖出来，上帝的腐臭仍然影响着后基督教时代的价值观，所以不能把尼采反对偶像和反对上帝这位最大的偶像分开。

尼采在《敌基督》中肯定历史上的耶稣是伟大的人物，耶稣以一种隐喻的方式诉说希伯来人的苦难，他认为这种苦难可以通过死亡来解脱。耶稣没有嫉妒和报复之心，即使对于恶人也报以爱心。耶稣在十字架上说了两句话。他对兵丁和百姓说："父啊，赦免他们；因为他们所做的，他们不晓得。"（路 23: 34）对同钉十字架的强盗说："我实在告诉你,今日你要同我在乐园里了。"(路23: 43)尼采认为,这两句话是真正的福音,表达了耶稣爱的精神。然而尼采认为,只有一个基督徒耶稣被钉在十字架上,而基督教的教义,包括复活、救赎、再临是犹太教士保罗的捏造。尼采并不把耶稣当作上帝之子,尼采认为他是一个凡人,是唯一的基督徒,他的门徒全背叛了他。当然,这种理解是反基督教信仰的。

Q:尼采将虚无主义的病根归结为形而上学,然而尼采要做的一件事情就是"重估一切价值",摧毁形而上学的根基,重新解释整个道德的谱系,可尼采这样做摧毁了人们赖以生存的根基,是不是像施特劳斯所说的那样是另一种"虚无主义"呢?

A:形而上学存在论是否有助于生命的力量和意志取决于价值评估,这种价值评估基于命令——服从的生命自然法则。古代主人拥有一种强力意志,从而处于统治的地位,而奴隶没有意志,甘愿处在服从的位置,这在尼采看来是美好和谐的。基督教第一次成功发动了"价值战争",推翻了主人的统治而使权力意志较弱的奴隶处于统治的地位,最糟的是现代主张人人平等的末人,用价值虚无主义取代基督教的价值观,这是人性根本的败坏,是一切虚无主义的病根。

尼采重估一切价值,把基督教颠倒的价值重新颠倒过来,将末人主张的平等主义重新彻底更换为等级制度,要造就新的价值观。"超人"是未来新的价值观的创造者和命令者,也是拯救人类的希望,能够使生命意志保持他的强大活力。施特劳斯(Leo Strauss)从政治哲学角度把权力意志理解为政治权力和向古代自然等级制的回归。尼采讲的权力意志并不局限于政治权力,而是一种生命的自然能量。如果从形而上学的角度来讲,尼采认为生命能量充斥在整个世界之中,这与叔本华的看法一样,但是叔本华最终走向否定生命意志,这是一种悲观的、不健康的价值评估,而尼采的评估是一种强健的、向上的,自以为是对人类的一种拯救,在他看来,这种拯救的希望在于新的族群的诞生,在于创造一种新人。

Q:尼采对柏拉图的哲学可谓是彻底的颠倒,然而海德格尔认为尼采是最后一个形而上学家,是颠倒的柏拉图主义者。对此,德里达认为,海德格尔解读尼采是从他的存在论的区分解读尼采,正因如此,他才会把尼采的"权力意志""永恒回归"解读为单一的形而上学体系。

您是怎么看二者对尼采的评价？

A：海德格尔写过一篇文章，认为马克思和尼采对形而上学传统的彻底颠倒标志着哲学的终结（ausgang），这个词同时也意味着出路。海德格尔的讲稿《尼采》是对尼采的思想"超人""权力意志""永恒回归"的一个精彩、整体的解释，但是我认为海德格尔还是按照自己的存在论的区分去把握尼采的思想，所以德里达这个说法实际上是正确的。西方形而上学最根本的区分是理念世界和可感世界的区分，存在的最终意义和目的是在理念世界，尼采却把它给颠倒过来了，存在的终极意义是在大地而不是在天上，在身体而不是在灵魂。按照海德格尔的说法，尼采所说的"权力意志"仍然是存在者而不是存在，"永恒回归"是存在者整体的意义，而不是存在的意义。海德格尔也从尼采的话语中读出了形而上学的出路，尼采的著作用诗一般的语言来写作，因为他知道哲学的术语和概念无法表述存在的意义，查拉图斯特拉既是说话者，也是语言本身，尼采遇到存在的意义时往往用神秘的诗的语言来写作。海德格尔从中得到了启示，形而上学的哲学终结之后，"思"只能用"诗"的语言来表达。

我认为，尼采的"超人""权力意志""永恒回归"与其说是一种形而上学，不如说是评估人的存在的价值论，是理性形而上学和道德政治哲学的中介。存在的意义和存在者的意义都要经过价值评估，才能在政治、道德和日常生活中显示它的作用，所以尼采通过价值评估，按照生命意志的强和弱的标准来评价"真—假""善—恶""美—丑"，批判西方的基督教道德和现代道德，认为西方文化从基督教开始到现代文化衰弱的终点是虚无主义。

Q：尼采将道德分为主人道德与奴隶道德，并且极度颂扬主人道德而贬低一切奴隶道德，这是不是宣扬一种人与人之间的不平等？

A：尼采宣扬人和人的不平等是非常明显的，按照我的解释，《查拉图斯特拉如是说》的一个主题是人是不平等的，而且也应该是不平等的，但是关键在于怎么理解这种不平等。海德格尔认为，尼采的价值评估有三种，分别在艺术领域、认识领域和存在者领域。比如在艺术领域，尼采认为富有个性的、独创的艺术需要天才，平庸的艺术是一味迎合民众的媚俗，艺术才能和创作的不平等可以说是艺术创造的前提。

政治上的平等主义是现代启蒙的产物,所有重要的政治纲领,例如法国的《人权宣言》、美国的《独立宣言》、联合国的《世界人权宣言》,都主张人在政治权利上的平等。这种平等不是自然的,而是利用一个合理的制度赋予每个人平等的权利,不过现在政治平等主义受到了很大挑战,一方面来自精英主义,另一方面来自民粹主义。有的人讲,现在的平等是形式上的平等,而非实质上的平等,人在各个方面是不可能平等的。从20世纪的历史来看,精英主义、民粹主义与平等主义之间的对立冲突非常尖锐,往往是政治上动乱和灾难的思想根源,既造成极权主义的崛起,又不时地为民主制度带来危机,或产生两者的相互转化。尼采认为人在艺术才能上是不平等的,在政治权利上也不可能平等。在《敌基督》中,尼采认为"权利就是一种特权",他主张恢复《摩奴法典》的种姓制度。在这点上,尼采所谓的新的创造有很强的复古主义等级制色彩,包括他的精英主义以及复古等级制的政治设计,可以被法西斯主义利用。尼采之所以被法西斯主义利用并不完全是歪曲,而是自身理论的一些弱点所致。

Q:尼采的《查拉图斯特拉如是说》是一部与之前的哲学著作风格迥然不同的书,这是一本为一切人又不为任何人所做的书。德勒兹在《尼采与哲学》中说道:"像《查拉图斯特拉如是说》这样一本书,只能作为现代歌剧来观看、阅读、倾听。这不是说尼采创作了哲学的歌剧和哲学讽喻式戏剧,而是说他创造了直接将思想表达为经验和运动的歌剧和戏剧。"我们如何把握尼采的风格或文体呢?您能否给一些阅读这本书的建议呢?

A:德勒兹和德里达确实是从尼采哲学的修辞手法中把握尼采的思想,德勒兹看到了修辞的能指指向了欲望、能量和权力,德里达则看到了修辞的能指实际上是符号的流动。歌剧之说有道理,但我要说歌剧不是纯音乐,不只是音符的跳跃,它还具有完整的情节结构、人物和词语。《尼采全集》的主编科利(Giorgio Colli)认为,我们只能从音乐层面把握《查拉图斯特拉如是说》的节奏以及欣赏它的意义的变换。我认为,歌剧音乐是修辞的手段,作为哲学的经典著作来看,这本书实际上是在讲一个完整的故事,通过各种人物、隐喻、寓言和警句表达他的哲学思想,这种哲学思想和表述是前所未有的。这本书和尼采其他的书不一样,其他的书没有什么故事情节,它们要么是某种论述文(如《悲剧的诞生》《道德的谱系》),要么是格言的片段集,而《查拉图斯特拉如是说》则是在歌剧的结构、剧情和人物的宣讲和对白中表达他独特而富有个性的思想。他的这部戏剧也不像柏拉图的对话,而是查拉图斯特拉的独白,即使有少数对话,也是自己心灵的对话。

《查拉图斯特拉如是说》其实是用耶稣的方式说话,书中引用《圣经》的典故特别多,徐梵澄翻译的《苏鲁支语录》书后有一个索引,将尼采的话和《圣经》相互对照,这些索引大概有一百多条。尼采是借琐罗亚斯德这位波斯先知的名,除去一开始的几句话用了查拉图斯特拉这个历史人物的语录,后来的表述与这个人没有什么关系,相反与《圣经》有很大的联系。所以要读懂《查拉图斯特拉如是说》,不仅要熟悉尼采以及他的前人的哲学思想,还要熟悉《圣经》,如果知道典故的出处,那么我们就能知道尼采到底在什么意义上使用了这些语句。这也是我在写了《圣经历史哲学》之后想要仔细解读《查拉图斯特拉如是说》以及后期更激奋的《敌基督》写作的一个原因。

博雅 GE 微访谈
哲学是哲学史[①]

先 刚

关于通识教育

Q：您所理解的通识教育是什么样的？

A：虽然我的这门课程被列入"通识核心"系列，但惭愧的是，我对于规章制度层面的"通识教育"并不是很了解。从概念上来说，我当然是服膺"通识教育"的，因为无论是柏拉图在《理想国》里面提倡的"通观"（*Synopsis*），还是黑格尔在《精神现象学》里面提出的"绝对知识"，其作为知识的顶峰，在本质上都是"通识"。"通识"意味着打破专业壁垒，洞察事物与事物之间、知识与知识之间的联系。其实这就是我们推崇的辩证法。能够达到这个境界的人，"大师"这一头衔当之无愧。

Q：作为本科教育的通识教育当然达不到这么高的要求，它也包含了许多哲学之外的内容。您如何理解作为本科教育的通识教育呢？您又如何理解通识教育与专业教育的联系呢？

A：即便达不到这个要求，也得向着这个目标前进。不过需要强调的是，我一向是专业教育的坚定支持者。"专业"意味着限制、约束，意味着专注和深化。歌德曾经说过："大师出自限制。"对我们黑格尔主义者来说，"限制"或"收缩"是每一个个体确立自己的独一无二性的首先条件，唯其如此，才能反过来爆发出巨大的能量。当然，限制或收缩必须同时伴随着一种突破限制的行动，向着贯通和联系前进，这或者

[①] 课程名称：西方哲学史（上）；受访者所在院系：哲学系；访谈时间：2017年11月25日。

依靠自己的努力,或者依靠老师的帮助。但我们要知道,"通识"是一个理想,是一个高远的目标,而不应是我们的出发点。整个社会最迫切需要的是专家,而不是大师,后者作为站在知识金字塔顶峰的人,必定是寥寥无几的。柏拉图和黑格尔提出的"通识",作为知识的顶峰,都以一条漫长而艰辛的专业学习之路为前提。在柏拉图那里,尤其明显的是:一个人在达到"通观"之前,必须已经深入掌握文艺、算术、几何、天文学和音学等方面的知识。用我们今天的话来说,必须首先具备至少某些方面扎实的文理科专业基础,然后才能向着"通识"努力。这意味着,真正的通识教育应当以专业教育为前提,而不是相反。首先以走马观花、蜻蜓点水的方式浪费许多时间在大杂烩上面,再去选定一个所谓的专业,那时已经迟了。这种模式出来的学生,既不"通",也不"专"。我们北大二十多年前搞过的"文史哲大师班"就是这样,当时招的都是各省尖子生,牛皮吹得震天响,其实就是把文史哲的基础课都学一遍,浅尝辄止。这个"大师班"只搞了几年就灰溜溜收场了。当然,它后来又以"元培学院"的形式复活了,而且阵仗越来越大,甚至有摧毁我们专业教育的危险。我觉得,在这件事情上,相关领导负有很大责任。什么,你怕他们听到这些不高兴?我是哲学系教授,站在哲学的高度谈论本校教育是我的权利和义务,畅所欲言有何不可!

当然,通识教育不能和元培学院画上等号,不过二者有一个共同的目标,就是要打破学科壁垒。问题在于,如果学生连最基本的扎实的专业知识都不具备,连必要的"壁垒"都还没有建立起来,就没有打破一说了。总之,首先是专业教育,然后是通识教育,这才符合事情的本性和逻辑。有鉴于此,我认为通识教育不应当在刚刚入学的新生那里大量展开,更不应当放在专业教育的前面,动摇专业教育。当然,哲学类通识课程是个例外,因为哲学在任何层次上都可以作为"通识"的示范,防止人们沉迷于片面的专业教育;至于那些知识性的、掌故性的、休闲性的"通识",先不要着急嘛。简言之,通识教育最好是针对高年级(比如从三年级开始)已经具有良好专业基础的学生进行,帮助其中更优秀的一些人上升到更高的境界。通识教育不是搞文化普及工作的,它在本质上应当是一种精英教育。

Q: 按照您的这些想法,尽管这门"西方哲学史(上)"之前是哲学系专业课，现在是通识核心课程，但您的讲法不会有太大变化吗？

A：这门课的前身是我给哲学系专业学生开设的基础必修课《西方哲学史》前半部分。因为哲学系出于某些原因一度要压缩甚至取消这门向来很受欢迎的课程，所以我转移阵地，供全校范围的同学选择学习。这门课程的目标是让学生接触到历史上的一些最基本的哲学问题和最重要的哲学观点，感受一下哲学的魅力和风采，树立正确的三观。我想这个做法本身也符合"通识教育"的精神。至于具体的讲法，和以前相比没有什么不同，因为我相信其他院系同学的智力和理解力不会低于哲学系同学。

哲学史与哲学学习

Q：**您同时开设了西方哲学史课和本研合上的黑格尔《精神现象学》研读课，这两门课程的授课方式有什么不同吗？**

A：这两门课程差别很大。西方哲学史是一门基础课，面向初学者，因此我必须全程讲授，以便在有限的时间内把尽可能多的精华思想传递给学生，让他们随后慢慢消化。至于《精神现象学》则是一门高端的课程，适合高阶学生，他们应当积极参与进来，直面哲学家的原著，和我一起进行研讨；当然，我仍然是这门课的主导者，必须给学生指出清晰的思想线索并解释文本中的关键疑难点，所以我亲自讲解的时间大概占课时的三分之二左右。有些老师在课堂上绝大部分时间都让学生进行低水平争论，而自己却借机偷懒不用备课，这种做法在我这里是行不通的。

Q：**您提到了经典阅读。之前我们学生中曾经有过小的争论，关于经典阅读与分析论证孰轻孰重的问题。您怎样看这个问题呢？**

A：我先问你，吃饭和喝水，孰轻孰重？你们会争论这个问题吗？真正说来，"经典阅读"与"分析论证"之间本来是相辅相成的关系，没必要制造出非此即彼的局面。一个人阅读经典原著，如果不关注其中道理的论证和推演，怎么可能会有真正的收获？反过来，分析论证若不是依靠经典原著，从那些伟大的哲学家那里汲取思想资源，接受伟大哲学家的启发和教导，瞎分析论证有什么用呢？这种闭门造车、低水平的自嗨有意思吗？那些总是把二者对立起来的人，都是哲学的外行。

Q：我们学习和研究哲学史，背后似乎预设着哲学史的学习与哲学学习密切相关，即哲学史对于哲学学习和研究来说是必要的。但同时也有学者反对这一观点，认为哲学问题的研究并不以哲学史的学习为前提，他们甚至搬出胡塞尔等哲学家作为例证。也有人认为哲学史的内容往往是过时的、被后世代替和摒弃的内容。您如何看待哲学史学习对于哲学的作用？进一步地，您如何看待哲学史研究与哲学研究的联系和区别？

A："哲学史无用论"作为一种谬见，在文化水平不高的群众那里还是很有市场的，因此我有必要澄清一下。实际上，绝大多数奢谈"哲学史"和"哲学"以及二者关系的人，尤其是某些对于"哲学史"不屑一顾或深恶痛绝的人，对这两个东西都缺乏深入而具体的认识。他们就是黑格尔所说的那种沉迷于"抽象词语"的人，误以为这两个概念的内容已经是自明的、众所周知的、现成的，可以立即拿过来对比和讨论。但他们真的知道什么是"哲学"吗？知道什么是"哲学史"吗？非也。这些人，其中一些是很推崇逻辑并且认为自己是很懂逻辑的，但是他们甚至分不清"哲学史是哲学"和"哲学是哲学史"这两个判断的简单区别，每每把二者混为一谈。实际上，后面这个判断才真正表达出了我们推崇哲学史的原因。这个判断不是一个同一性判断（主词和谓词可以任意调换），而是一个主谓判断，也就是说，作为谓词的"哲学史"表达出了作为主词的"哲学"的本质规定之一（当然，并非唯一的本质规定，所以我们还可以作出很多"哲学是XX"的判断）。无论什么时代，任何一种哲学、任何一个哲学问题，都不是一个横空出世、现成地摆在我们面前的东西，而是在漫长的历史长河中逐渐形成和转变而来的；诚然，哲学是一枚掉在我们手里的成熟的果实，仿佛可以被孤立地对待，但是如果我们不了解它的来龙去脉，不了解将它孕育出来的这棵参天大树及其生长过程，我们怎么可能真正认识这枚果实呢？黑格尔说，真正的结果必定是一个把过程包揽在自身之内的结果。这棵参天大树及其生长过程，就是"哲学史"。我们说"哲学是哲学史"，必须在这个意义上来理解。相应地，"哲学史"必须被看作"哲学的形成转变过程"，而不是被看作僵死的掌故和史料的堆砌。在这个意义上，没有什么哲学史的内容是"过时的",就看你有没有独到的眼光,能不能从中获取教益。真正伟大的哲学家,没有谁能离得开哲学史,只是了解程度有所不同而已。胡塞尔对于哲学史的掌握当然不能和谢林、黑格尔相提并论,但他显然熟悉柏拉图、笛卡尔、康德的思想,这就足以反驳你举的这个例子。就连给人的感觉最符合"自学成才"标准的维特根斯坦,也被后人揭露,其实他偷偷学习了奥古斯丁、斯宾诺莎和叔本华的哲学,书柜里面这些人的书他都做了密密麻麻的笔记,只不过是秘而不宣而已。需要注意的是,我在这里推崇的绝不是那种作为僵死掌故的"哲学史",有些人把这个东西当作靶子猛烈抨击,却不懂真正的"哲学史"究竟是什么意思,这种做法没有什么意义。

Q:在您看来,学习哲学、哲学史最好的门径是什么呢?

A:学习哲学的最佳出发点是近代哲学,从笛卡尔、斯宾诺莎、洛克、贝克莱、休谟等人开始入手。这是因为笛卡尔第一个明确把寻找一个最坚实的、不可动摇的基础当作哲学的前提,他带着我们一起探寻这个最坚实的基础,并且由此出发一步步建立起严密的哲学体系。笛卡尔,还有其他近代哲学家,这是我们卓越意义上的"哲学老师"。从斯宾诺莎直到后来的费希特、谢林,他们简直就是手把手教你学哲学。而古代哲学家则不然,柏拉图、亚里士多德是直接把现成的厚重思想一堆堆地展示在你面前,让你自己去想办法,自己去摸索其中思想的发展线索和相互联系。柏拉图和亚里士多德从来没有告诉我们,他们哲学的出发点是什么,是遵循着怎样的原则构建起整座思想大厦的。正因如此,直接从古代哲学入手学习哲学是很困难的,事倍功半。反之,如果让笛卡尔等近代哲学家牵着你的手进入哲学之门,帮助你成为某种程度上的哲学家之后,你再去审视古代哲学家的思想,才会真正认识到他们的真正伟大之处。由于近代哲学的最高峰是德国古典哲学,所以我认为学习哲学的最佳途径,就是从笛卡尔到黑格尔,然后反观柏拉图和亚里士多德。这条路径可以让你成为哲学家,同时成为一个真正意义上的哲学史家。

关于哲学史

Q：您多次提到您是一个黑格尔主义者，那么您在讲授古代哲学史的时候有没有站在黑格尔主义的立场上来看待它们？

A： 我虽然是黑格尔主义者，但我学习、吸收、掌握的哲学资源可不是仅此一家。比如，柏拉图、费希特、谢林、德国浪漫派对我来说同样至关重要。我试着把他们的思想融合起来，形成我自己理解和讲授哲学史的方式。

Q：您对古代哲学的偏好在什么地方呢？

A： 这个问题太容易回答了，当然是柏拉图和亚里士多德。因为他们是活在希腊时代的"德国古典哲学家"，他们的哲学和德国古典哲学具有全方位的家族相似性。这里的相似性包括：他们对一些最关键的哲学概念（比如"理念""存在""实体—主体"）和哲学问题（比如"思维与存在的同一""普遍与个别的和谐"等等）的认识完全一致；再者，他们全都推崇并且达到了知识的整全性（大全一体的哲学体系）；最后，他们都具备通观一切的辩证法精神。

正因如此，在很大程度上，柏拉图哲学和亚里士多德哲学需要借助德国古典哲学的阐发才能够展示出它们的真正面貌，否则很容易被歪曲为一种低端的思想，比如柏拉图的理念被解释为一种高高在上、位于彼岸世界、与事物分离、被人们想象甚至捏造出来的东西，而亚里士多德则被解释为一位粗俗的经验论者，仿佛与柏拉图势不两立似的。然而经过黑格尔辩证法对于"理念"或"概念"真义的揭示，我们重新看柏拉图的文本（注意，不是用黑格尔的观点强行解释柏拉图，而是在黑格尔的提示之下重新阅读柏拉图的文本），就会发现柏拉图并不主张理念和事物的分离。毋宁说，他主张理念就在事物之中，立足于事物，虽然否定了事物，但并不与事物相分离。这也是黑格尔所说的"理念"的真正意思，即理念必定在自身之内包含着自己的对立面（现实事物），否则它就成了一种抽象的甚至虚假的观念。这是一个典型的例子。正确理解柏拉图的"理念"之后，我们会发现它和亚里士多德的"形式"是完全一样的，亚里士多德忠实地继承了柏拉图理念学说和本原学说。

Q：您为什么不认同20世纪的哲学呢？

A：我认为他们都是"片面的"，即一方面把本来和谐一致的东西弄得势不两立，另一方面把本来清楚有别的东西混为一谈。再者我发现，他们无比珍视和把玩的一些思想，无一不是德国古典哲学早就已经公开揭露和完满解决了的问题。

Q：除了对于哲学研究的作用之外，您认为哲学史的学习在哪些方面对您个人产生了影响？

A：我还是要再次强调，对我来说，哲学研究和哲学史研究是浑然一体的。通过持久而深入学习历史上的那些伟大哲学家的思想，我的认识和境界达到了一个较高的层次，同时也更深刻地感受到"学海无涯"的真理。简言之，这些学习让我变得很低调。我仅仅在面对一些不知天高地厚、动辄以"独立思考"和"原创性"自居的人的时候，才会表现出傲慢和不屑。

Q：在西方哲学史，尤其是古代哲学史的研究中，您认为研究者最应具备的能力是什么？是语言能力、文献能力，还是哲学的理论素养、理解能力，抑或是其他的能力？

A：这里面显然没有什么"最"的问题。这些能力全都很重要，但是每个独立的个体有不同的天赋和兴趣爱好，这使得他们有不同的侧重点，在不同的方面做出独特的贡献，相互彰显。如果一定要说个"最"字，我认为对于每一个学者来说，勤奋努力是最重要的——莫装、莫吹、踏实工作。

Q：您如何看待西方哲学史的发展过程？比如，您认为其中有无一个主题、线索或演进方向呢？

A：线索肯定很多，不同的人有不同的视角。但是我想，这些众多的线索里面有一个总的线索，那就是人类不断深化和丰富对于自己和世界的认识，而"深化"和"丰富"必定以不断制造出愈来愈深的对立和矛盾为代价。与此同时，整体的"和谐"恰恰以一种愈来愈生动的方式呈现出来。正如黑格尔所说，哲学就是在思想中把握它所处的那个时代，将其呈现出来。不过，尽管黑格尔哲学是人类迄今为止最深刻和最全面的哲学，但如果与他自己指出的那种"绝对知识"相比较，他的哲学仍然是一种抽象而片面的思想。因此，哲学不会终结，它必须在我们每一个人这里重新获得具体化。

关于"中国哲学"

Q：站在您个人的立场上看，翻译对于哲学研究有多大的意义呢？

A：这个要分很多层面来讲。首先，翻译是把我们没有的东西引进来，这是一个从无到有的过程，单单这一点就已经有很大的意义。其次，翻译不是简单的搬运，而是用我们中国人的语言和思维消化和吸收西方人的思想，为我所用。黑格尔的《精神现象学》一旦翻译成中文，它就已经属于"中国哲学"，成为"中国哲学"的一部分。当然，这个工作尤其艰辛，译者必须同时具有高超的德语水平和中文水平，最重要的是要有哲学头脑。只有这样，才能做好这件事情。有些人标榜自己外语很好，只看外文原著，把一切中译本都不放在眼里，甚至以中文表达为耻，可是你让他说说看外文原著究竟看懂了什么，他就马上露出了马脚。黑格尔说过，表述才能真正考验一个人掌握的究竟是知识，还是仅仅是一些想象和"意谓"。我的德语还不错，但我也读很多中译本，哪怕有些是错误较多的，因为我们属于同一个学术共同体，都在为吸收和转化西方哲学思想做贡献。黑格尔说，只有当一个民族能够用自己的语言进行哲学思考和表述的时候，才是真正掌握了哲学。这绝对是一个真理。当然，这不代表说有了中译本之后，就可以把外文原著完全抛开置之不理，因为有些特别重要和关键的地方当然还是要参照原文。关键在于，我们不要总是在可以和谐共处的东西里面制造出非此即彼的对立。

Q：您指出，《精神现象学》的翻译工作其实是中国哲学内部的工作。但有时候我们谈中国哲学时，指的是从诸子百家到程朱陆王乃至冯友兰、贺麟等人的思想学说。您心目中的中国哲学是什么呢，您针对"中国有无哲学"的问题有怎样的看法呢？

A：你问"中国有没有'哲学'"，试想，"哲学"二字本身就是中文，中国怎么没有"哲学"？！其实更严谨的提问方式应当是："中国有没有 *philosophia*——这种以'爱智慧''爱知识''爱科学'为核心精神的知识体系？"如果是这个问题，答案当然是"没有"。但这个答案前面要加一个限制,那就是"古代没有"。而自从philosophia系统地传入中国以后,经过一两百年的消化,现当代中国当然拥有了philosophia,可以理直气壮地说出"中国哲学"这四个字。Philosophia虽然起源于希腊,与其说它是某些个人或民族的私有财产,不如说每一个人都是philosophia的所有物。所以古代中国虽然没有philosophia,但我们今天可以带着philosophia的眼光,看到"儒家哲学""老庄哲学""朱子哲学"等等,把它们看作是philosophia在中国那个时代和背景下的独特呈现。事到如今,我们不要再纠缠于一些抽象名词,把它们叫作"哲学"、philosophia或者别的,这有什么关系呢?"哲学"确实是个好词,但真没了也没关系,因为philosophia不一定非要翻译成"哲学"。问题在于,我们为什么要放弃这个美妙的词语呢?

或许有人会担心这破坏了"原生的""本真的"儒家思想或道家思想,我认为这是没有必要的,除非你认为philosophia永远只能保持为一种外来的异物,而不是成为中国思想的一部分。从历史上看,佛学也曾经是外来的,但我们把它消化吸收以后,不但产生出伟大的宋明理学,更使古代的儒家和道家发扬光大,甚至使佛学成为中国思想的一个组成部分。在中国,philosophia也将遭遇同样的命运。有朝一日,柏拉图、亚里士多德、康德、费希特、谢林、黑格尔、马克思的哲学也将完全融入进来,成为中国思想的一个有机组成部分,我们甚至会忘却他们的"希腊人""德国人"身份,就像忘记佛学是"印度思想"一样,在谈论他们的时候就和谈论老庄、孔孟、程朱、陆王一样,没有什么区别。我对我们中华文明的兼容并包能力具有极大的信心。

Q:有的人可能会发问,如果我们能够从西方的philosophia本身获得想要的东西的话,那么在自己的传统中带着philosophia向前回返的过程有什么意义呢?

A:这里说的"我们"是谁?如果是指中国人,假若你真的能从philosophia那里收获什么有价值的东西,那么这些东西不仅属于你,也属于中国思想,不管你知不知道、愿不愿意。还有,做事情不要老是惦记着"意义",因为有些意义是你根本意识不到的,有些事情的真正意义恰恰和你主观追求的意义是相反的。你一定要用philosophia把孔子、孟子、朱熹解释成什么样子，揭示出什么意义，可能未必会如愿。但是在你的解释过程中，可能会无意识地催生出一种真正能把他们融贯在一起的东西。再者，不管这件事情有没有意义、有多大的意义，我们都已经在做了。今天的我们该做和能做什么，我们就去做什么，我们今天想怎样研究"中国古代哲学"和"中国传统思想"，就怎样去研究。这些话好像是在鼓励无章法的胡闹，实则并非如此。因为，做这些研究之前，多多少少地领会 *philosophia* 的精髓绝对是必要的。

博雅 GE 微访谈
经典阅读与现代生活[①]

李 猛

通识教育三问

Q：李老师，请问您理解的通识教育是什么样的？您是如何在课程中贯彻通识教育的思路并且设计这门课程的？

A：对于老师、学生和学校负责组织教育管理的人来说，他们所关心的通识教育问题可能不太一样。我作为一个老师或者学者比较关心的有两点。

1. 对老师的意义

第一，怎么能把自己做的学问与教育结合起来。每个学者做学问都面临严格的专业化要求，但教本科生和研究生的研讨课不大一样。从美国高等教育的历史看，其大学教育是融汇了分别来自英国与德国的不同传统，像哈佛这样的本科学院强调博雅教育或通识教育，而像约翰·霍普金斯这样的现代研究型大学则比较重视精深的学术研究。这两个传统在美国比较好的大学中得到了很好的结合。博雅教育要把学术研究专业化的努力，与面向非专业且不一定做学术的本科生的教学结合起来，这对学者来说是个挑战。能不能从深入的专业化研究回转过来，面向本科生谈一些与他们生活直接相关的重大问题？

第二，怎么沟通不同的专业领域。无论是做社会科学还是人文学科，专业化的结果是，不同学科之间学者的交流会比较困难。通识教育提供的平台可以让你在这个层次上谈你研究中获得的比较重要的想法，

[①] 课程名称：古代西方政治思想；受访者所在院系：哲学系；访谈时间：2015年10月15日。

推动不同学科的学者在最根本的问题上进行交流,对学术的发展会有很大的好处。现在中国大学体制发展的趋势使专业化的要求越来越高,但当你完成日益精细的专业化研究之后,作为一个读书人,你能否仍然保留你最初选择读书、做学问时关心的问题呢?

2. 对学生的意义

对于初入大学的学生来说,通识教育也能使他不至于一开始就陷入专业的教科书与专业内部认为理所当然的问题里面,会留有一个比较开阔的视野。

3. 开设课程的思路

阎步克老师教授的课程,是他本人多年的系统研究的结晶,甚至是整个北大历史系制度史多年研究的结晶。与之相比,现在我这门课的课程系列则是新建设的,还很不完善。课程设计上主要有两个考虑。

首先,能不能从古代政治形态直到现代政治社会的新问题,给同学建立一个西方政治社会思想变化的整体脉络,让他们看到一系列根本问题在古希腊、中世纪、近代英国等不同时期的不同思考方式。

其次,希望能扩大阅读文本的范围,把文学文本和历史文本结合进来,让大家看到政治的思考不只是哲学家或政治理论家在做,也渗透在史诗、悲剧或历史中,这样读起来可能也会比较有趣些。

Q:李老师,请问在上课过程中,您面临的主要问题是什么?

A:这是我第一次尝试去讲荷马,第一次把荷马、修昔底德、普鲁塔克和柏拉图、亚里士多德放在一起讲。其中至少有两个大的困难。首先,这些文本性质差别很大,应该怎么安排去建立彼此的关联,让学生体会到其中的内在线索?我以前讲过柏拉图和亚里士多德的政治或伦理思想,这些学说相对抽象些。但是荷马、修昔底德和普鲁塔克是有故事的,怎么把故事和道理结合起来使故事生动、内容丰富,因为如果只是一直讲故事,这个课就会松散,缺乏精神上的努力,而且从我自己来说,也还是比较关心故事里面的道理。

另外,许多文本放到一起是复杂的。因为你一旦换文本,学生不大容易适应。不同的文本,有不同的文本风格,适应史诗,不一定习惯历史,风格的差异会形成进入的障碍。当然,把不同的文本放在一起的好处是，会让学生看到古典政治思想有多重视野，有多样的思考方式，而且许多文本彼此之间会形成相当有趣的对话，比如《伯罗奔尼撒战争史》、普鲁塔克的《阿尔喀比亚德传》以及柏拉图的《会饮》和《理想国》。

对我来说，我也想隔一段时间后去尝试新的教学方式。读新的东西，重新思考柏拉图和亚里士多德关心的根本问题，这样对我自己也是一个启发。

Q：李老师，您上这门课最大的经验体会是什么？阅读经典的方式是否适用于理科？

A：我承认人文学科的同学比社会科学与自然科学的学生更习惯经典阅读的通识教育方式。研究科学史的学者常说，成熟的科学都是能忘记祖先的，阅读经典作品一般并不是科学的主要工作方式。比如今天研究物理学很少会去读亚里士多德和牛顿，研究几何学的学者也很少会去读欧几里得。总的来说，社会科学和自然科学是围绕最新的学术研究文献建立的学科体系，教科书与专业研究文献成为阅读的主要对象。通识教育在理科要怎么做？这个我不太了解，可能还需要自然科学的老师和同学们去摸索。

1. 为什么要读经典？

但在人文学科里，经典阅读还是主要的训练方式，即使对于社会科学的许多学科而言，也有相当重要的意义。比如社会学有诸多研究分支，但这个学科的统一性是如何建立的？很大程度上依赖于经典传统与文本里比较系统的问题意识和概念体系。朴素地讲，经典阅读对于建构学科传统与形成对基本问题的理解有很大帮助。

但往深里说，更重要的是，经典文本实际上往往包含了一些对于比较重要的人性问题的共同思考。比如你会发现，莎士比亚和柏拉图的文本虽然相隔很长时间，在历史环境和语言风格等方面都有重大差异，但相隔漫长的岁月在中国的你同样会产生共鸣。这种经验对于理解不同的思想与文化，甚至对于思考我们今天的生存处境来说都非常重要。你会意识到，你在今天遭遇的特定历史社会处境中的许多经历，可能是人类文明在不同处境下不断遭遇的共同困境，以前的各种智慧、制度与思想的努力都与此有关，你在理解今天的处境时会有一个更深入的文明视野。这对于今天的中国来说更为重要,因为这个文明传统在近代遭到很强的质疑,但新来的文明传统直到今天还与中国人的生活有很多隔膜之处,现代中国的文明处境在今天是未定的。在面临今天的社会、经济、文化、心理等所有问题时,才需要博雅教育给我们一个更大的视野,使专门化甚至琐碎的学术研究与大的问题联系在一起。

2. 日常生活与经典阅读

博雅教育将给我们提供思考问题的大视野,但最终对许多问题的洞察很可能是来自你在班级里评奖学金、在家里看到的父母生活等日常经验。以经典为主的博雅教育,能够提供一个将个人日常生活经验与文明背后的传统问题连通起来的交汇点。这是更大的意义,但它只能落实在非常具体的文本阅读与文本问题的研究上。一句话看不懂,可能是文字不通或具体论证的环节难以把握,但也有可能是你其实只是对日常生活中某个问题不明白。你一旦想通这个道理就会明白,苏格拉底为什么在这里以这样的方式推进这个论证。

教育中最根本的东西,无论人文学科还是社会科学,一定要能够面对日常生活每个人经验中最强烈触动我们的东西。大学教育很容易让人养成一个不好的习惯,就是认为书里的道理不过是说说而已,而你在生活中面临的问题其实与之毫无关系。你读了书,不过是学了些答案,能够在课后论文或者考试中写给老师看,其实你自己根本就不相信你写下的那些道理。所以老师要找到更好的办法让学生去严肃地面对道理,让他觉得道理与我们的生活有关系,而不是蔑视或痛恨真正的道理。一个文明没有能力让人类的智慧和你的生活发生关系,那么这就是这个文明本身的弱点。中国人过去一度对其文明的道理与生活的关系相当认同,但到了近代,却认为自己太相信了传统中的道理,以至于没法在现代社会中幸存下来,所以慢慢把原来文明中建立的读书、智慧和生活的关系给斩断了。现代中国人得找到办法把它们重新联系起来,这种联系的方式,无论在学术上,还是在教育中,都需要许多尝试和探索。通识教育的努力,特别是深入到经典这个层面的努力,有助于实现这点。

但通识教育绝不是只有经典阅读这一条途径。芝加哥大学有许多通识教育的课程,特别是社会科学方面的,就不只是阅读经典,而重在探究各种学术形态怎么能回到与大家生活有关系的地方。其实,哪怕对于一个理科生,经典恐怕也还是重要的。他们至少有过阅读人文经典的某些经历,毕竟所有人都要生活,而人文经典和人之为人无法逃避的那些问题有关。你阅读真正的经典时,才会知道人类文明曾经达到如此的高度,如果没有与它一起思考过这些问题,你永远都不会想到这个问题有这样的层次,背后有这样完全不同的世界。有过这样的经历才会觉得,上大学是值得的。大学通识课应该一开始就给学生这样的视野,让他觉得读大学是有意义的,会改变他的人生。

在读书与生活之间

Q:李老师,您如何理解古典君子教育与通识教育的关系呢?

A:"二战"前,大学的政治精英乃至经济精英,都不是通过专业训练培养的,他可能学的就是古典学。这在现代社会有两个困难。

第一,经济、政治在各方面已经有了非常强的技术化,绝大多数现代活动对于专业化和技术化的要求要比"二战"前严格得多,这是现代教育越来越侧重技术化的重要原因。这使大学越来越远离传统的君子教育。

第二,这也和社会分层的变化有关。这种专业化和技术化教育基本是向社会各阶层开放的。在这之前的贵族教育恰恰是博雅教育。专业化和技术化的另一面,实际上是现代的教育体制要比以前更为平等。非贵族的中间阶层进入教育市场,目的是希望孩子以后不会变成中产阶级。因为中产阶级的经济社会地位并不稳定,父母大概会很担心,孩子读戏剧、学哲学,最后可能找不到工作,无法谋生。在现在的教育体制中,原来作为古典教育或博雅教育中的贵族式形态的社会基础已经没有了。

大学能开放给穷人和中产阶级的子弟,意味着一定要有应用的技术学科。但又要考虑到,就人性而言,进入大学之门的这些人中,哪些适合学哲学、艺术和经济,跟他所在的家庭背景没有多大的直接关系。他这个人就是喜欢这个东西。正是现代教育体制在技术化与人文传统之间的不匹配,解决了自然才华、选择职业与家庭社会分层这两个不同的问题。如果都匹配了，那么社会流动的空间会大大减少，人的天性也会受到很大限制。

实际上我认为，这样一个有应用学科的大学教育给今天学哲学的人留出了更多的空间。只不过大学教育要处理好应用学科、技术学科、基础学科和通识教育学科之间的关系。

Q：李老师，不能参与到大学通识教育中的普通人应该怎么办呢？

A：通识教育大概不能解决平等问题。社会上有许多人需要自我教育，但恐怕不是靠阅读经典，这里面要考虑文化程度、经济收入和闲暇时间的巨大区别。一个更平等的社会能创造更多的闲暇，给人们更多教育的机会，但不可能使所有人都读柏拉图。

Q：李老师，我想问一个关于您个人治学经历的问题。您为什么会从社会学的研究转向哲学的研究呢？

A：表面上看，好像这一步跨度很大，但我研究社会学时做的是社会理论，在哲学系现在做的也是比较偏政治伦理，就像这一系列课程，只不过是第一学期和第四学期的差别，实际上并没有那么大的跨度。原来学的社会学关心的是现代性的问题，但要是从18、19世纪返回到16、17世纪的现代性问题，社会学的资源就比较少，大量的文本都是关于政治哲学或政治经济学的。我在研究现代社会的过程中，兴趣开始慢慢有点超出了社会学，这就需要读一些不同的文本，这些文本的写作方式与社会学有差别。

我现在觉得，社会学的许多思考跟我后来关心的问题关系很大，而且我对韦伯、帕森斯、卢曼这些人的问题仍然非常关心，只是我现在拥有的不只是社会学的视野。对我来说，研究这么多年韦伯和福柯以后，去接触柏拉图、霍布斯会有全新的挑战。

Q：李老师，在这个转变的过程中不变的问题意识是什么呢？

A：在这个过程中，我的问题一直比较一贯，我还是想努力知道中国人面对的所谓现代的问题到底意味着什么。这个问题到现在并不是非常清楚。我花很大精力去研究古代西方的政治思想，开设这样一门课程，但现代中国的问题仍然是我个人非常关心的。只是要回答这个问题，可能要比我们想的复杂得多，要进入许多问题的后面才能看出来现代中国的问题应该怎么去理解，怎么去探索它的各种可能性。

Q：李老师，在芝加哥大学学习是一种怎样的经历？对您又有怎样的影响呢？

A：在芝加哥大学读博士，时间会拖得很长，这是芝大的特点，它会比较鼓励学生读些超出专业的东西。相对而言，社会思想委员会的传统是回到最基本的经典去思考重要的问题。虽然许多学科也都比较重视经典，但并不是真的相信经典与今天的生活有多大关系。芝大形成的大的气氛就是你会相信，今天你处理的问题，当年柏拉图和孔子可能以比你理解得更深的方式处理过。这种视野和感受，会对你自己做学问或思考问题有很大的影响。

Q：李老师，接下来我们想问一些更具体的关于读书的问题。请问您觉得每天应该有多少阅读量比较合适呢？

A：并不是说读得多是学霸，读得少就是学渣。有人能一下午把一本书看完，而且掌握核心观点。这样他就看得很多，一周能读十本书，许多问题就会碰撞在一起。如果读得慢，这些问题永远搭不上。但也有人一学期都看一本书，但他确实就对问题想得特别深。每个人都有适合自己的阅读节奏和方式，这没有一定之规。

阅读能力的提升需要注意两点。第一点，是专注。你能不能专注地读一本书，尤其是很厚的书。我在芝加哥大学上一门课要求读穆齐尔（Robert Musil）的《没有特性的人》，英文版一千多页，怎么能在十周读下来呢？如果你读不下来，很快就会厌倦了，这样就会欠缺从头到尾理解文本的能力，不能领会到文本很深入的地方。越是在大学阶段越要尝试去读大书，因为这需要特别强的专注的精神推动你去理解这个大的文本，你年轻时不读，到三四十岁都没有精力读了。许多时候，我们读个三四十页，精神力就涣散了，专注不了了。能坐下来全神贯注地读三个小时，忘记其他东西来思考它，一定是你和书的力量都非常强。如果始终做不到这一点，那么在精神上你没有办法进入真正的大书。只会浏览，不算读书。

第二点是，当你读书时，你能在文本与你的人生之间建立真正的关联。每个人面对一本书，他所关心的问题可能都不大一样，正是这不一样的地方才会使他对这本书有真正深入的认识。这是每个人独特的生存经验介入这本书时发生的。日常生活中，有一个人你从来没有交往过，你能不能理解这个人？这和理解一本书是一样的。但另一方面，进入和理解以后，能否对这本书结晶出来的人生经验有思考和把握，并最终转化为你自身的人生经验？书读完以后还是外在的，跟放在书架上是一样的，这没有用。我们吃饭的时候，无论吃了什么到你身上都会成为你身体的一部分，如果吃了以后草还是草、猪还是猪，就完蛋了。读书也是如此。

Q：李老师，那应该怎样在自己的生活经验与读书之间建立起关联呢？

A：大学的存在意味着在你进入生活前，有一段时间能超脱生活、全无功利地进入书本，但是缺陷就在于这时你的生活太单薄了，没有东西可以印证。我们为什么要去读小说？有时是因为我们自己的生活其实非常单调。当然，我个人觉得，其实生活并不需要那么多，读了许多文本，稍微有些契机就能找到文本和生活关系的入口。

我就说最简单的两点。第一，几乎所有人都有家庭生活，你和父母、朋友、恋人相处时需要的人性智慧与文本当中谈的许多问题都有关系。第二是政治，可能这个对男生影响大些。我本科时大家夜聊，经常谈的都是政治问题。许多时候都是情绪支配着讨论的进程，但四年下来会不会更有见识一些呢？我觉得这些都是切入点，家庭生活和政治生活是每个人都摆脱不了的。有时你能从文本中体会到一些东西，读多了你就会理解，母亲为什么这样对你。里面包含了强烈的感情比如对子女的爱，某些时候也包含了人性的弱点，这些爱是和弱点连在一起的，这样的洞察力能使你更好地对待家人。这是读书有时会帮助我们的东西。

坦率地说，读书与生活的关联在许多时候不是必然的。真正的大思想家或作家，他的道理确实触及了生活，这里是贯通的。但他的生活可能一塌糊涂，如果去做政治家可能把政治也搞得很糟糕，但他的思想仍然以非常深的方式触及最重要的问题。在文本和思想中还是能看到这两者之间的某种结合。但要想在现实中也能做到就要求有些别的东西。我读到了、看到了，但也许有些东西还是做不到。

Q：李老师，有同学觉得读书的过程虽然愉悦，但读三年书下来，仍然觉得离"美好生活"很远。您对此怎么看呢？

A：读书与美好生活之间仍然是有距离的。一方面，好的生活不是那么容易的，当然并不是说难到所有人都无法开始，但也不是容易到你只要读几本书就能达到。我觉得我自己许多时候都做不到，对父母、家人和孩子就尽不到那么多的责任。这并不是因为觉得别的更重要，而是没有能力做得那么好。这不是读书的问题。

但是另一方面，读书是否包含了某种可能就根本和好的方向相违背的东西呢？读书是不是逃避生活呢？这是需要严肃回答的问题。不论是做老师还是做学生，在某种意义上其实多多少少都是在远离这个社会和生活。老师不完全是，虽然在你们面前表现出非常好的一面，但我们也在社会中啊，有和所有职业、单位一样的问题，有金钱、荣誉、嫉妒、骄傲等等各种东西。无论从事政治、做生意还是读书，对于你自己做人的努力来说，并非必然有高低。只不过无论你做政治家，做企业家或管理者，还是做老师，本身还是有好坏、高低、卓越与平庸之分。这些都是生活中最需要努力的地方，是要你有强烈的生命力才能做到的事情。

并不只有读书才是在修行，而是当你在大学读过书以后，你会知道对这些问题曾经有过这么多的深入思考。当你真的去践行、去做事的时候，你会发现整个人的视野是完全不同的。你认为人生重要的是幸存和金钱，还是认为人生不只是这些，无论对于政治家还是生意人都不一样。比如赚钱，你能知道为什么去赚钱、为什么这么多人关心钱，理解钱给人的自由、力量以及钱本身的虚妄、弱点，这是读书给你的洞察力。但这些最终都要在生活中完成，你要不敢进入生活，那就如同尼采的批评。但有关好的道理、对生活的重要意义，可能仍然要比尼采说的大一些。

Q：李老师，苏格拉底说未经省察的生活是不值得过的，那这种省察的限度应该怎么确定呢？您能不能对此再多说一些？

A：当你去省察的时候，很可能就站在生活之外了。尼采对苏格拉底的批评就在这里，你要意识到省察对生活可能带来的危险。

第一，当你在省察时，不能让自己变得远离生活、没有各种情感。那样的话，你的省察就没有动力——你都觉得生活的各种东西很无聊，那有什么可省察的？省察变成这样，是因为生活对你没有太大意义，你不知道有些东西对你的价值。

第二，当你在省察和面对其他人的生活时，怎样保持自己相对谦卑的态度？你现在省察生活获得的这点小小的见识和洞察，远远不足以评判他人的生活，你首先需要的是理解，需要理解人性，这里包含了省察在生活中的位置。我一直觉得学习哲学最大的麻烦就是这点。一个对生活没有太多省察的人，没读过很多书，可不可能有一个健康的人生？我认为完全可能。但在有些习俗比较败坏的时代就会困难些。书是伟大的，但读伟大的书的你不一定是伟大的，因为你不是柏拉图。不能有错觉，读着读着就以苏格拉底自居，觉得自己是所有时代最有智慧的人。这种代入感会让你忘记读书中真正重要的东西。

到你真正读明白，这问题就没有了，你会非常好地处理生活与情感的关系。而不是你刚抓住了一把"刀"就像孩子一样挥舞。那些没被反省的事物是历代积累的历史、时间和传统的智慧，可能它缺乏反思，但绝不是没有智慧。在领悟之前就完全放弃尊重，仅凭几个小时阅读的几页纸就想去搏斗，很多时候不仅是浅薄无知，而且还是鲁莽，对周围人也是巨大伤害。你可以质问、思考但不能完全没有尊重。比如在和父母相处的过程中，他们可能没有你学历高，但不一定生活得比你差。若我们能过得像他们那样有尊严，达到他们对子女的用心程度，实际上就很值得骄傲了。但事实却是，很多时候我们要比他们自私且自负，他们做得到的事情我们都做不到。

省察首先是针对自己的生活，而不是评判别人的生活。如果最后你没有省察自己，都在证明你过的那些非常浅薄而卑陋的生活是正确的，别人都比你愚蠢，这是最糟糕的。觉得自己天生就比大家都高贵，不是真正健康的柏拉图或苏格拉底式的哲学要培养的心态。

博雅 GE 微访谈
洞悉生命中的美与丑[①]

吴 飞

对话通识教育

Q：吴老师，请问您对通识教育的理解是什么？

A：通识教育简单来说，就是一个合格大学生应该有一些基本的能力与人文素养。一种错误的理解是，通识教育就是多学一些知识或者多掌握一些不是本专业的内容，但这不是通识教育真正的含义。多选几个院系的课程并不等于通识教育，真正的通识教育需要一些必备的素养，比如有些书是在大学毕业之前就必须要读过的，一些问题也必须是要思考过的，否则就不算受过高等教育。而且读书需要一个字一个字地深入阅读，不能只是将其作为一种知识的积累，只知道书本写了什么，这是意义不大的。

Q：按照您对于通识教育的理解，阅读经典的著作是否意味着理科不会被纳入通识教育的范围？

A：理科也有经典，比如物理学科牛顿和爱因斯坦的原著，但实际上北大的绝大多数理科生都没有读过。我认为对于理科学生而言，并非是会做一些实验、懂得一些基本的技能就够了，还必须要去思考相应的问题。现在各个专业，不论文理都是来自一些共同的知识母体，不仅仅是亚里士多德，还有现代早期对于物理学、生物学、天文学、哲学等的研究，原本都是同一个知识体系中的不同部分。因此，一个合格的北大学生不应该仅仅会技能型的内容，还要知道其背后的知识来源，思考这

[①] 课程名称：中世纪西方政治思想；受访者所在院系：哲学系；访谈时间：2016 年 4 月 28 日。

些问题的原因是什么，思考古代人的思考方式为何与现代人不同。古代人会把物理学、形而上学等放在一起思考，意味着它们之间有某种关联，只不过在今天专业化越来越细的情况下，我们不可能像古人那样处理所有的学科，但仍然应该对基本脉络有所认识。

Q：您是如何贯彻通识教育的思路并设计这门课程的？课程既要保证学术水准，又要面向非专业的学生，如何平衡二者的关系？

A：通识课与专业课不同，要面向很多非专业的学生，所以需要具备一定的趣味性，不能特别难，要通过文学文本帮助大家更快地进入其中。但这并不意味着降低要求，选课学生还是要尽可能深入地阅读文本、熟悉经典，这是必要的训练。

Q：这也是您当初选择《神曲》这个文本的一个重要考虑吗？

A：这是其中一个方面。另一方面，《神曲》本身是在中世纪后期完成的，它将中世纪最主要的思考都呈现出来了，它既有一个明显的主线，同时也将中世纪政治思考的深度和广度包含其中。

《神曲》的教与学

Q：说到《神曲》，您一直都对文学艺术等具有浓厚的兴趣，之前开过莎士比亚的课程，也写过诸如《第七封印》《两生花》的影评，那么您如何看待文学艺术在您的教学和研究中的意义？

A：我一直觉得如果要理解一些哲学问题的话，不能只是通过哲学文本，特别是像大一、大二的学生想要进入哲学的思考，最好从文史著作进入。因为太专业的哲学文本往往使你不知道问题在何处，特别是不容易将这些书和切身的生活问题勾连起来，而伟大的文学作品处理的都是非常重要的哲学问题，阅读时可以很快找到对这些问题的感觉，之后再阅读一些相对艰深的哲学文本就没有那么困难，就能更容易找到方向。

Q：阅读文学作品有一个比较大的困难就是比较难读出背后核心的问题，这个该如何处理呢？

A：普通的小说也有自己的问题，读文学文本不能只按照文学专业的方式来阅读。对于一本最普通的小说，我们关心的可能是其中人物的命运，而文学专业的人关心的可能是用词、结构等比较专业性的文学问题。作者写这些文学作品的时候真正关心的并不是这些，而是作为一般读者可能会受到触动的东西，通过这些问题再进一步深入思考，可能就会慢慢地进入哲学问题。

Q：您上这个课程最大的经验体会是什么？

A：大概十年前我在《宗教学导论》课上讲过《神曲》，用三节课的时间通过《神曲》来讲授基督教，那时候的感觉和现在完全不同。现在是一歌一歌地阅读，我从上学期开始准备到现在，从头到尾读了很多遍，对于《神曲》也有了全新的理解。《神曲》是西方大学通识教育中的必读文本，但对于我们来说确实是很难的，它和通常理解的文学作品不同，很多问题是很直接的。虽然就其作为文学作品来说，没有一般小说吸引人，但是就这门课而言，反而更容易让我们进入问题的讨论中去。

这门课不像通常的政治思想史的讲法那样按照时间顺序来讲授，不是完全展开去平面化地看奥古斯丁、但丁等人的思想——传统思想史的讲法对于大多数不专门研究中世纪的人而言没有太大的意义——而是通过但丁这个高峰来思考这些问题到最高、最深的地方有可能是什么样子。这是第一次讲授，有很多的地方还是在尝试和探索。

Q：这门课的设计形式是一歌一歌地讲授下来，而相对的另一种形式是以政治主题的方式展开，那么按照《神曲》现在的讲授方式有什么样的利弊呢？

A：最开始设计这门课程的时候，我原本也希望能够按照政治主题讲授，比如罗马帝国、罗马教会等等。这确实有好处，更加符合通常对于政治思想的理解，而且也会和李猛老师上学期的方式更接近。但这会给大家阅读文本带来很大的困难，导致阅读过于碎片化而难以产生连贯的印象。所以最后我决定还是将其作为一本独立的书来看待，这样同学们可以对这本书有一个很好的把握，只不过对于主题的了解可能没有那么系统。二者各有利弊，但我首先希望大家可以把书读下来，每次涉及某个主题都会进行分析，讲到最后的时候，相信大家可以将主题线索联系起来。

Q：您在整部《神曲》的诠释中希望呈现给学生的是什么？

A：一方面我希望将中世纪的政治形态呈现给大家，但另一方面我也认为，不论古代、中世纪还是当代的生活方式对于政治的理解总是有很大差别的，然而古代的荷马、柏拉图以及中世纪的但丁、莎士比亚之所以伟大，不仅仅在于他们忠实地记录了当时的思想，还在于他们对现代的思考也有很多借鉴意义。这也是一千多年过去之后人们总是要回头阅读但丁作品的原因。不仅因为它非常优美——实际上，不读意大利文很难体味到其语言上的优美之处——还因为它思考的很多是人类共同的问题。只不过当时有帝国教会等的现实语境，与现在的现实语境不同，但其对于政治、人性的思考，对于君主制统一的帝国与各自为政的状态何者更好等问题的思考，对于后来的欧洲、西方世界和今天的我们来说，都有很大的意义。

Q：但丁的《论世界帝国》之中很难说有一个可实现的愿景，但是但丁很希望将之实现，如何看待这二者之间的张力？

A：但丁和奥古斯丁不同。奥古斯丁的时代罗马还在，而但丁的时代神圣罗马帝国名存实亡，当时的格局和现在的欧洲已经十分相似，而且后来发展也越来越独立。本来罗马帝国处在权力的最高位置，后来教会的地位上升，而大家又反对教会。因此，尽管明明现实中神圣罗马帝国没有那样强大的力量，但在但丁的思想里面，神圣罗马帝国的统一才是最好的文明理想，而这个文明理想和现实的封建制度之间有特别大的距离。

因此，它的价值不仅仅在于其对现实的分析，还在于它认为现实政治是有问题的，并提出了最好的政治形态。这个理解和李猛老师所讲过的古希腊很不同，但和后来的发展有更大的连续性。16、17世纪的时候，现代的许多政治哲学家看起来已经不再思考帝国的问题，而是从另外的角度进入，但其实这是一个整体，在一个共同的文化之中，有的是别人讲过了，自己便不再讲了。因此，我们不应该仅仅看它讲了什么，在书之外还有很多别的东西，这些人看似真正关心的问题是建立民族国家、摆脱教会，但实际上帝国的概念是始终存在的。拿破仑的法国强大之后还是要建立一个帝国，现在美国的理想某种程度上也是把自己当成一个世界帝国，欧盟和联合国的理念都是如此。民族国家是不够的，我们仍然觉得世界要以某种方式统一起来，罗马以来的世界帝国观念仍然存在。这也是为何不能将他们看成是独立的哲学家和思考者，而要放在一个共同的文明框架之下，只不过其中有人可能没有触及最高的、最理想的地方，而但丁触及了。要达到人类生活的最终和平，就必须统一起来，如果不统一，就会存在各种问题。罗马之后，亚里士多德提到的城邦模式已经是不可能的了。

学问道路上的变与不变

Q：在您的整个求学生涯之中，从社会学走到哲学，再从国外人类学回到国内的宗教学系。这些不同的学科怎样塑造了您的学习能力和研究视野？您是怎样把这些不同的领域贯穿起来的呢？

A：虽然有不同的学科，但是贯穿其中的关键性问题都是一致的，比如对于文化、中西生活方式的关心。我认为，在研究一个问题到一定程度的时候，往往有必要借助另外的内容进行思考。每一次转向往往也是不得已而为之。

Q：您早期曾经进行过自杀问题的社会田野调查，这段经历对您有怎样的影响？

A：这段经历对我的影响非常大。对于自杀问题的研究呈现出来的只是当代社会具体的现实问题，但是真正做这个研究，不能仅仅统计出数字或者形态。当然，无论医学还是社会学的这些研究本身都不是没有意义的，它们对于国家的政策干预等都很有帮助。但我关心的是自杀问题背后的文化意义和哲学意义。所以我在做自杀研究的田野调查之前，一直在阅读理论性的书籍。对于自杀的思考首先从涂尔干、精神医学的书籍出发，在阅读过程中发现必须向前追溯。其实我对于奥古斯丁的兴趣也是从此而来的，因为他是西方思想史上第一个将自杀说成是罪的人。

自杀的研究看上去是做田野研究，但是这个过程的关键是对西方相关思想的梳理。这是必须做的，否则难以理解为何涂尔干和精神医学史的模式都不能适用于中国，需要把这些方面都梳理清楚，看到背后真正的哲学观念是什么，然后再来看中国人在思考自杀问题的时候会有何不同。

所以自杀的研究基本确立了我后来两方面的研究。通过梳理西方整个思想史中对于自杀的思考，以奥古斯丁作为关键性节点，进入奥古斯丁的思想，然后向前向后进一步思考。这是对于西方的兴趣。与此相应的是中国现实中对于自杀的理解和对中国其他问题的理解。

Q：您对于现实社会有密切的关注，但是有些人认为学界应该和现实保持距离才能看清楚，您认为应该如何把控学者的研究和现实之间的距离呢？

A：我觉得这里有两个方面。一方面，我认为学者研究的问题最后还是要回到现实中，对现实生活的状态发挥一定作用。学者必须有对于现实的关怀，哪怕是研究古代或者西方，所有的问题都需要有一个现实感，在深层次上和现实发生关联。但是另一方面，每种学术都有其自身的规律，在真正研究的时候不能够距离现实太近，而是要进入经典、传统的脉络之中。不能因为对现实过多的关注而忽视了研究对象本来的脉络，而且过多、过频繁地介入对现实的讨论，也会干扰学术研究的深入和专心程度。所以，一方面总体来说学术研究难以真正和现实区分开来，但是另一方面在学术研究的过程中还是要有一定的抽离。

Q：那您后来没有进行类似的田野调查，是有这方面的考虑吗？

A：其实并非如此。如果有时间、精力和机会的话，我还是希望可以做一些这方面的田野调查。自杀研究之后，我去过很多的墓地、陵园和殡仪馆等地，类似的研究我也在尝试，但是后来发现非常困难。所以在中国礼的研究方面最后转入古代也是基于这样的考虑，因为我觉得这比对当代的研究更有意义一些。再有，我在现实中也是不断地受挫，我和中国殡葬协会原本有比较密切的关系，但是后来发现没有什么改变的可能，殡葬从业者和民政部的意见和我的理想之间还有很大的距离，所以目前我暂时不想动这个问题。现在很希望在学术上、在传统上把这些问题思考得更清楚一些。

Q：说起您的学术历程，很容易联想起当年的福柯小组，当时有很强的学术共同体。但现在的一个学术研究的情况就像是各做各的，和您本科或者硕士阶段的情况不大一样。您如何看待这个问题呢？这些不同的领域是如何贯穿起来的呢？

A：这是我很关心的问题。我们当时甚至是不同院系之间也有很强的联系，有共同阅读的书目和话题，有一些非常密切的讨论，由此就形成了共同体。再往前，20世纪80年代的时候更是如此。之前提到对于现实的关心问题，其实这并非一定要体现在对现实的参与之中。大家之所以形成一个共同体，不仅是因为有共同阅读的书，而且有共同关心的问题。这样做学问就不是空的，而总是有所依托的。现在的状况是专业性越来越强，不同的院系之间比如西哲和中哲之间阅读的书目有很大的不同，甚至同一个院系内部，西哲中研究古代哲学和现代哲学的人之间，也没有任何共同的话题。这样下去的话一定有很大的问题，这也是通识教育本身的一个考虑，希望大家可以共同阅读一些经典，共同思考一些问题，培养交流的可能。在任何时候，学问都不可能闭门造车，完全依靠自己做出来，最好的学问都是一群人一起做出来的，在群体中才能够得到真正的成长。我们希望，在意识到现在的问题之后，能够尽可能克服它，比如通过读书会等方式克服这样过于分割的状况。

博雅 GE 微访谈
理解西方 反思现代 探讨政治 复归哲学①

吴增定

对话通识教育

Q：您的"现代西方政治思想"课程是北大通识教育核心课之一，那么您理解的通识教育是怎样的呢？

A：关于通识教育，国内的说法比较多，我也有一点不太成熟的考虑。我认为，通识教育主要是要针对目前国内大学的两个主要倾向。第一个是大学里的商业化倾向。我希望学生至少能够读一些看起来没有什么用处的传统经典名著。这个世界上不是所有的知识或思想都要马上发挥某种实际的功效。而且对于北大这样的大学来说，一种非功利性的、较高的精神追求，应该是首要的追求。

第二个是针对大学中高度的专业化倾向。专业化对学术研究来说当然是一个必要的前提，学术进步在一定程度上也取决于专业知识的积累程度。但是目前的问题是，大学的专业分工越来越细，不光是文科和理科之间，还有不同的文科之间，甚至是哲学内部的中国哲学和西方哲学等，西方哲学内部的古代哲学与现代哲学，以及不同哲学流派之间、不同哲学家之间，都是如此。这让学生过早地陷入特别局部、细节性的问题，而缺乏整体的思想视野和眼光。我们当时设计这门课的时候，一个主要的理念就是让学生对西方政治思想有一个整体的视野和眼光。

Q：您如何理解通识教育与专业教育之间的关系呢？

A：很多人可能有一个误解，觉得通识教育就是一般意义的素质教

---

① 课程名称：现代西方政治思想；受访者所在院系：哲学系；访谈时间：2016 年 11 月 3 日。

育，讲授一些常识，以至于很多老师不愿意在通识课上花费时间。但实际上，通识教育并不是某种低于专业教育的、普及性的教育，而恰恰是某种更高层次上的专业教育。也就是说，任课老师在授课中既要基于自身的专业研究，又要在一定程度上突破自身专业的界限，有一个更高的视野，能够触及一些超出本专业的问题意识和理解。如果是相反的情况，那么通识课就可能变成了水课，这是我们极力避免的。所以，我们这门课会读这么多文献，讲这么深的问题，也是希望尽可能将最新的学术研究成果告诉大家。

Q：在这门课上，同学们的学科背景非常不同，那么学生的多元专业背景对您构成了挑战吗？如果通识教育比专业教育要求更高，且要提供这样的深度，那么您是如何平衡专业水准与非专业学生这两者关系的呢？

A：这首先涉及文本的选择。我们这门课所选择的文本是各个专业都能阅读的，像这门课读的马基雅维利、霍布斯、卢梭等思想家的著作，或者像吴飞老师选的但丁《神曲》等，本身就具有跨专业的特点。绝大多数人文社科专业的同学，甚至是理科的同学，都可以没有太大障碍地进入文本。

其次，老师的主要作用在于把经典的思想内涵和主题用比较简洁的方式展现出来，尽量通过经典自身内在的问题来吸引学生。

我特别希望大家首先把通识课当作是高难度的专业课。这不是一门偷懒的课，不是一个混学分的课，而是任务很重、问题很艰深、要付出很多努力的课。但是，大家学完这门课之后，会拥有一个更高层次的视野和眼光。

Q："西方政治思想"这种类型的系列课程在北大通选课中是前所未有的，您开设这样一个系列课程是基于什么考虑呢？

A：我们主要考虑的首先是，作为现代中国人，我们已经不可避免地嵌入全球化的处境之中，不可避免地受到西方非常深的影响，所以了解西方在一定程度上是了解我们自身的前提。无论从思想观念、科学技术还是社会政治制度上，都是如此。这是一个大的前提。

但是，很多人对西方的了解非常肤浅，可以说充满了想象，要么把西方想得太好、太完美，要么是想得太阴暗、什么优点都没有。这两种极端都是我们要避免的。我们必须客观理性地认识西方。所以，我们首先要有一个关于西方文明的整体思想地图。其次，我们想从政治思想的角度切入西方，毕竟政治是最关乎每个人具体生活的。然而，我们对西方政治制度以及背后的思想基础都充满了一厢情愿的想象，缺乏真正深入的了解。我们想通过这样的一种方式，一方面理解西方，另一方面理解自我，明白我们今天到底处于什么样的世界，置身于什么样的处境，遇到了什么样的危机和问题。

Q：您教授"现代西方政治思想"这门课程的过程中，最深的体会是什么？

A：简单说两点。第一点是，我觉得同学们的接受度还是非常高的，都非常愿意学。这表明，这些问题不光是历史中的问题，仍然是现实生活中的问题。比如说，读了马基雅维利的书，我们自然就会想一想这个问题：我们当今的世界是不是仍然处在国家与国家之间的弱肉强食的状态？读完《曼陀罗》，我们自然也会想到一个问题：道德的基础究竟是不是来自人的自然欲望？这些都不是非常遥远的问题。

第二点是，讲授这门课程对我来讲也是一个非常大的挑战。一方面，至少从文本上说，阅读这些经典障碍还是比较大的，毕竟它们和我们今天的中国社会离得相对比较远。另一方面是，我们能不能把文本自身的真正思想内涵讲出来？而且，我们还要把这些文本当下的针对性讲出来。它们并不是一个死去的传统，直到今天都一直在影响着我们。总之，这门课对老师的挑战也很大。

政治与西方政治思想

Q：您之前写作的《利维坦的道德困境》一书也讨论了西方现代政治思想的脉络，其主要线索基本可以概括为现代国家希望从道德和宗教中获得自主性，但也由此失去了正当性。我很想知道，这门课程讲授西方现代政治思想的主要线索是什么？这两者的关系是什么？

A：这本书是我很多年前写的，绝大多数文章都至少是十几年前写的，可以说写得比较幼稚，书中的线条也比较粗，很多想法今天都已经发生了改变。说实话，我很不希望同学们过多地受到这本书的影响。这本书只是一个引导。我还是希望同学们能够通过自己对思想家经典原著的阅读，获得真正的思考出发点。

当然，这本书中也有一些核心问题意识没有改变，比如说对于"现代"的理解。如果说稍微有点改变的话，就是这本书中对现代批评得比较多。而我现在至少倾向于从正面来理解现代了，至少要思考现代之为现代有没有一些不得已的原因或理由，而不是简单地站在古代的立场上批评现代。我现在希望提供一个更复杂的思想版本，而这本书对于现代的处理还是太简单化了。

Q：最近几年有关伊斯兰的话题一直很热门，现代伊斯兰世界的国家与您所说的"利维坦"之间是什么关系呢？伊斯兰国家可以理解成一种"传统国家+现代国家"的复合形态吗？

A：伊斯兰国家应该是非常典型的传统国家。现代国家作为一个霍布斯式的"利维坦"，是一定会去宗教化的，实现政教分离，也就是说，国家不承担宗教功能。而传统国家没能做到这一点。伊斯兰国家进入现代世界的最大困难就是他们做不到这一点，因为国家对于他们来说只是实现宗教信仰的一种手段而已。所以说，伊斯兰世界今天面临的根本问题是无法完成这个现代转型。

Q：您觉得现代政治区别于古代、中世纪政治的地方在哪里呢？在这之间，有没有一个一以贯之的"政治"概念？

A：这是一个非常难回答的问题。现代政治与古代政治的区别当然有很多，但我认为最核心的区分点就是"现代"背后的哲学含义。"现代"的核心规定是自我意识，抽象一点说，就是"主体性"。简单地说，现代的本质就是认为所有超验和神圣的东西都是来自人的意识和创造，因而人在一定程度上具有"准上帝"的创造者特征。对于现代，当然还有很多其他的现象描述，比如个人主义、国家的世俗化、政教分离等等，但这些都是次要的现象。

同时，西方古代和现代政治的背后也有一个统一的东西，也就是说，西方古今思想家都倾向于寻找某种不变的原理或准则，比如说"正义"等，并且用它们来理解和规范现实政治世界。古代人认为正义落实在城邦或上帝那里，而现代人坚持个人权利优先。这两者之间差别很大，但都被认为是绝对的。中国的传统政治思想一般不会先去找一个哲学上确定的先验原则，而是强调要在生活中去实践原则。

Q：那么如何看待哲学和政治的关系呢？

A：施特劳斯可能会认为，哲学和城邦注定是冲突的。我以前比较受这个思路影响，但后来想法发生了很多改变。我现在比较倾向于认为，政治哲学是站在哲学的角度来思考政治世界的问题。

施特劳斯说得对，政治世界肯定需要某种既定的权威和真理、某种主流意见，也就是所谓的"政治正确"，要求大家都接受。但从另一方面讲，哲学也会对这些主流意见不断地加以质疑。对于一个真正的政治共同体而言，其社会的进步和改善一定离不开对其自身的哲学反省和批判。人作为有理性的动物，都需要思考自身的限度和目标。但是，哲学对政治共同体的批判最终仍然是为了改善和提高它，而不是排斥和否定。总之，不太适合过于强化二者的对立。

Q：是什么让您发生了这样的转变呢？

A：这个很难讲。大致是因为我对哲学的理解宽泛多了。哲学实际上就是不断地对人和社会进行理性反思，不断寻找改良的方法和手段。也就是说，在一定情况下理性反思可能会和既定的社会主流意见有冲突，但是冲突只是手段，目的还是改良它。

Q：在现代社会中，经济问题似乎变成了最重要的政治问题，您觉得应该如何解读它呢？应该如何理解政治和经济之间的关系？

A：首先，我们要知道这样一个问题是如何来的。这个重要转变来自洛克。洛克所代表的现代政治哲学认为，国家的目的不再是培养人的公民德性、实现个人的自我完善，而是要给人提供生存、安全、自由以及舒适的生活方式。在这个意义上，国家的目的就是尽可能保障公民追求他们的经济利益、保障他们的契约关系，政治也在一定程度上变成了政治经济学，或者说是从经济的角度来理解政治。所以我们自然就很容易理解，为什么亚当·斯密作为洛克的直接继承者，会把国民财富的增长看成是国家的首要目标。一直到今天，各个国家的首要目标都是发展GDP。

其次，我们也不能一概否定这种倾向。就像孟德斯鸠讲的那样，商业和经济活动会在很大程度上消解人们的宗教狂热。当人们热衷于挣钱的时候，宗教信仰的狂热就会大大降低。但是，另一个可能的后果就是，商业和经济活动也的确会大大地弱化人们对美德的追求或者更高的精神追求。

进一步说，我们提倡通识教育，也是希望在肯定现代商业社会的大前提下，尽可能地做一些向上的引导和改善。至少我们不希望我们生活的所有领域都被商业的逻辑左右，大学、知识的领域最不应该这样。商业是完全实用性的，而精神、思想完全是非实用性的，后者才是更高的、更根本的。

治学经历与感悟

Q：这门课程所讲授的这些思想家中，您最喜欢哪一个呢？原因是什么呢？

A：我个人肯定最喜欢马基雅维利啦。美国哲学家威廉·詹姆斯把哲学史上的哲学家分成两种类型，一种是热心肠的，一种是冷心肠的。我个人的阅读兴趣大概比较偏向那些冷心肠的哲学家。马基雅维利无情地破除了人们对整个世界的所有幻相，让你非常平静地接受一个看起来冷酷无情的世界。在这一点上，霍布斯比他差远了。霍布斯至少还承认自然法，但马基雅维利根本不承认有什么自然法。

Q：您能和我们分享一下您的治学经历吗？

A：我就谈谈从做老师以来的经历吧。我最早在哲学上比较喜欢康德、胡塞尔等，当时选择哲学也是因为觉得可以找到绝对真理之类的东西。当然，后来很快就发现这是一个错觉。这大概是阅读了尼采的原因。尼采破除了所有关于绝对真理的幻觉。我后来的阅读和思考都是在尼采的眼光指引下进行的。

我的思考大概有两个方面。一个方面是比较倾向于摧毁性的、否定性的、批判性的，消除所有的幻觉。而另一个方面是比较肯定性的，就是说，在破除了这些幻觉之后，一个人仍然能比较积极地面对人类所有的命运，哪怕是在政治的世界中也是如此。当然总的来说，我直到今天都比较喜欢那些冷心肠的哲学家，像马基雅维利、霍布斯、斯宾诺莎和尼采之类的。

Q：之前一直听说 20 世纪 90 年代的北大校园里曾有过一个非常出名的"福柯读书会"，您有参加过吗？能回忆一下当时的场景吗？

A：严格来说我不属于"福柯小组"，因为我那个时候对福柯没有太大的兴趣，我觉得有尼采就足够了。反倒是最近几年，我对福柯开始有了一些兴趣。所以，李猛老师他们几个在如火如荼地读福柯的时候，我也没怎么参加。

等他们读福柯读到尾声的时候，我才加入进去。那时候我已经博士毕业做老师了。当然，要说我参加了这个读书会也可以，因为毕竟里面每个人都是我的朋友，我们平时交流非常多。

至于收获，非常坦率地讲，我直接的思想收获并不多。迄今为止，福柯对我也没什么太大影响。但是，这个读书会仍然帮助我们建立了一个思想交流和对话的小型共同体。当时大家都非常年轻，非常有热情，可以非常单纯地思考一些哲学、政治、法律、道德方面的问题。这些问题，以及不断的挑战和反驳，可以说一直延续到今天，这些称得上是我最大的收获。

Q：说到读书，我们现在的阅读相对而言有碎片化的趋势，很多时候会觉得很难集中这么长的时间来专一地阅读并持续思考。您对此有什么建议呢？

A：我们的时间是有限的，一天里除去一些必须要做的事情，剩下的时间并没有多少。如果沉湎于碎片化的阅读，那我们对经典文本的阅读就会变少。碎片化的阅读无论有多少，都替代不了整体性的阅读。因为整体性阅读带来的思考的广度和深度，乃至问题的重要性，以及阅读时带来的知性上的愉悦感，是任何碎片化阅读都远远不能替代的。有的时候你在网络上会看到很多轰动性的社会新闻，但它们告诉你的只是一些非常简单的时事信息。但是，如果我们能读一遍托尔斯泰的《安娜·卡列尼娜》这样的名著，那么感觉就会完全不一样。这本书展示了这个世界中的爱恨情仇、生与死、人与神、罪与罚……所有的主题都包含在其中了。这样的书，会帮助你把生活中所有重大问题都勾连起来，并以一种你无法想象的方式将其呈现出来。它会让你非常专注地思考这些问题。

我们作为世俗平凡的人，大多没有机会体验和经历伟大的爱情、伟大的战争或者有挑战性的命运，但经典作品把这些都展现了出来，同时迫使我们去不断思考问题。碎片化的阅读不能提高我们的思考能力。就好像如果你每天在路边摊下棋，棋力不会有太大的长进，你必须阅读李世石、李昌镐等高手的一些棋谱，才能够提高功力和格局。

Q：之前您提到您做哲学时一开始研究的是现象学，到后来研究兴趣才开始扩展到政治哲学方面，这个转变是如何发生的呢？

A：直接的原因当然是我周边很多朋友都在读政治哲学，为了和他们交流，我也必须读这些东西。这是一个很偶然的机会，但真的读进去之后，就发现这里别有洞天。如果不是因为这个偶然机会的话，我大概后来就不会去看马基雅维利、霍布斯、卢梭等思想家的著作，对于他们的政治哲学思想大概也不会有特别大的兴趣。

在此之前，我对政治哲学没有任何接触，也没有什么兴趣。至少在读书的年代，我是这样的。另外，当时我也比较鄙视政治哲学。哲学当然是最高的东西啦。政治哲学有什么可读的呀？但是读了之后才发现，人类的政治世界恰恰是理解哲学问题的最佳入手点。比如说，我们这门课读的是马基雅维利的书，这看起来是政治哲学的书，但它其实恰恰隐含了根本性的哲学问题，就是：人究竟能不能理解和把握自己所在的世界？而这其实是一个最深的哲学问题。

Q：如果站在现在的角度来回顾所有这些研究兴趣上的转变，您觉得有没有一个整体性的思路呢？

A：当然有。可以借用海德格尔的概念，就是总有一些"不安"，德语叫 angst，英文叫 anxiety。你会觉得，你所在的这个世界，或者个人的内心世界，其秩序或归属感总会出现一些问题，总是不能完全心安理得。那么，我们个人或者我们所在的世界到底出了什么问题？为什么你会有这种不安？这种不安是个人性的不安，还是时代性的不安，还是生存本身的不安？这些都是不一样的。

这里面有些问题可能比较容易解决。比如说，你在20岁的时候会觉得有一些不安，但这些不安等到结婚、工作之后或许就没有了。有些不安是时代性的不安，比如说，我们今天就生活在这样一个时代，某种程度上也可以说这是一个礼崩乐坏的时代，整个文明本身都处于失序的状态。也就是说，在这样一个时代，没有一种你觉得可以坦然接受的东西。但对于这些时代性的不安,你通过读书和思考,总是能够获得某种程度的解决的。你总会觉得有某一种思想学说接受起来比较合适,能够在一定程度上回答你的困惑。比如说,你可以读康德或者柏拉图等,他们至少能解答你绝大多数的问题。

但是还有一些困惑和不安,是我即便读过所有的书都不能回答的。这就迫使我不得不继续阅读、继续思考,这当然是最个人性的关于生存本身的问题。

哲学思考对我来说是一个理解的过程,借用斯宾诺莎的说法就是,要理解某种命运或"必然性",然后坦然地接受它。如何能让我们更好地顺应这样一个世界?我们的思考越前进一步,就越会觉得世界本身就是这个样子的。最后,等到你的不安消失了,你大概就不会觉得有任何的问题了,你会非常平静地接受你所在的这个世界,甚至是你所处的这个时代。总之,你所在的世界就是这样的,说得悲观一点,人性和世界自古以来就是如此。当然也会有改进,但不可能有什么根本的改进。

读书到了最后,大概会发现柏拉图所谓的理念世界其实也是没有的。从这一点来说,我是反柏拉图主义的。但是,即便没有柏拉图式的完美世界,我们所在的现实世界仍然是一个可以接受的世界,甚至可以说是一个很不错的世界。

Q:在您治学过程中,您觉得对您影响最大的老师有哪些呢?具体体现在什么方面呢?

A:这当然有很多啦。我们教研室有很好的哲学传统,尤其是现象学方面,像靳希平教授,他是我走进现象学的引路人。还有像我的导师赵敦华老师,在德国古典哲学方面对我有很大影响。至于我毕业之后,受刘小枫老师、甘阳老师的影响比较大,通过他们,我有幸走进了政治思想的世界。其他还有很多对我影响很大的师长,无法一一提及了。

还有就是李猛老师、吴飞老师,还包括社会学系的渠敬东老师等等。总之,我们整个读书群体都可以说是互为老师,相互影响。当然,李猛老师视野特别宽,他对大家的影响可能会更大一些。对我来说,他们算是宽泛意义上的老师。

我受到的主要影响是对于思考问题的纯粹兴趣。大家在读书的时候千万不能忘记，我们读书第一步是为了获得思考的乐趣，至于我们的思考能不能解决家国天下或全人类的问题，完全是第二位的，不能本末倒置。比如说，你读霍布斯等思想家的书，首先肯定会觉得他的书非常有意思，引人入胜，他的思考特别有穿透力。这才是最重要的部分。现在有一个不太好的倾向，尤其是在研究政治哲学时，往往把实践性的兴趣当成主要的兴趣，似乎读书和思考一定要去解决什么实际问题。不可否认，这个动机也非常高尚、非常理想。但是作为读书人，我们能够从阅读中获得自然的快乐，或者如亚里士多德所说的"求知的快乐"，则始终应该是第一性的。读这些书可能没有什么用，也不能解决什么问题，但是如果它能够给你带来知性上思考的乐趣和满足，那就足够了。

对于我们的通识教育来说，道理也是一样的。我们的第一步就是要让大家知道原来世界上还有这么多伟大的书，有这么多了不起的人在思考一些别人不怎么思考的问题。他们的思想本身就已经非常有魅力。通俗一点说，这是我们读书时的初心。

博雅 GE 微访谈
"帝国理由"五百年[①]

章永乐

Q：章老师您好，2018—2019学年第一学期即将结束，我们想了解一下您在本学期开设的全校公选课"公法与思想史"的状况。这门课当初起名"公法与思想史"的时候，您有什么考虑？

A：这门课叫"公法与思想史"，不是"公法思想史"——宪法、行政法、国际公法等可以归入"公法"的部门法的思想史。因此，选课的同学不必担心自己没有宪法、行政法或国际公法的知识基础。只要关心国家与国际秩序的构成原理，关心正义、权力、权利这些概念，这门课就可以作为备选项。本学期选课的基本上也是非法学院的同学。

我用一个"与"字，是想在公法研究和思想史研究之间建立一种更具包容性和反思性的关联。标题大一些，也是方便我自己未来根据研究进展而调整讲课内容。但这几年，我会一直聚焦于一个主题："帝国理由"。

Q：什么叫作"帝国理由"？

A："帝国理由"是我仿照"国家理由"（raison d'état）造的词，指帝国的建构者与拥护者为维系和扩张帝国所提供的正当性论证。法律是这种正当性论证的重要方面，但不是全部。

比如近代早期西班牙帝国理论家就会说，他们对印第安人的统治是基于教皇的授权，以及西班牙国王作为神圣罗马帝国皇帝所具有的普遍的世俗事务管辖权，有人甚至说，印第安人就是"自然奴隶"；而多明

[①] 课程名称：公法与思想史；受访者所在院系：法学院；访谈时间：2019年1月6日。

我会教士维多利亚则说，这些理由都不成立，但西班牙人可以诉诸自然法与万民法上的沟通权（*ius communicationis*）；在荷兰与葡萄牙展开海上争霸之际，格劳秀斯发明了"海洋自由"理论，但当荷兰人开始在陆地上建立殖民地时，格劳秀斯又更新自己的自然法理论，为新的实践辩护；洛克认为，不从事农业生产的新大陆原住民，对于土地没有所有权可言，因此欧洲人夺取印第安人占有的土地是正当的——洛克的这个理论对于殖民帝国占领所谓"空地"的实践影响深远。甚至美国的独立建国，也是北美殖民者的扩张冲突受到大英帝国阻拦之后的反应，独立后的美国宣布自己继承了大英帝国通过先占和征服所获得的印第安人的土地，而印第安人被界定为美国境内的"依附民族"。

至于"文明"（civilization）的话语，更是殖民扩张过程中广泛使用的正当化资源。为什么19世纪列强纷纷向中国要求获得领事裁判权呢？它们的理由是，中国是个"半文明国家"，法律比较落后，让列强的公民接受中国法律的管辖，太委屈他们了，所以要由列强的领事来管辖，适用他们自己的法律。奥斯曼土耳其帝国在克里米亚战争之后，被接纳为欧洲"民族大家庭"（the family of nations）的一员，但列强对土耳其作为"半文明"国家的定性保持不变，相应地，它们在土耳其的领事裁判权也没有什么变化。

但这些是不是陈年皇历，对当下没有意义呢？并非如此。第一，当今在国际舞台上比较活跃的发达国家，往往有殖民帝国的经历，了解他们过去的历史，有助于理解他们的思考方式与做事习惯。第二，当今跟中国打交道的发展中国家，在近代大多是殖民地半殖民地，搞清楚他们被殖民的历史，可以了解到很多现实问题的历史根源。比如，缅甸的罗兴亚问题，就是大英帝国殖民统治遗留下的问题；印度在独立之后表现出来的扩张主义，背后是印度精英对英国殖民者帝国意识的内化。第三，通过对历史经验的分析，我们可以更深地把握国际秩序与国际法的某些原理，特别是"霸权"或"领导权"（hegemony）的构成。掌握这些原理之后，我们也许可以更好地理解中国在当下的国际体系中的位置，理解像中美贸易战这样的正在进行的斗争。

Q："帝国"指的是殖民帝国吗？

A：殖民帝国的关键特征就是"殖民"，即一个国家将自己的人口输送到境外,尤其是海外,进行拓殖。在殖民帝国的结构中,宗主国领土与殖民地通常互不相邻。这只是帝国的一种类型。神圣罗马帝国与奥斯曼土耳其帝国,就很难说是殖民帝国。神圣罗马帝国号称"德意志民族的神圣罗马帝国",但德意志人并不像西班牙人、葡萄牙人那样搞海外殖民;皇帝查理五世在1521年沃尔姆斯会议上甚至不讲德语,而是讲法语,让人翻译给他的臣下听。奥斯曼帝国是古典的通过官僚机构来控制陆上领土的帝国,有陆地上的征服和扩张,但不能叫"殖民";它看起来有个核心族群——土耳其人,但它的苏丹长期是培养巴尔干半岛的基督徒儿童来做军官和大臣,淡化土耳其族群的影响。这些更传统的帝国也会产生自己的"帝国理由"。比如但丁的《论世界帝国》(*De Monarchia*)就是为神圣罗马帝国提供的"帝国理由"。奥斯曼帝国苏丹会运用伊斯兰神学来论证自己的普遍权力,但也会诉诸历史论证,比如在攻克君士坦丁堡后,苏丹宣称自己继承了拜占庭帝国的法统。

帝国的根本特征在于,它在扩张过程中获得了异质性和多元性,不能用一种统一的成员资格模式来实行政治整合,而必须实行某种差异化统治,用不同的法来治理不同的人。用这个标准来看,今天的欧盟都可以被称为帝国。而"民族国家"这个概念,强调的是用统一的成员资格模式来实现政治整合,它对"内"和"外"的区分要更清晰,也更缺乏弹性。但这只是概念层面的界定。在具体的历史过程中,需要强调的是,二者未必是非此即彼或此消彼长的关系。近代许多欧洲国家,其帝国建设与民族国家建设是齐头并进的——它在欧洲本土推进语言和文化的统一,打造一种共同的公民身份,但在海外殖民地,面对不同的族群,实践需要它采用不同的统治方法。当然,列强在国内推进的民族国家建设进程,对殖民地也会产生许多意外影响,许多殖民地精英到巴黎或伦敦留学之后萌发了民族独立意识,回到殖民地就开始搞独立运动。

Q:这门课在文本阅读方法上,会有什么特征?

A:最突出的特征,大概就是强调在历史语境下阅读文本。既然要探讨"帝国理由",我们就要找到文本作者关注或参与的帝国事务,并与文本本身的表述相互印证。比如马基雅维利关于"新增君主国"的讨论,关于罗马帝国扩张过程的思考,就可以放到佛罗伦萨共和国的帝国扩张的语境中去解读；霍布斯与洛克在文本中提到印第安人的地方，我们会十分重视，再联系到两位作者在英帝国殖民事务中的参与以及当时英国正在进行的思想辩论来加以理解。还会做一些版本学的比较，比如格劳秀斯的《战争与和平法》的两个版本的差异，究竟怎么解释，也需要联系历史语境来考察。格劳秀斯的很多理论表述看起来都是非常高大上的，动辄上升到自然法与万民法，但如果你将它们与荷兰殖民主义的实践关联在一起，你就能看到皮袍下面藏着的"小"来。

许多理论家还非常喜欢谈"文明"这个概念，我们会一起研究这个概念被用来对什么样的支配结构进行正当化。近代以来，许多残忍的事情，都是以"文明教化"的名义做出来的。日本启蒙思想家福泽谕吉对"文明"的论述深受西方的影响，但我们理解他的"文明"概念，就需要联系他的实践主张，他说过："对待中国、朝鲜的方法，也不必因其为邻国而特别予以同情，只要模仿西洋人对他们的态度方式对付即可。"而西洋人是什么态度呢？当然是一种支配的态度。不联系这些历史语境，光读理论文本本身，往往很难搞清楚这些文字的用意是什么。

Q：这门课是否有一本教科书？

A：也许未来我有机会编一本"概论"性质的教科书。但现在，我们还没有这样的教科书可用。我们在课上阅读的是一系列思想家的原著节选，并参考研究者对这些原著的解释。不过，即便有了教科书，这门课的学习，仍然要以阅读原著为主。我在北大念本科的时候就听了很多概论课，觉得收获远不如直接读原著大。所以我主张以读原著为主，将概论性的教科书作为参考即可。

但有几本研究性著作我觉得还是比较重要的，可以有一种"准教材"的地位，比如理查德·塔克的《战争与和平的权利》以及卡尔·施米特的 Der Nomos der Erde（中文译名有争议，目前中文译本翻译成"大地的法"，刘禾主张翻译成"全球规治"）。施米特这本书在国内近期很受关注，我和一些师友写了文章，近期会陆续发表出来。我同时也推荐一下塔克这本书，写得非常精炼，眼光很毒辣。塔克不仅做了一个精彩的历史研究，他还借助马克斯·韦伯，提出了进一步的问题。他说，欧洲近代的自由，一个重要的条件就是有大量海外"空地"可供拓殖，但当这些"空地"耗尽之后，欧洲的自由又将走向何方呢？现在其实不仅是海外"空地"耗尽的问题了，许多原来的殖民地和半殖民地都在成为工业化国家，与此同时，一些欧洲发达国家的内部治理呈现出"第三世界化"的趋势。这不是偶然的，背后肯定有某种关联。这就启发我们做进一步的思考。

Q：您所从事的学术研究，与这门课程之间，存在什么关系？

A：2008年回国任教之后，我在很长一段时间里主要做宪法史研究。我的第一本专著，2011年初版的《旧邦新造：1911—1917》的第一章就是通过比较俄罗斯帝国、奥斯曼帝国、奥匈帝国以及清王朝治下的中国，提出"帝国走向共和容易出现国家解体"这样一个问题意识，而这就将辛亥革命的研究重点，从政体的变革转向国家的连续性。但这只能说是以国际体系为背景来研究宪制，还谈不上对国际体系的直接研究。《旧邦新造：1911—1917》第四章是写康有为的比较宪法研究的。2014—2015学年，我在德国柏林高研院访问了一年，系统研读了康有为的海外游记。但我的读法仍然没有超越以国际体系为背景来研究宪制的视角。

一直要等到2016年，我的博士论文导师之一佩里·安德森在北大发表关于"大国协调"的系列演讲（具体内容可参见我与魏磊杰共同主编的《大国协调及其反抗者：佩里·安德森访华讲演录》）之后，我才真正转向对国际体系与帝国的专门研究。安德森关于维也纳体系"大国协调"的论述对我启发极大，如何打通国际体系与国内宪制，我之前有所思考，但至此才有豁然开朗之感，头脑里的很多材料和想法仿佛突然之间就自动组合起来了。第二年，我就出版了第二本专著《万国竞争：康有为与维也纳体系的衰变》，探讨康有为如何认识国际体系的演变，并在此背景下提出其国内宪制主张。大致可以说，这本书就是"公法与思想史"研究的一个尝试，它的研究方法也可以用到对其他近代中国思想家的研究上，也可以有"章太炎与维也纳体系的衰变"或"严复与维也纳体系的衰变"。

在《万国竞争：康有为与维也纳体系的衰变》之后，我一方面是继续做近代中国内外关系的研究，另一方面是梳理欧洲近代早期以来的帝国思想传统。马基雅维利与霍布斯是我从留学开始就反复钻研的，但像维多利亚、贞提利、格劳秀斯等思想家,我原来并没有专门做过研究,但留学期间有一些基础。我的博士论文导师委员会上有安东尼·帕戈登(Anthony Pagden)和裘利亚·西萨(Giulia Sissa)这对夫妻,前者是政治思想史的剑桥学派里研究帝国与国际法的重要人物,后者是主要从事古希腊与罗马研究的古典学家,但也研究"正义战争"这样的"帝国理由"问题。我修过安东尼·帕戈登的一门课,讲的是从罗马到美国的帝国理论,我写了一篇托克维尔论法兰西帝国的课程论文,得到A+的成绩,但当时我对帕戈登的帝国研究其实兴趣不大,课程的有些内容我也没听懂,留下了很多困惑。但十多年后,当我开始研究"帝国理由",又重新回到他的著作中,发现他早已经回答了我的许多困惑。我遗憾那个时候不够用功,错过了那么多可以向他请教问题的机会。

所以我的一个经验就是,那些你一时听得不太明白的课程,并不一定对你没有帮助,有的甚至会帮助很大。你可能有很多困惑,但只要带着这些困惑去生活,保持着对相关内容的敏感,等到以后有机会再次集中研究相关内容的时候,你会告诉自己,这些研究你自己是有一定基础的。这样,你就不会有常人的畏难情绪。而当你回到那些内容的时候,其实有了更多的社会经验和知识基础,所以稍微研究一下,你就会发现,当年的课程阅读材料和老师的讲解,其实已经包括了对你的问题的回答。有了这个切身经验,我现在上课也不怕讲得稍微深一点,让认真听课的同学产生一点困惑。虽然大家都说老师的工作是"传道授业解惑",但学生先得有了"惑",才谈得上老师的"解惑"。所以我要先"造惑"。

Q:既然是"讲深一点",这门课难度是否会比较大?

A: 如果是抱着全部要听懂的预期听讲的话,你也许会发现这门课有难度。的确,要在十几周时间里处理这么多思想家,这么纷繁复杂的历史经验,不可能把每个都理解得透彻。但讲课难度与考核难度是两回事。我设定课程考核标准的出发点,还是希望大家能在没有太大成绩压力的前提下,从自己的爱好出发来学习新知识。我的首要目的是提供一张知识地图,你大致会知道有哪些重要的人物、历史线索和思想议题,然后你可以选择其中一两个人物,做更深入一些的研究。期中论文和期末论文,我会出一系列题目供学生选择,所以并不需要平均用力,如果你能够对两三个人物比较有心得，就有望达到优秀。

  这次期中论文的建议题目列表中，有一个是让学生讨论维多利亚与格劳秀斯对于罗马诗人维吉尔《埃涅阿斯纪》文本的引用。这个题目怎么做呢？当然首先要摘出维多利亚和格劳秀斯相应文本中引用《埃涅阿斯纪》的诗句，接下来就要比较，这些诗句在《埃涅阿斯纪》里是一种什么样的语境，到了维多利亚与格劳秀斯的文本里，又被用于支持什么样的论证目的。然后我们可以发现，埃涅阿斯对于被当地人拒绝接受的抱怨，很神奇地被用于支持一种自然法和万民法上的无害通过与无害居留的权利，而这是维吉尔自己没有的意思。搞清楚这一点之后，你就可以做进一步的升华。这些论文题目期待学生在课程讲授的基础之上再多推演一两步，而这对于本科生来说并不是很难的任务，可以说是比较初步的思想史研究训练。

博雅 GE 微访谈
哲学教育的门径[①]

李 猛

一、"哲学导论"专业与通识的交叠

Q：在大学通识教育的推广过程中存在一种"通识教育意味着博而不专"的成见，往往是专业教师去给其他院系的非专业同学开设"兑了水"或者难度降级的通选课。"哲学导论"既是哲学系大一的专业课，又是全校都可以选的通选课程，您如何看待这两种性质的关系？

A："哲学导论"是哲学系的一门专业基础课。北京大学在建设通识教育核心课的过程中，不仅希望这类课程能让其他专业的同学了解一个专业的知识，也希望课程同时具有专业的深度和学术要求。所以，核心课有几个不同的来源。一些是专门和一些老师讨论设计的，另一些则是从现有的课程中选择出来的，这其中就包括将一部分专业核心课程认定为通识教育核心课。这一做法其实是想强调，通识核心课不仅具有通识的广度，同时也有专业本身的学术要求，因而在两个方面是能做到平衡的。类似地，在2016年的本科教育改革中，大部分院系的专业核心课已经面向全校开放了，在这些课上也会出现不同院系的同学。那么，对于大学一、二年级的某些课程来说，怎么让同学们在更广泛的视野里了解学科中最核心的问题，这对许多老师来说都是一个新的挑战。

大学教育中的课程本身都要在专业思考的方向上发展，但是本科生课程尤其需要让同学们了解这个学科独特的思维方式、问题意识和研究传统。从国外大学的教学经验来看，这种需要会迫使开设核心课的老师们回到这个学科的基本问题上。这些最基础的问题，反而是这个学科

[①] 课程名称：哲学导论；受访者所在院系：哲学系；访谈时间：2019年10月13日。

最原初的问题。在专业研究中，经常会有一些广受关注的热点问题，但通常过一段时间，这些问题就被大家忘掉了。所谓的"热点"是经常变化的，与学术的风尚有很大关系。但是，学科中最核心和基础的东西其实是不会变的。这些不变的问题应该在导论性质的低年级课程中让同学们接触到。在这个意义上，专业基础课程和通识核心课程是有重叠的。

在这方面，文科与理科虽然不太一样，但仍然有共性。比如就理科而言，学习数学只要达到了同样的难度，那么不管是在数学学院、物理学院还是经济学院学习，在内容上都是差不多的，并不会因为不是在数学学院学就没有学术深度。人文学科在基础阶段也有一些共同的问题要解决，比如说如何读书、如何讨论一个问题、如何提出自己的思想并加以论证，这些都是我们在一、二年级的课程中需要考虑的。

Q：您刚才说，人文学科在基础阶段需要给同学们提供一些共同的训练。有不少中文系、新闻传播学院等其他院系的大一新生来选"哲学导论"，您觉得他们主要能够收获什么？

A：一方面是收获人文学科都需要的学术训练，另一方面是可以了解到哲学这个学科的研究传统。人文学科的学术训练，可以在许多学科的基础课程中获得，不过，不同学科有不同的思考方式，也会提供不太一样的训练。比如针对一部希腊悲剧，历史学家可能会通过文本去理解当时的政治制度，或者是当时的家庭之中人和人的关系形态；哲学家关心的问题则与之不同，他们会研究希腊人怎样理解命运与人的自由之间的关系，人在不幸中如何保持自己的德性，人的知识能在多大程度上把握人所在的这个世界。而文学家自然会偏重另外一些问题。

有同学选哲学课是为了提升自己思考问题的逻辑性。确实，哲学系的学术训练会要求同学们清晰地阐述一个观点，并给出理性的论证。但是，哲学课在阅读重要的哲学作品时，主要是试图让同学们明白，哲学家是怎么去讨论一个问题的。有时候我们看下来，会觉得论证好像是很失败的。但是，如果你反复去尝试跟随作者或者对话中的人物去发问，那就会发现，这种表面上的失败，实际上是因为作品在这里提出了一个和我们所接受的常识相当不一致的看法。这时候我们就要去理解，作品是怎么看待这些常识的，这些常识性的假设背后隐含了什么样的问题。

这样的哲学思考，比单纯说话更讲逻辑，涉及更多对世界与人性更深的反思。其实，当有人觉得你说话不合逻辑或者缺乏说服力的时候，往往不是因为你的修辞能力有问题、逻辑规则没掌握好，而是因为你没有看到你们之间分歧的真正根源是什么。哲学帮你做的反思并不是要教你怎么在论证中打败对方，而是希望你也能反思自己许多观点的前提。我觉得这是哲学很有帮助的地方。

当然，还有些同学非常直接，他们学哲学就是希望找到人生的意义或者世界的意义。这个要求不能说是不合理的，其实是蛮自然的一种期待。但是对于哲学来说，意义不是现成地摆在一个学说里的。哲学史中有很多学说，比如柏拉图、康德和黑格尔对于人生或者世界的意义，肯定有很不一样的理解。但是哲学系的老师通常并不会简单地告诉你这些不同的答案中哪一个是对的，而可能会告诉你，这需要你自己经过一番哲学思考，然后给出一个自己的答案。所以，抱有这样的期待来上哲学课的同学，在学习了哲学之后可能会增加自己的困惑。哲学的课程不可能直接给你关于人生的答案，而只是帮助你去思考这个问题。

此外，学习政治学、社会学甚至世界史，你都会发现需要一些西方哲学的背景来帮助你理解各个时代的思想和文化。从这方面看，哲学导论的内容指向了人类精神的一些非常重要的发展。

学习哲学导论，在以上三方面都会有所帮助。可能上完课以后，未必能完全达到你的期待。但这门课主要是想给同学们打开一个空间，能让大家在里面去探索。如果同学们觉得喜欢，可以去上更多哲学系的课，或者自己养成读哲学书的习惯。

Q：想请问您，哲学和其他的专门学科是什么关系呢？

A： 首先，哲学和任何专门学科都不是竞争关系。比如，哲学在经济问题上并不能提供经济学给不了的回答。假设经济学家能告诉你市场波动的原因，哲学家对此并不能说得比经济学家更好。哲学家唯一会帮你思考的大概只有金钱或财富是否有价值。经济学家一般不会这样来讨论问题，而是已经假定了金钱有价值，否则研究货币理论和供给需求函数有什么意义呢？

哲学教育有不同的开展方式。可以是封闭的、极其专业的，在少数致力成为哲学教授的学生中传授，但我觉得这是研究生哲学教育的方式。本科哲学教育应该让大家意识到，最基本的哲学问题可以用相当朴素自然的方式去进行思考，可以使这些基本问题能够和生活发生关联。同时，本科哲学教育也应该让大家从这个过程中带回一些东西，能够投入到个人的专业学习和未来的人生抉择中。总之，哲学教育在大学的不同阶段所发挥的作用是非常不一样的。

所以我觉得，不能把哲学学习和未来要从事的行业完全等同起来。除非你是被哲学问题折磨得难以解脱，不然大可不必以哲学作为专业。其实其他的专门领域也是一样的道理。我们很多人都喜欢音乐，喜欢文学，但并没有多少人选择以文学或音乐为专业。哲学的教育与思考是每个人都应该有的。喜欢哲学，喜欢思考，最后不一定要变成专业的哲学研究工作者。每年学"哲学导论"的有一百多个学生，他们不可能都变成哲学家。在中国开设哲学系的有七十多所学校，每年也不可能培养出几千位哲学家。这些人里面或许只有一两个人会以哲学为生，他们会以极高的专注力进入非常专门的思考，这样思考的问题实际上会离生活非常远。但这没有办法，现在的专业学术研究都是这样。

哲学的学术研究与日常的哲学阅读是完全不同的。日常你读哲学，看几本柏拉图对话，你可能会非常喜欢。但哲学的学术研究者看了某篇对话，可能要去学习希腊语，或者先去找二十篇参考文献看一下，了解德国、法国、英国、美国等各国学界的研究成果，看有哪几派的解释，然后再从中找一个可能的问题进行研究。到了这一步的时候，其实就已经和最初在"哲学导论"课堂上的感受有非常大的距离了。最开始你可能会有一瞬间觉得某个问题一定要想明白，然后抱着特别大的热情，茶不思饭不想地去探究。这两种状态到底哪一个更接近哲学本身，有时候还真不好说。

Q：您讲授这门课程已经十年了，哲学导论这门基础课跟您自己开展的学术研究是什么样的关系呢？（有些理科院系的基础课可能跟老师在研究的内容没有关系。）

A：我觉得这个问题与我一开始说的问题有关系。芝加哥大学有一个制度，要求最好的老师去给一年级的学生开设最基础的课程，阅读一些经典的文献。比如一个教授研究的是当代政治，当她要给大一新生讲霍布斯的时候，这对她本人来说是一个非常难得的全新体验。这种经历会逼迫老师们回到最基本的问题上。每年我也会面对学生们提出的问题而去重新思考一些基本问题。

二、课程的安排与组织

Q:"哲学导论"是以两到三部经典哲学著作的研读作为这门课程学习的基本方法,为什么要选择以这种方式来把同学们带入哲学之门呢?

A:我们思考哲学问题时就会发现,许多问题是复杂地相互关联在一起的。比如《理想国》中关心什么是正义,这是我们在日常生活中也会遇上的问题。其实我们每时每刻都可能会进入和哲学思考很像的状态,只是未必能够沿着问题的脉络深思下去。在课程中提供一个哲学文本,可以让同学们跟随柏拉图或者是笛卡尔这样的大哲学家,看哲学思考的每一步是怎么进行的,在这个过程中慢慢去挑战习以为常的观念和思考习惯,由此达到更深的了解。

以《会饮》为例。在这里面呈现了对人的欲望和人与人之间关系的理解,每个人对爱的赞辞,其实就再现了某一种类型的人所持有的理解。假设我就"欲望"这个问题让你来写一篇哲学论文,其实你写出来的观点可能多半就是《会饮》中某一个人想法的变形。但是,你会发现自己欠缺进一步分析和讨论自己观点的环境。而这部对话就提供了这样一个空间,展现了不同思想之间的相互冲突,构成了使你的思想逐级上升的台阶。

在文本选择上确实也会面临很多困难,比如说文本的长度和适宜性、讨论的哲学知识的类型等等。如果第一年选择亚里士多德的《形而上学》或者《物理学》这样的文本,学生学习起来会非常吃力。如果选择休谟的《人性论》,那么如果不先熟悉笛卡尔所做的工作,就会很难明白休谟对内在和外在世界所做的近乎摧毁性的分析。

课程选择的文本,不仅要能让我们向一个大哲学家学习如何一步一步地去进行哲学思考,另外也要能够展现出西方哲学最重要的思考形态和最基本的架构,要能够代表古代哲学和现代哲学各自思考哲学问题的核心概念和思想方式。通过阅读哲学著作来直接思考这些问题,跟随哲学家去一步步进行哲学分析,这是一种相当朴素但是非常重要的研究哲学的方法。在我看来，哲学有一点像工匠的手艺活，跟着一步一步做就能慢慢地学会，就能理解哲学家怎么思考问题。

Q：您选择的文本一直在调整，讲过的包括柏拉图的《会饮》《斐多》《理想国》，还有笛卡尔的《第一哲学沉思》等等。您每次调整的考虑是什么？

A：这要考虑古代哲学和现代哲学的衔接问题。我之前也选过柏拉图《理想国》和笛卡尔《第一哲学沉思》这种组合方式。就现代哲学而言，真不容易找到比《第一哲学沉思》更合适的文本。我们的课时是有限的，必须要在有限的范围内处理一个整体的文本，还要能在一定程度上带着大家进入文本的难点，比如许多人在面对第三沉思的上帝证明时会觉得非常困惑，因为大家会觉得这和他们熟悉的东西相距太远了。

就古代哲学而言，柏拉图的对话是比较理想的选择。古代哲学中最重要的是柏拉图和亚里士多德，但流传到今天的亚里士多德著作都是为深入研读而准备的"进阶"作品，而柏拉图的作品则是对话式的，读起来既有意思，背后也有丰富的哲学意涵。某种意义上可以说，柏拉图对话中的哲学问题在根本上塑造了整个西方的哲学传统。比如灵魂不朽的问题，爱欲阶梯里面的不同层级，灵魂和身体的关系，这些其实也是西方哲学始终关心的问题。从这些角度来看，选择柏拉图有一定的合理性。但很难说是绝对合理的，因为换一个人的文本可能也可以达到同样的效果。不过我们有许多教学上的考虑，必须要选择能在一个学期的范围内起到教学作用的文本。就此而言，把《会饮》放在最开始，能够提供一个比较好的过渡，它不仅涉及了爱欲阶梯的哲学问题，相对来说故事性也很强，可以让大家慢慢进入对柏拉图哲学的思考；接下来的《斐多》提供了关于灵魂不朽的几个论证，也包含了苏格拉底对自己哲学道路的反省。这些都能带来比较好的教学效果。当然，今后我也可能会尝试其他的文本。

Q："哲学导论"的课程考核方式中，需要同学们在整个学期内写六七次作业。您希望选课的学生从中获得什么样的能力？

A：思考、写作和阅读，这三种能力是同步发展的。写作能力的提升会大大地增强读书的针对性，也会提高思考的系统性。但是大家有点不太愿意写。原因其实也很简单，主要是因为大家的课太多。国外的类似课程比我们要求的写作量还更大一些。"哲学导论"这个课程的写作量,其实并不算太多,但我想可能已经是大家在目前的选课方式下允许的负担极限了。

我还是希望同学们要多写。光是阅读,你会觉得读起来也挺爽,好像自己明白了很多。但一旦让你写,你就会发现自己没看明白,还是得回去反复看书。所以,写作会使你的读书和上课变得更加主动。光是上课听讲,这在某种意义上还是比较被动的学习。有些老师讲得比较好,会吸引大家更好地去阅读和思考,但这仍然不能代替大家主动的写作。我觉得写作是很重要的,我给学生的建议都是希望他们能够更多地去主动写作。但是大家上的课往往特别多,各门课的阅读要求很多,所以很少有人会主动去写东西。

我的课程提出的要求,是基于我对大学学术训练的整体理解。阅读、思考、写作、课堂讲授,以及助教带领下在讨论班上的讨论,这些环节都是相互关联的。我们所布置的作业也并不完全是一般意义上的论文,而是包含了一些学术训练上的要求,比方说要求学生做文本的摘要,再比如说要求学生去反驳某种学术观点。我们是把学术训练的不同环节分解到了一些作业里。然后助教也会给学生反馈,让学生知道自己在哪些地方还可以改善。

Q:"哲学导论"还为同学们安排了每周的讨论班。您理想中的小班讨论课应该是一种什么样的状态?对于讨论效果的好坏,有没有一些相对客观的评价和衡量标准呢?

A:这是一个非常大的问题。我们每年都会为小班讨论做非常仔细的准备,有一个非常厚、非常完备的助教手册,里面设计了很多讨论提纲。我们要求每次都能做到,讨论班上每五分钟在干什么都有所准备。

但事实上运行的情况并不会都那么理想。每周我们的助教都要一起讨论各班的情况,这时我们会发现每个班进行的情况很不一样。有的班大家讨论了一个半小时还不肯结束,有的班可能大家讨论了半小时就都想赶紧散了。其实我们这个课也不是要求一开始就一直要讨论,我们不希望学生只是表达观点。这个没有用,大家听了也很烦。最好的是能够扣着文本中论证的脉络来讨论,这也就是为什么我们需要一个经典文本来进行分析。在看文本的时候,我们要理解苏格拉底是怎么在讨论中去和其他的对话伙伴推进整个问题的。比如阿里斯托芬的观点是非常强的,那么蒂欧提玛是怎么能够又往前走一步去对他进行批评的呢?苏格拉底又是如何批评之前的悲剧诗人的理解的呢?我觉得讨论中是包含一些学术训练的,只有大家先能够看懂文本、跟随文本、熟悉文本以后,才有一些共同的基础可以进行讨论。也就是说,大家要在共同的边界里进行讨论,在这种情况下,讨论会对理解文本和思维训练都有很大帮助,而不是演变成每个人都在申明自己的观点。讨论不是辩论,不是为了证明自己是对的,而是为了让自己意识到,自己原先以为这件事这么容易,这个想法是错的。比方说我们有一个学生在讨论课结束后写的总结中就说:"我原本以为我是完全理解这件事的,没想到讨论了一个小时之后,我更困惑了。"这是很好的状态,哲学本来的目的就是要促使你去检讨那些你原来习以为常的东西。

一个好的哲学讨论,既能产生困惑,又能产生探索知识的愉悦,而且在经过几次讨论后,你就会慢慢发现,你对问题的理解比以前要深入多了。在某种意义上可以说,你获得了某种洞见,看到了一些以前没有看到的东西。我觉得这就是哲学的目的。哲学并不是要讲一个非常复杂的道理,最后把人绕进去。其实不是,哲学是能让你看见一些东西的。

就像《理想国》中一步步展开正义这个问题,然后你就会发现,正义的问题和世界的整个秩序有着内在的关系。阅读哲学文本的困惑往往是和洞见连在一起的。如果你真正深入地讨论了哲学,即使有些东西到最后你都没有完全懂得,但你仍然会觉得自己更明白了一些。这是很有意思的。

Q:要达成讨论班的理想状况,助教应该付出什么样的努力?对助教有什么要求或建议吗?

A:我们希望助教能做好三点。第一,助教要非常熟悉文本。其实他们中有许多人都听过好几次了,但是我还是会要求他们每次都认真听,因为每学期讲课的主题和运行的情况是有变化的,他们要了解课程,才能针对课程提出不同的意见。每周在上完课后的第二天,都会有一个长达两三个小时的助教会,在会上助教就会对很多文本上的问题进行争执,有的时候会争论半天。

第二,他们要对整个讨论过程做非常精细的准备,要写详细的讨论提纲，其中包含的内容会比实际需要的多很多。如果要都讨论完，肯定会超时。这就需要助教根据各班同学的实际情况去调整讨论计划，但这个调整需要助教做很细心的准备，还要能根据课堂的进展情况来灵活应对，因为实际运行的情况会跟预想的很不一样。我觉得我们这么多年做下来，唯一的秘诀就是准备。准备得越详细、越丰富，就越能应对讨论。

第三，我们希望助教对参加小组讨论的同学有个体性的关注。有的同学非常善于小组讨论，但是也有些同学不是那么爱发言，有的是因为羞涩，那我会希望助教鼓励他，有些同学就是不习惯发言，那我觉得也要给予一定的尊重。但主要还是要鼓励同学们积极地去看书和思考，哪怕发言少一点也可以。现在学生的构成差别很大，有的同学是哲学专业的，他总关心这个问题要怎么用专业化的方式思考；有的同学是元培学院哲学、政治学、经济学专业的，他想把一些其他学科的知识带进来讨论；还有一些外系的同学，他们并不关心哲学专业怎么想问题，而是觉得这个文本读起来就挺费解的，好奇为什么哲学会这么去思考问题。不同专业的同学在一起讨论是蛮好的一种经历，彼此间会有影响。

三、文本研习的问题与方法

Q：还想问您文本和生活的关系。在阅读与我们时代和处境相距较远的经典文本时，我们有时候会觉得，自己知道作者说了什么，但却并不真正理解。（比如读过《会饮》的同学都会记住，爱是一种有朽者对于不朽的渴望，然后觉得这真的是一个很重要、很有道理的说法；但比如到了自己生活中，我爱一支口红，这时候我可能根本不会想到我是因为渴望不朽才这么做，我不容易会用这个爱的经验来印证《会饮》，也不太会直接拿《会饮》的说法来解释我的经验。）您觉得应该怎样去把自己的经验和文本更好地关联起来呢？

A：我们有一个小班在讨论的时候，就处理了跟你说的例子类似的问题。大家讨论之后发现，虽然这是一句非常好听的话，但出现在文本中并不是理所当然，这样一个对爱欲的界定可能是有问题的，需要我们去加以解释。但是，你不能把这一点归结于希腊人的文化观念。诉诸历史背景来解决文本中的哲学困难，其实是对问题的逃避。为什么？因为不需要历史背景你也能理解其他的段落，你会觉得前面泡萨尼阿斯讲的那种爱的交易不能让你信服。但到了这个地方，你觉得这应该是柏拉图本人的某种哲学观点，就觉得肯定是对的，而且听起来好像也是一个非常高大上的哲学表述，所以你就接受了。其实，只有经过进一步的质疑和讨论，你才能理解蒂欧提玛在澄清爱若斯含义的时候，为什么要给出不朽和有朽之间的关系作为理解爱欲本身是什么以及爱欲有何用处的重要线索。学生提出这样的问题，也会迫使我重新去思考这一段的意涵。这里面有很多并不容易理解的地方，都需要我们去思考。

我们并不是简单地拿书里面的道理来印证经验。之所以印证不了，比如无法解决刚才说的口红这个问题，证明我们还没理解这个道理。按照泡萨尼阿斯讲的逻辑，假设有人用口红来追求你，那你就不能马上同意他。我们经过讨论，认为泡萨尼阿斯给的解释是不充分的。其实我们也会认为一个日常生活中很普通的东西是美的，为什么对这类东西的喜爱就不是"爱欲"呢？苏格拉底说，我们对财富、名声等东西都有欲望，但这些欲望并没有被描述成爱若斯。我们日常确实会说，我爱这个口红，但是我们知道，这和爱一个人是有差别的。这里面的差别在哪里呢？苏格拉底问的恰恰就是这样一个问题。我们并不把所有的欲求都称为爱欲，到底是因为爱欲比其他欲求更强烈一些，还是有别的理由？苏格拉底的解释是说，绝大多数其他欲望的满足都和正常的代谢一样，在不断地变化，但是，在爱的阶梯中有一种上升的动力，与一般的欲望不同。苏格拉底希望通过揭示出这个细微差别，让我们注意到，为什么我们会觉得爱欲比一般的欲望要更加强烈。苏格拉底所理解的爱欲中包含的这样一种向上的力量，被阿里斯托芬从不同的角度表述出来了，说成是想要回到自己原初自然的一种本能性的力量，这种力量表现出来，甚至于是要和天神对抗。

所以，这里的问题并不在于我们对口红不能够产生爱。按照苏格拉底的解释，为什么我们不能从一支口红开始而走上爱欲的阶梯？因为口红是不够的，欠缺了某种真正的存在意义上的力量。那么口红这个物体与人的身体，在美的意义上，有何差别呢？我觉得这是苏格拉底想要我们注意到的。

大家都很希望使哲学与我们的生活产生关系。但是在很多时候，我们都想把哲学当作生活的收纳装置。也就是说，我们的生活有时候缺乏秩序，然后就去寻找哲学，让哲学来为自己的生活赋予意义，给每个东西都安排得井井有条。但其实并非如此。哲学首先意味着你在知识上有一种特别好奇的动力，你会努力去想，是不是有些东西的道理比你原先以为的要深。想清楚了这个道理，自然会明白它与生活的关系。但这个关系并不是你一开始就能了解的。这也是为什么亚里士多德说，你先得有一定的闲暇，能够从生活里头出来，然后你才能去理解、去知道。大家不要想着把哲学的任何道理都直接拿到生活中用，如果你能自己想明白许多事情，那当你去生活的时候，自然就会比以前活得更明白一些。哲学其实就是改变你自己。当你变得更成熟以后，你就会对生活中的许多东西有不同的看法。如果你拿着某种"生活哲学"或者拿着"伦理学导论"的课本，按照它去生活，这一定是非常糟糕的状态。

所以说，想要借助哲学去改变生活，这可能就想得太直接了。坦率地说，就改变生活的技术性力量而言，哲学比大学里大部分学科都要差一些。学了一门心理学的课，你可能很快就可以学会如何调节自己；学了一门经济学的课，你也可以更好地做成本和收益的分析。但哲学做不到这点，我们不能指望靠哲学实现对生活的有效的技术性管理。

Q：那么，在阅读时代较早的经典文本时，需要在多大程度上考虑历史背景？

A：阅读早期文本还是会需要一些历史知识。比如阅读《会饮》，就需要知道，这里面所讲的那种爱欲，实际上是同性恋之中爱人和被爱者之间的关系，这种关系的特点和浪漫之爱以及我们今天熟悉的把婚姻、家庭和爱情结合在一起的感情是不一样的。如果你不了解这一点，在讨论文本的时候就很容易带入自己对爱情的理解。历史背景并不能帮助你理解到位，但是可以去除一些想当然的解释。在这个意义上可以说，对于哲学的文本而言，历史不提供解释，而是防卫性的，可以避免我们想当然地拿今天的常识去解释过去时代的问题。

这是哲学的特点。不光古代文本是如此，现代文本也是这样。我们在读笛卡尔的时候，总会觉得自己都明白了，但其实是因为我们受到了他的强烈影响。笛卡尔、康德、黑格尔这些现代哲学家在很大程度上塑造了我们自己的生活,我们想当然地会觉得自己完全理解了他们说的自我这样的概念,但这就妨碍了我们去理解他们一开始怎么把这样的概念提出来的过程。在他们之前,"自我"并没有直接就在那里。在他们讲出来之后,你就会觉得这是如此明显,每个人都有自我,每个人都有主体性,这些好像变成了无可置疑的东西,甚至于去看柏拉图和亚里士多德的时候也会带上这样的观念。实际上并不见得是这样的。

总之,历史可以帮助我们克服头脑里常识的顽固性,但是很难直接帮我们理解某个道理是怎么慢慢地建立起来的。

另外,即使《会饮》中每个发言人都是在历史背景中,他们所讲的东西都有历史的渊源,但这些不同的观点中,哪一个是柏拉图希望思考的方向呢?柏拉图要反对身处同一个历史时期的许多其他人的观点,他认为这些人的看法对于理解这个世界里的人应该怎样活着是有所欠缺的。比如在《理想国》中,如果我们了解伯罗奔尼撒战争,了解当时人所知道的一些事情,可以帮助我们在一些局部论证里面,更好地避免由于现代人容易带有的常识性假设而导致的想当然的误解和批评。但历史本身不能告诉我们,苏格拉底为什么不同意色拉叙马库斯、格劳孔和阿德曼托斯等人对正义的看法。

理解中国古代哲学也会面临类似的困难。我们在古代哲学中读到的很多话都是日常生活中人们经常说的那些道理,你就觉得自己肯定也懂了。所以,我们就需要借助某种历史,努力来把文本重新擦亮,恢复古代思想的陌生性。否则你看着就会觉得这都是老太太讲的人生道理,而没有什么更深的东西。就此而言,西方哲学还是更陌生一些。所以,理解两边的思想所面临的挑战并不完全一样。

这些困难的产生,跟我们自己已有的认识是密切相关的。所以,阅读哲学文本,就需要针对这样的情况自己去重新找到能够思考的空间。大家有时候上课,会期待老师把一切都告诉自己,听完了就够了。就像阿尔西比亚德,他就希望苏格拉底把真理给他,然后他自己就不用再去想了。但实际上这并不可能做到,你只有靠自己去得到。

博雅 GE 微访谈
根本问题不会随时代变化而变化[1]

吴 飞

Q：您所开设的"理想国"课程在本学期被纳入通识核心课，是一门3学分的面向全校同学的公选课。请问老师为什么选择《理想国》作为我们的阅读文本呢？怎么理解《理想国》在哲学史上的地位呢？

A：在西方哲学传统里，柏拉图的哲学肯定是最重要的，这应该是没有什么争议的。所谓"西方哲学，都是柏拉图的注脚"（英国哲学家怀特海语），而在柏拉图的对话当中，《理想国》又是最适合讲授的一篇。一方面，《理想国》在柏拉图的诸篇对话中是最有名的，无论在纯粹的哲学方面，还是在政治哲学方面，都有着特别深远的影响。另一方面，《理想国》本身也并不是特别困难。而柏拉图后期其他的一些重要对话，像《蒂迈欧篇》《法律篇》或者《泰阿泰德》等，可能在哲学上会被认为更加重要，在哲学上的讨论更加深入。但是这些对话比起《理想国》来说就太难了，不适合在通识课上讲。而像《游叙弗伦》《申辩》《克力同》等对话又太简单了，篇幅太短，值得讨论和发掘的纵深不够，也不大适合通识课的讲授。《理想国》难度适中，篇幅足够长，讨论的空间很大，足以引领学生由浅入深地进入一些根本问题。

Q：**老师，上您课的都是哲学系的同学，还是会有理工科的同学？**

A：大部分都不是哲学系的同学。"理想国"就不是针对哲学系的一门课，而是通选课。

Q：**对于哲学系以外的同学，您认为以什么方式进入哲学较为合适？**

A：在这门课上有很多同学都是第一次接触哲学，此前没有多少哲

---

[1] 课程名称：理想国；受访者所在院系：哲学系；访谈时间：2019年12月17日。

学背景。我认为确实有一些哲学著作，像康德、黑格尔等哲学家的著作，对于初学哲学的同学来说不是很容易，包括我刚才提及的柏拉图的部分对话也并不是特别适合。

但是《理想国》的难度比较合适，一般人即使按照字面含义都能读下来。可是它的问题并不浅，特别是第五卷之后的讨论其实是非常深入的，有很多可以进一步挖掘的地方。所以，我觉得《理想国》讨论了很多哲学中非常根本的问题，对于初学哲学的人来说，作为一本入门书还是挺合适的。

Q：除了读哲学著作之外，或许还可以通过哲学史或者其他途径来进入哲学。这与从《理想国》进入相比的话，哪一种更好呢？

A：我觉得这是一个相互补充的关系。一方面，对哲学有兴趣的同学既要读哲学原著，又必须对哲学史有一个了解。只有对中西的哲学史有一个通贯的、至少是有一个大致的理解，才能把每个哲学家都放到合适的位置上。但另一方面，如果仅仅有对哲学史的了解，而对重要的哲学经典没有深入研读，还是会失之粗糙浮泛。所以，肯定需要精读几本重要原著，而在哲学原著当中，《理想国》肯定是一本必读书。

Q：正如您所说，《理想国》相对其他哲学著作来说比较简单，这种简单性与其对话体的形式是否具有关联呢？

A：对话只是一种形式。这并不是《理想国》简单的原因。柏拉图最主要的哲学著作都是对话形式，但在这些对话中，《理想国》不是最简单的，它是处在比较中间的，有一些小的对话比它更好读一些。

Q：作为现代人，我们在阅读柏拉图的著作时，会感到柏拉图当时的很多讨论与当下的状况是有很大差别的。比如柏拉图所讨论的城邦的正义和我们现在所理解的正义有很大不同，您认为应该如何处理这些差异呢？

A：这个其实是读任何古代的经典都会碰到的问题。我觉得这个问题具有两个方面。一方面，根本的哲学问题在哲学史上没有太多的更新，两千年前的重要问题，在现在还是重要问题，这些问题正因为是重要的所以才是普遍的。在几千年前希腊城邦中的重要问题仍然延续到了现在，只不过换了一个语境、换了一个社会背景，因而讨论方式也会有不同，但是我们关心的其实还是同样的问题。哲学的意义也正在于这个地方，这些最根本的问题并不会随着时代而有太大的变化。

另一方面是从哲学史角度而言。我们在现代社会里面讨论一些有争议的问题时，和古希腊城邦当然有一个相当不同的语境，这也是不可忽视的。但是从哲学史的角度来说，我们现在对很多问题的理解，包括我们现实生活当中的一些制度的设计，以及现在流行的思潮，也都是从柏拉图那个时候逐步地发展到现在的。当我们从历史的兴趣来关注现代的状况，了解现代思想的古代根源时，这个角度本身也是有非常重要的意义的。

Q：可是我在阅读《理想国》时感到，柏拉图所设计的最美好的城邦其实跟我们现在所设想的理想社会存在着很大差别。

A：差别确实很大，但是像我刚才所说，你不能非常机械地看待现代的问题，还是要观察在《理想国》具体语境背后真正的、最深切的关怀。要关注在他的具体讨论之后普遍性的问题究竟是什么，那么这个普遍问题是没有太大变化的。相当于是对同样一个问题，我们与古代的他在进行讨论。但是，这并不代表给大家讲《理想国》就要接受《理想国》里面的所有结论。我们在看历史上伟大的哲学家时同样如此，我们所关注的是那些伟大的学说为什么这么讲，他的思路究竟是什么，而绝不是说大家读了《理想国》之后，就应该完全接受他的想法。不过在阅读哲学经典的时候不能三心二意，而是要从作者的思路进入，按照他的想法思考，深入到问题的要害。如果读书时就不肯信，总给哲学家挑错，那就不可能深入阅读。

Q：老师您的新著《生命的深度》在今年（2019年）8月出版了，是从哲学角度解读刘慈欣的《三体》。这部作品是否也能被理解为把政治哲学带到现实的一种尝试？

A：这个说法并不贴切，我觉得还是应该从文学作品出发。因为《三体》本身就是科幻小说，科幻小说里面说的不一定是真的故事，包括以后人类的处境、宇宙的命运等等，这些都不见得是书中呈现的那样，但它里面还是有一些普遍的道理，包括人的生活方式与人性。在书里我所关注的也正是《三体》背后讲道理的这种方式。

具体说来，我认为《三体》中谈的最重要的是生命的问题，在他所设想的那样一个宇宙的场景之下，人们怎么看待生命和生命当中的人性善恶，以及死亡和不朽，包括人类群体和人类文明的最后命运。这些其实都还是非常普遍的哲学问题。

Q：刚才您聊到，古代的经典跟我们现在所关怀的是同样的问题。但是它也有那个时代的背景，所以我们在阅读经典时是不是还需要历史学或者社会学的视角呢？

A：当然需要。你在读古代著作时一定要清楚它的历史背景，它的具体的语境和当时的社会政治制度，只有清楚了这些之后才会知道古代著作的很多问题具体是因为什么而说的。古代作者的一些具体的观点，比如说他所引用的当时人们所熟悉的一些东西，对于今天的我们来说可能已经很陌生了，只有对古代历史进行一个比较深入的了解，才能够理解这些著作。

历史学的视角其实恰恰是为了看到偶然的历史背后普遍的东西是什么。如果你不了解社会和历史的背景，作者针对一个具体的情境而说出的一个观点，你会误以为它是普遍的，只有历史性的了解才可以使我们避免犯这样的错误。所以，只有明白了作者阐述某个问题的具体历史语境，才能把历史语境剥离出来，看到这个观点中更普遍的东西是什么。换句话说，那些更普遍的道理，在任何时代一定都是隐藏在具体语境的具体讨论之后的。任何一个古代文本都是这样的，所以说对历史的这种研究，恰恰能帮我们发现这些普遍性的东西。

我特别反对的一种读书方式是剥离时代背景，将所有时代的人都放在同等的逻辑之下来检验，分析其论证的对错，这样就把真正重要的问题错过了。

Q：《理想国》除大班讲授之外还有小班讨论，您会参与设计讨论班吗？正课和讨论班之间是什么关系？

A：我们每周都有一次集体备课会，所有的讨论班助教都会参加。在会上我们会把上一周讨论的情况做一个总结，不同的讨论班之间也会做一个比较，然后看有什么需要改进的地方，以及下一次讨论班要讨论的重点问题等等，这些我们都会集体讨论。正课主要是我来讲，带着大家细读文本，然后看文本中的一些具体问题。但是这些问题很多是有进一步的理解空间的，同时在《理想国》的解释传统中也会有不同的解释方式。所以，在小班讨论时就会把在正课的过程中讲的一些内容的各种可能性理解，再做一个比较深入的交流。

Q：老师希望同学们在这个过程中能够有什么样的收获呢？

A：首先来上这门课的同学，一个学期下来，都应该对《理想国》这本书比较熟悉了，包括每一卷讲的内容以及所涉及的主要问题。然后进一步是能够对柏拉图的哲学，在《理想国》里呈现出来的基本哲学思想有一个把握。但更重要的，除了对《理想国》和柏拉图有一个基本的了解之外，对于怎么阅读这种哲学经典，大家也有了一次特别的体验。尤其是对于没有学过哲学的同学来说，很多人可能是第一次接触哲学，以后再对类似的历史经典做进一步阅读时，就可以使用我们在这门课上所掌握的方法。

Q：所以说"理想国"的目标和哲学系的另一门专业必修课"哲学导论"有某些类似？

A：是有类似之处，哲学系的"哲学导论"会更专业一些。因为"理想国"并不是直接针对哲学系的同学，可能很多外系同学学完这门课就再也不会上与哲学相关的课程了。那么可能对于他们来说，这是他们唯一一次哲学阅读的体验，所以还是会有所不同。

Q：《理想国》当中"三次浪潮"是全书争论最大的地方，您认为应当如何看待三次浪潮？

A："三次浪潮"当然是《理想国》的第五卷和第六卷当中非常核心的问题了。其实整个《理想国》的核心卷就是第五、六、七卷，全书最重要的问题都呈现在这三卷里面。而前面的第二到第四卷，比较关心的是政治的问题和正义的问题，这是建立城邦的一个过程。但是从第五卷开始，前面建立城邦的过程基本上完成了，对正义的讨论也告一段落。但是他们发现很多问题其实还需要继续讨论，那么沿着二到四卷的基本原则再往上升，虽然它还是在借着建城邦这件事来谈，但实际上已经进入了更加偏重于哲学的讨论，而不只是对城邦的讨论了。

后世争议最多的第一个浪潮和第二个浪潮，涉及妇女儿童公有等问题，这对后世的乌托邦思想是有非常大的影响的。第三个浪潮就是哲学王的问题，但是我觉得这三个浪潮都不能被看作是柏拉图真正的政治设计。因为前面的这一部分关心的其实是哲学问题，是已经超出城邦政治的哲学问题。所以柏拉图也明确地说，妇女儿童公有其实关心的是灵魂平等的问题。这个妇女指的就是男女问题，男女只是在身体上有差异，他们的灵魂是完全平等的。所以，在这个意义上他会说，男女可以从事完全同样的工作，甚至他认为小家庭也应当被消除，实现妇女儿童公有。但其实这些构想不能被看作一个真正的制度设计，柏拉图关注更多的是灵魂。包括第三次浪潮里面的哲学王的问题，也不能够简单地从政治的治理方式来看待，而是要把它看成通过哲学王表达对哲学的一种理解，以及哲学和政治可能产生关系的一个理解，而并不是现实政治中的一个制度设计。

柏拉图真正思考现实政治设计是在《法律篇》里面，《法律篇》里面呈现出来的就完全不一样。而《理想国》更多的是为了讲哲学，而不是讲政治，它是在讨论灵魂。

Q：老师您曾经翻译过《苏格拉底的申辩》。柏拉图的《理想国》等其他相关文本在您翻译的过程中起到了什么作用呢？

A：柏拉图的哲学，包括柏拉图的所有对话，我想应该是一个整体，相互之间存在着紧密联系。但是像我刚才所说，《申辩》比起《理想国》来说算是一个比较短，也比较简单的一个对话。但是《申辩》里面已经提出了最基本的问题，包括《理想国》在内的很多对话，其实都是为了回应《申辩》里面提出的问题。所以说，《申辩》虽然是一个很短的对话，但是在柏拉图的各个对话中，它是处在一个非常特殊的位置上，对我们要讨论的问题设立了一个基本的出发点，相当于是给所有对话起了一个大纲。

博雅 GE 微访谈
成为自我教育的人[1]

孙飞宇

一、"国外社会学学说（上）"：人物选择与授课方式

Q：老师您好，您开设的课程"国外社会学学说（上）"介绍社会学理论的核心人物、重要著作和关键概念，这门课程在本学期也被纳入教务部"通识教育核心课"的序列中。这是一门"点人头"性质的课程，课堂讲授中需要介绍大量的思想家，您是如何选取其中的人物的呢？

A：其实人物选择的余地并不是特别大。因为"国外社会学学说"（以下有时简称为"国社"）本身是社会学专业同学的一门专业必修课，而且几乎是最重要的几门之一。在我接手这门课之前，杨善华老师、李康老师都已经上了很多年了，已经形成了一个比较成熟的体系。当然，也不仅仅是因为他们对课程的建设。其实在今天，学界对社会学里面的经典思想家已经有了一个比较成熟的认识，在全世界都是如此。尤其是像社会学的三大家（马克思、韦伯和涂尔干），这是全世界公认的社会学的经典人物。在三大家之外，像齐美尔、滕尼斯、孔德、斯宾塞，也都是社会学史上的公认的经典人物。

当然，虽然全世界都是如此，但讲授的范围并不是不可以讨论的。因为这个基本的讲法是美国社会学史奠定的，所以不同的老师在讲这门课的时候，会根据自己的理论取向，有一些自由发挥的余地。比如说我在讲社会学史前史的时候，会把卢梭和托克维尔纳入进来。其实不只是

---

[1] 课程名称：国外社会学学说（上）；受访者所在院系：社会学系；访谈时间：2019年10月27日。

我，我想其他老师也会这么去讲，但是这其实跟一般意义上的美国社会学的讲法就不太一样。我自己还会把弗洛伊德也纳入进来，这个跟很多其他老师的讲法就不太一样。

总的来说，对于"国外社会学学说"这门课程，我自己主要关注的一点是，要把国外社会学学说或者社会学理论，跟社会理论区分开来。在"国社（上）"这门课上，主要的人物既是社会学理论里的经典人物，同样也是社会理论里的经典人物。如果要把重心放在社会理论上的话，讨论的范畴是要大于社会学理论的。这门课所考察的这些社会理论之中的经典人物，对于理解社会学的产生和发展、社会思想的产生和发展都有着不可或缺的重要性。在这个意义上，我们把通常不被视为社会学家的卢梭、托克维尔和弗洛伊德也都纳入进来。我知道，如果其他老师上这门课的话，基于同样的理由，也会把比如说像孟德斯鸠，或者像尼采这样的人物放进来。但是我们这个课容量还是有限，同时还要在社会理论和社会学理论之间取得一个平衡。因为这毕竟还是一门社会学的课，所以要留出充分的空间给马克斯·韦伯、涂尔干、滕尼斯和齐美尔这样的社会学家。

另外，"国社（上）"的课程安排中并没有涉及卡尔·马克思。虽然马克思的理论非常重要，但是这门课在最初设计的时候，基本的设想只是针对社会学系的同学，而社会学系其实有一门针对本系同学的专门课程，是由渠敬东老师上的，叫"马列经典著作选读"，专门讲马克思的社会学理论。所以，我们这门课就没有必要再去讲，这是一方面的考虑。

另外一个考虑是，马克思的社会学思想其实在后来的西方马克思主义史上有非常多的阐发。所以，我是把他放在了像"国社（下）"讲西方马克思主义史和法兰克福学派的部分中，把他们统一起来讲。这是我没有在"国社（上）"讲马克思的两个理由。

总体上，这门课还是努力追求社会学的专业性和通识性，其实是社会学理论和社会理论之间的一个平衡，并且特别希望能够给同学们带来我们通常所说的专业研究（也就是社会学理论）之外的视野。因为，当我们讲到社会学理论的时候，通常是在讲今天中国社会学受到的美国社会学影响。美国社会学在很大程度上规定了当今社会学理论的视野。这一规定主要来自美国社会学的历史，尤其是帕森斯之后的社会学史。但是社会理论整体的范畴是要超出美国社会学的视野的。而且我们今天也不希望北大的同学仅仅有一个美国社会学的视野，而是希望他们有更宽广的、来自总体意义上的欧洲文明或者说西方文明的视野。所以在这个意义上，像这门课上关于启蒙的讲法，关于卢梭、托克维尔等人的介绍，其实就无所谓学科之分了。对弗洛伊德的介绍也是出于同样的考虑。

同样也是在这个意义上，我即便是讲涂尔干、讲韦伯，也不会仅仅把他们当成一个社会学家，而是会尝试将他们置于更宽广的西方文明史传统中去讲。

Q：一般认为社会学的三大家是涂尔干、韦伯和马克思，而您课程中的重点是涂尔干、韦伯和弗洛伊德，如何理解弗洛伊德在其中的位置？

A：我觉得如果去认真读一下米尔斯的《社会学的想象力》这本作品的话，你会发现，弗洛伊德对米尔斯来说不是一个外在于社会学的理论家。在这本作品里，米尔斯对弗洛伊德的态度就跟他对涂尔干、马克思和韦伯的态度是一样的——他就属于社会学的知识库里面理所当然的一个组成部分。所以，米尔斯是随时、随地、随手使用弗洛伊德的工作成果的。比如说在第八章，在讲"历史的运用"这个主题的时候，他是直接把弗洛伊德的工作成果当作社会学研究的典范提出来的。所以在那个时代，弗洛伊德的工作本身是社会学理论当中非常自然而且重要的一个组成部分。

但是我们今天不再这么认为了。因为时至今日，经过了一个历史的发展阶段，也就是学科史的演变，我们似乎已经慢慢淡忘他了。但这并不意味着他不重要。我觉得恰恰相反。一方面他对我们理解西方文明至关重要，因为在某种意义上，你可以说他是一个"敌文明"者，所以在这个意义上他恰恰构成了我们理解西方文明的一个典范。与此同时，他又是我们理解西方现代性的一个极其重要的人物。他的作品本身就构成了这样的一个途径。此外，他对于西方20世纪的文化、社会思想、政治思想、整个文艺理论等等，形成了极其深远的影响。如果没有他，我们没有办法去想象我们能够理解20世纪的西方，更不用提在社会理论和一般意义上的社会政治思想方面的西方。

我举一个简单的例子。《灵魂的秘密》的作者扎列茨基（Eli Zaretsky），他是美国著名的历史学家，美国纽约社会研究新学校（The New School for Social Research）的教授。他的一个基本的判断是说，我们理解整个西方现代人的心灵，其实有两条线索，一条是加尔文主义，即马克斯·韦伯意义上的加尔文主义，另外一条就是弗洛伊德主义。按照他的说法，弗洛伊德是我们理解西方人的主体性，理解西方文化与西方文明的至关重要的一个人物。

我们在下个学期将要介绍的所有现当代的社会理论，几乎都受到了弗洛伊德的影响。没有他，就无从谈起理解现当代的社会理论，从帕森斯到戈夫曼，从福柯到哈贝马斯，都是如此。直到今天，这种影响也仍然存在。

我再举一个例子。美国社会学界重要学者安德鲁·阿伯特（Andrew Abbott）就曾经亲口跟我说过，他们这代人受到了弗洛伊德的非常深远的影响。他年轻的时候，弗洛伊德就是他的英雄、他的精神支柱，是影响了他所有学术工作的一个起点。当然，阿伯特是一个代表，其实不只是他，许多在20世纪60年代成长起来的美国社会学家都是如此。所以，我们如果不理解弗洛伊德，是没有办法理解所谓西方的社会学研究的。

当然，这门课一直在建设和改革之中，至于要给弗洛伊德多大的篇幅，我觉得可能是需要去讨论的。因为这几年我另外还专门开设了一门课，叫"弗洛伊德与精神分析"。如果我能专门拿出一门课来讲弗洛伊德，也许在"国社"课上就要慢慢地将他像马克思一样缩短篇幅，来平衡一下社会学课程的整体结构。

Q：您开设这门课已经多年，在教学内容上有没有做过一些调整？如果有，又是出于什么样的考虑做出的呢？

A：有过一些调整。其实这门课最初是给社会学双学位的同学开设的，而且现在依然保持这样一个定位，因为本专业的同学主要是在上李康老师的课。不过在这门课最初作为双学位课程的时候，一个基本的前提仍然是同学们已经上过了像社会学概论这样的基础性课程。但是后来，伴随着双学位制度的变化，伴随着这门课变成了通识课，其实整个课程的定位也慢慢发生了变化，从一门专业课慢慢向通识和专业兼顾的方向发展。我觉得对我来说这也是一个新的挑战，我也在想，通识和专业间的平衡应该如何去处理。因为现在我课上的同学们在人数比例上，确实大部分已经不再是社会学系或者社会学双学位的同学了。而且这门课已经被很多个院系列为他们培养方案里的限选课或者有其他的要求，所以很多同学没有社会学双学位的背景也来学这门课。这是我目前面临的一些挑战。

在此之前的一些变化在于，"国社（上）"在我最初接手的时候，其实并没有社会理论的史前史部分，和我称之为"社会学的想象力的拓展"的部分——其实主要是弗洛伊德的这个部分。我在接手之后逐渐完善了它们，并且之后可能还会再加以拓展，但限于课程的容量，只能说去慢慢地调整。

相较而言，"国社（下）"其实是慢慢地做了比较大的调整，从以思想家为主的介绍，逐渐转向了偏思想史论的讲法。比如说，"国社（下）"其实逐渐地把思想家们分成了几个单元，像结构功能主义的单元、现象学影响下的社会理论的单元、西方马克思主义思想史的社会学部分的单元，或者芝加哥学派的单元等。现在"国社（下）"的讲法是以史论为主，而且会花更多的精力在史论的部分，推荐的研究也加入了更多的思想史的工作。这是"国社（下）"跟"国社（上）"很大的不同。"国社（下）"在整体上分了两个大的部分：先是美国部分，然后再重新回到欧洲。所以我觉得，确实是有了这样一些变化——"国社（上）"是以思想家为主，"国社（下）"是以史论为主。我觉得这跟我自己的研究和阅读逐渐带来的一些关于国外社会学学说的新体会相关。

总体来说，"国社（上）"和"国社（下）"代表着不同的时期，"国社（上）"讲到1918年"一战"结束，大萧条之前；"国社（下）"则从1919年开始——虽然芝加哥学派是从19世纪90年代开始奠基，但是也是在1918年左右才有了它真正重量级的作品。所以，"国社（上）"和"国社（下）"其实是希望能够给同学们一些不同的思考。"国社（上）"主要介绍的不仅仅是社会学里面，也是社会理论里面的经典作品；"国社（下）"则从美国开始，第一是要介绍美国社会学的一些基本的历史、美国社会科学在20世纪基本的发展史、基本的精神气质和特征，但是我又希望不仅仅局限在这些方面，因为我们今天受美国化的影响太深——不仅体现在教学方面，在研究方面也是如此。所以我希望这门课能促使同学们在社会学想象力这个层面上有更多的思考，而不仅仅是教学内容的培养。

Q：您刚刚提到了对思想家的介绍和思想史论的讲法，这二者之间是什么样的关系呢？

A： 我觉得这二者其实是不可分的，因为即便介绍思想家，也要放在思想史的背景下去介绍；与此同时，在介绍思想史论的时候，也需要以思想家的作品为支撑。但是，确实能够分出不同的重点。比如在"国社（上）"的课程里面，我几乎每一次课都会以思想家的一本或两本作品为重点，希望能让同学们学会深入阅读和理解文本，这是对经典的一个最好的处理方法。而"国社（下）"虽然仍以作品为重点，但是一方面，社会学整体的发展处于一个与之前完全不同的阶段——美国化的阶段，这个阶段本身带给同学们的影响，和我这门课想要反过来带给同学们的针对这种影响的影响，其实都与"国社（上）"的考虑不太一样。因为美国化带给我们最多的是所谓的中层理论。中层理论的好处，尤其是对北大的同学来说，是能够带给我们更多的深入研究的可能性，或者说提醒我们去扎扎实实地做研究；但是另外一方面，我也希望提醒同学们不要受到米尔斯所说的那种"科层制气质"的影响——并不是说这种影响不好，而是说，不要把它视为是好的社会学研究的唯一标准。在这个意义上，"国社（下）"是以史论为代表，但是这样一个思想史的讲法其实在课程的后半段是慢慢地有所减弱的，因为当西方社会学的历史或重心开始重新回到欧洲，尤其是"二战"后的法国的时候，最终还是重新回到了一个以思想家为主的讲法。所以我觉得思想史的讲法，或者说总体性的讲法，主要是为了帮助同学们去克服形式化的社会学特别容易带给同学们的局限。

二、读书：在与经典对话中理解自己

Q：这门课要求同学们在课下读书，并提交多篇读书报告。在您眼中，一篇好的读书报告是什么样的？在读书方面，您对同学们有哪些要

求和期待?

A：读书报告主要针对的是经典，或者说"大书"，我觉得同学们最好还是要带着这两个态度来进入文本。

第一，特别希望同学们能严肃认真地带着自己的体验来阅读这些文本。这是很不容易的一件事情，因为很多同学往往会觉得自己没有什么体验。但我对这个讲法是不认可的。我认为这是一个比较随意的说法，因为我们这个时代确实正在发生巨大而且特别深刻的变迁，我们每个人都是其中的一员，所以不可能没有生命体验。

为什么特别希望同学们能带着自己的体验来面对这些文本呢？因为这些经典文本之所以为经典，是因为它们讨论到了我们每一个时代的人都会面临的特别经典的问题。它的答案是什么本身不重要，它是怎么去回答，才是更重要的。所以，"与经典同游"的重点，不仅仅是去学习人类文明史上这些思想家们对于这些问题的回答，还包括去学习他们的思考方式。因为他们的提问和思考方式，其实是使得他们的作品能够成为经典的原因。这些作品会跟每个时代的新经验、每个时代的人的不同体验产生碰撞，这是它们让我们常读常新的原因。我们会觉得，这些经典可能写于几百年前，或者一个完全不同的异文化里面，但是它对我们来说，确确实实构成了跟我们非常亲近的东西，无论是它的提问还是它的思考。

所以我希望同学们带着自己的体验来读，希望同学们能够深刻地认识到，这些书所讲的内容不仅仅是知识，不仅仅是供我们学习、考试或拿一个毕业证的书本知识，它讲的就是我们自己的事情，提出的就是我们自己的问题。我们去读它，不是为了去理解它，而是为了通过它来理解我们自己，我觉得这可能是我希望同学们能够做到的第一点。

第二点，在这个课上，我特别希望同学们能够直接去面对文本，而不是通过诸多的二手文献来进入这个文本。直接面对文本有许多的困难，但是读书从来都不是一件容易的事情。有这些困难恰恰说明它值得我们去读，也恰恰证明它需要我们反复地去读。通过二手文献来进入这个文本，是我比较反对的一件事情，因为它阻碍了你直接去面对这个文本。而基于第一点，它也阻碍了你直接去面对你自己，因为它特别容易让你把这个文本变成一种可以贩售的知识，而不是一种帮助你去面对自己的"对话"。读这些文本就好像跟这些经典的作家，或者是他们的心灵——这些人类历史上具有伟大才智的人的心灵去对话。我希望同学们以这样的角度来阅读这些文本，以这样的角度来写读书报告。

我觉得，如果能从这两个角度出发，其他的一些我们读经典文本的要求，比如说像精读，都是比较细枝末节的技术上的要求，相对来说没有那么重要。重点是找到那本你觉得能够震撼你心灵的作品，并且能够深入进去。这种作品不需要多，大学四年有一本就够了。我的"国社"课说起来只是一门导读课，告诉你每一本作品是什么样的人写出来的，这个作者有什么样的精神气质，他继承了什么样的问题，他对时代有什么样的发问，他自己是如何做出回答的，这些回答它好在哪里。所以，这门课不是告诉你一些答案，而是告诉你一些线索。它之所以这么开设，就是要告诉同学们，在西方近现代史上，在社会学领域里，有诸多的关于社会、关于自我、关于自我和社会之间关系的经典讨论，这些经典的讨论值得你花相当多的时间去读，而且要没有特定目的地去读。而这一点其实是我期待中的读书报告的一些角度和写法。

Q：关于读书，还想问您一个更具体的问题。很多同学会觉得课程涉及的一些经典文本读起来十分吃力，很难去理解，比如韦伯的《新教伦理与资本主义精神》，以及齐美尔的作品等等。对这类书的阅读，您有什么建议吗？

A：我建议同学们可以多补充阅读一些史论方面的作品，这些作品我其实在课程大纲里都已经介绍了。

读书大概可以分成几类。经典的书，你需要精读、细读、反复地读，但有时一本书你可能没有必要全部读完，只是去读其中的一部分。另外，确确实实需要老师在课堂上有一些提点，因为老师读这本书已经读了很多年，甚至有可能每年都在不断地读，为了备课，还花费了很多精力，所以这个时候，上课是非常重要的。

第二种书，其实只适合去浏览一下。这是另外一个极端，也就是随便翻一翻。有些书甚至是不值得去读的，比如大量的二手文献可能真的只是起到了一般的二手文献的作用，你去查一查就可以了。

当然，还有一类书，可能需要你稍微认真一点去读，但是也没有必要像读经典那样去读。比如有一些史论作品，无论是思想史还是社会史的作品，你可以稍微认真地读一读，因为它可以起到补充相关背景知识的作用，帮助你去深入理解像韦伯的著作。

经典著作就好像一面巨大的镜子，你能读懂一点，就相当于你努力地去照到一点自己的样子。所以，有的时候你觉得读不懂，但是没关系呀，读不懂的话，至少问题是真实的。我们读书往往不是为了寻求答案，而是为了找到问题。有了真正属于自己的问题，然后再努力地去读它，一个字一个字地去读。碰到知识上不懂的地方就去查文献，再反复不断地读。

今天我们有一个不好的倾向是科学研究要求我们读文献资料，导致我们养成了快速阅读的习惯，而且很多课程甚至是在教授大家如何才能快速地阅读，然后快速地给出一种答案。我这门课要求大家的其实反而是那种最传统的读法，正如古人所说的"书读百遍，其义自见"，而当今我们似乎遗忘了这种读法，甚至觉得这是一种落后的读法。在这个意义上，对经典的阅读方法，反而就是最重要的阅读方法。我希望大家能够慢慢地、反复地去读，不要以效率为基本要求来读书。简单地说就是不要着急，要慢慢地去读，反复地去读。"书读百遍，其义自见"这句话它是一个写实的话，而不只是一个道理。

所以，我跟其他老师不太一样的一个要求就是，我其实不希望同学们读太多的东西，反而希望同学们能够慢读、少读，然后在这个基础上实现精读。经典的东西你能读一点，一点点就足够了。

同学们有可能反映读不懂，其实读不懂是一种好的现象，至少说明同学们是诚实的。但是懂和不懂是很难讲的一件事情，因为有的时候，你以为自己不懂，但其实你已经懂了；有的同学说自己懂了，其实他反而不懂。所以，这是一个很难去界定的讲法。但有一点我是可以确定的，就是在以往的课程作业里面，我其实很明确地反对一种简单的、总结式的和平铺直叙的写法，或者是我称之为"教材式"的写法。因为这样既没有把同学们自己的体验和疑问带到写作当中去，也不太可能去理解这个文本。换句话说，既没有自己的东西，也不会去理解作者的东西。

另外，我比较反对的一点是，在读书报告的写作中，好像表现得什么都懂。而我比较欣赏的读书报告反而是，如果真的带着自己的生命体验，或者说疑问去写的话，很多东西一定是没有答案的。可能不仅仅是同学们没有答案，老师也是没有答案的。但是没关系，在这门课上，提出问题永远比给出解答更重要。就是不要期待所有问题都是有答案的，有些问题就是没有答案的，但是你把它讲出来，这个事情本身就很好。重点不在于去永远获得一种什么样子的答案或确定性，而是在于，你是如何去思考的。这是我希望同学们能够在这个课上慢慢去体会的，并且在写作当中能够有所领会的。

Q：在学习理论的时候，同学们会产生一种比较普遍的困惑，就是很难把学到的理论与自身的生活很清晰地联系起来。对此，您有什么看法或建议吗？

A：同学们在读这些书的时候，感觉书上讲的东西和自己的体验比较远，一方面说明这个书本身还没有读进去；另外一方面说明，在现在这个阶段，尤其是在本科前两三年，同学们还是需要有一个漫游的过程。有可能是还没有找到能够跟自己产生共鸣的某一位思想家或者作品。

比如说，思想史上重要的人物这么多，为什么有的研究者对这个感兴趣，有的研究者对那个感兴趣，为什么不同的人最后会落实到去做不同的研究？这一定是因为不同的思想家或不同的研究者，跟不同的思想之间，其实是有着不同的亲和力的。所以才会有人去研究韦伯，有人去研究弗洛伊德，有人去研究尼采，有人会觉得帕森斯更重要。当然，与不同的人物相对应的议题也不一样，研究者们可能会觉得这个时代所提出的问题也不一样，所以研究不同的人才有各自的重要性。但是，在任何一个时代，总有不同的人去研究所有不同的思想流派。所以也恰恰说明不同的研究者和不同的思想之间，确实是有着某种亲和力的。

我其实特别期待同学们能够找到某本书，或者是某一位思想家，你在阅读的时候会觉得，这个作者好像每句话都写到了我的心里面，同时还不舍得把这本书读完。因为读到了他的书，感觉特别亲近，所以夜不能寐，非常兴奋。

我觉得，如果在深入和认真阅读的前提下，确实有这样的发现，那么可能就像中国作家史铁生在短篇小说《命若琴弦》当中阐述的那样，你找到了你命运当中的那根琴弦。

如果大家觉得不好理解，第一，可能是还没有深入地去读，因为如果没有深入地去读就无所谓理解；第二，是还没有找到，那就确实需要一个漫游的过程。所以"国社"课存在的必要也就在于，它要告诉你不同的作者做了些什么样的工作，他有什么不同的精神气质。所以，其实每次"国社"课两个学期上完之后，总有同学要么在试卷上，要么通过邮件向老师反馈说，自己找到了这样的作者，读到了这样的书。在读书的时候有时会觉得，这本书虽然是一个完全异文化的，甚至是一百年以前的人写的，但是跟自己的距离非常近，而且每一句话好像都在写自己。读书读到这个时候，我们确实可以说：学问是不分古今中西的。而这也是我们这个课的基本态度。所以，我们读的书和做的研究，就是"不古、不今、不中、不西"的。

三、社会学与通识教育

Q："国社"课在今年被列入教务部通识核心课程名单中，这也是我们组织本次微访谈的一个最直接的原因。请问，在您看来，"国社"课，或者社会学这门学科，和通识教育之间是什么样的关系呢？

A：这是一个很难的问题。由米尔斯撰写、李康老师翻译的《社会学的想象力》一书第260页中有这样一段话，他说："如果他关注通识（liberal）教育①，即解放性的（liberating）教育，他所承担的公共角色就有两大目标。他应当为个体所做的是将私人的困扰和关注转化为社会议题与问题，以接受理性的审视；他的目标就是帮助个体成为自我教育的人，只有到那时，后者才会是自由的、讲求理性的。而他应当为社会做的则是抗御一切逐步毁坏真正的公众而创造一个大众社会的力量。或者，以积极的目标来表述，他的宗旨就是帮助打造并巩固一些自我教化的公众群体。只有到那时，社会才可能是自由的、讲求理性的。"

一个社会学的学者，"如果他关注通识教育，即解放性的教育"，其中的通识教育，我们理解的 liberal arts education，就是解放性的教育

---

① 此处翻译有误，应为"博雅教育"或"自由教育"。——编注

即 liberating education，这两个词根是完全一样的。"他应当为个体所做的是将私人的困扰和关注转化为社会议题与问题，以接受理性的审视"，也就是说，目标是"帮助个体成为自我教育的人"。这也是我们"国社"课的一个目标：通过社会学的想象力的方法，帮助同学们有能力进行自我教育，能够成为自由的人。也就是希望通过这门课，帮助同学们有能力成为一个能够应用社会学的方法去思考而且能够把个人的困惑通过社会学的想象力转变为一个结构性的问题与议题的人。同时意识到自己的困惑其实不仅是个人的问题，而且是一个社会的问题，社会结构的问题。只有在这个时候，同学们才是"自由的和讲求理性的"。这是一个目标。

另外一个目标是"为社会做的"，即"抗御一切逐步毁坏真正的公众而创造一个大众社会的力量"。什么意思呢？他说，用积极的目标来描述，其宗旨就是"帮助打造并巩固一些自我教化的公众群体"。所以，米尔斯是区分了大众和公众。他说，只有到这个时候，"社会才有可能是自由的和讲求理性的"。

实质上，个体层面的意义和社会层面的意义是一致的。在个体的意义上，是希望帮助同学们用社会学的想象力的方法来实现教育的目标，帮助同学们成为自由的和讲求理性的人——自由和理性正是现代人的两大目标。而成为这样的人，在社会的意义上，其实是成为一个公民，而不仅仅是大众当中的一员。

所以，我觉得这是专业教育和通识教育之间的一个关系。米尔斯讲的是，二者之间的结合能帮我们实现一个诉求。这个结合就是说，通识教育的目标其实是需要通过专业的社会学的研究方法，而不是那些形式化的、过于狭隘的社会学研究来实现。这种真正具有社会学的想象力的研究，就是指社会学的专业性能够帮助我们把个人的困惑和社会整体的变迁和发展结合在一起。这是我所理解的它的专业性和通识性之间的关系。

博雅 GE 微访谈
我怎么教学生读《理想国》①

吴增定

近年来，通识教育的重要性越来越引起人们的重视，不少大学也开设了相关的通选课或通识教育课程，少数大学甚至为此建立了专门的学院和研究院。在学界、思想界和公共媒体领域，通识教育也逐渐成为一个热点话题，引发了不少相关的讨论。作为一个通识教育的实践者，我想结合自己近十年来关于《理想国》的具体教学经验，谈一点我对通识教育的粗浅看法。

1. 为什么要讲读经典

我在博士毕业之后，一直任教于北京大学哲学系，迄今已近十四年。在这期间，我开设了二十多门本科生的经典原著阅读课程，其中近一半是面向全校本科生的通选课，所讲授的经典原著包括柏拉图的《理想国》、亚里士多德的《伦理学》、马基雅维里的《君主论》、霍布斯的《利维坦》、洛克的《政府论》、卢梭的《论人类不平等的起源和基础》《社会契约论》《爱弥尔》、尼采的《查拉图斯特拉如是说》、海德格尔的《存在与时间》等。在这些原著阅读课程中，我讲得最多的就是柏拉图的《理想国》。最近十年，我在北大至少讲授过六次，也就是六个学期，加上过去两年在北京航空航天大学人文与社会科学高等研究院（简称"北航高研院"）讲过的两次，总共有八次。

---

① 课程名称：理想国；受访者所在院系：哲学系；访谈时间：2016 年 7 月。

当时，我和渠敬东、李猛、强世功和赵晓力等几位朋友刚做老师不久，就已经感觉到包括北大在内的国内大学教育存在很多的弊端，而最大的弊端无疑是商业化和过度专业化。商业化的潮流自20世纪90年代初滥觞于大学校园，至今已有愈演愈烈之势。在商业化大潮的席卷之下，一切知识和思想都用实用性和功利性来衡量，结果就是那些与实用无关或关系不太大的传统学问，比如文史哲等传统人文学科，逐渐被边缘化，大多数学生的求知兴趣被引向经济学、商学、法学和新闻学等实用学科。说专业化是大学教育的另一弊端，当然不是否定专业化本身的重要性。事实上，专业化是大学教育和学术研究的必要条件，也是区分学术研究和非学术性的业余爱好的根本标志，但是，过度的专业化使得学生越来越陷入狭窄的专业知识训练，丧失了理解现象和分析问题的整体视野。在大学里，首先是人文学科、自然科学和社会科学三者之间壁垒森严，几乎老死不相往来。在人文学科内部，文史哲等学科也是各自独立，互不关心。就我所学的哲学来说也是如此。首先，中国哲学和西方哲学之间有如楚河汉界阻隔。其次，在西方哲学内部，分析哲学与现象学无法沟通。最极端的情况是，就连研究同一个哲学家的学者们也听不懂对方在说什么。

在今天的中国大学，商业化和过度专业化这两种倾向往往是连在一起的，并且相互加强。在商业化的实用主义和功利主义潮流影响下，大学教育沦为一种养鸡场式的职业技术培训，传统的人文学科研究必然遭到忽视。当然，这并不是说这些学术研究完全衰落了。恰恰相反，至少在表面上看，传统的人文学科研究甚至取得了相当大的繁荣。但由于过度的专业化，这种研究越来越变成一种专业领域内部的纯粹知识积累，不能转化为活生生的思想资源。这就导致知识和思想的严重脱节。譬如说，一个研究柏拉图的学者很可能对柏拉图的哲学思想本身并没有兴趣，一个研究康德的学者也不关心康德真正的问题，一个莎士比亚的研究者对莎士比亚笔下的人物毫无感觉。所谓学术研究只不过是一种市场经济意义上的学术生产，跟商品生产没有本质区别。

从刚刚做老师到现在，和许多志同道合的朋友一样，我逐渐认识到，阅读经典应该是克服上述弊端的理想途径之一。至于理由，我想不外乎有两点。首先，经典会告诉我们，这个世界上并不是所有的知识和思想都具有实际和直接的功用；相反，恰恰是那些关于宇宙人生的非功利知识和思想才是人类最高和永恒的追求。其次，经典本身就是现代各种专业知识的源头，因此天然地具有一种超出具体专业之外的整体视野。阅读经典不仅能够帮助我们克服学科壁垒和专业界限，而且能够将专业知识本身融会贯通，变成活生生的思想资源，并且使我们有能力思考宇宙人生和家国天下等至关重要的问题。无论如何，一个人只有学会理性的独立思考，才有可能成为一个真正的自由人。因此，经典阅读或许不是通识教育的全部，但无疑是其中最基本和最重要的部分。

2. 为什么选择《理想国》

首先，与大多数哲学经典相比，《理想国》的最大优势就是它的表达形式。因为它是一种文学形式的对话，而不是抽象的逻辑论证和哲学思辨。这一点使得它比其他的抽象哲学经典更容易被学生理解和接受。一般来说，通选课的授课对象都是非哲学系专业的学生，他们几乎没有任何哲学基础。如果一开始就给他们讲《形而上学》《纯粹理性批判》或《小逻辑》等纯粹和抽象的哲学经典，那么效果肯定不会很好。相比之下，《理想国》就避免了这个弊端。它的主题虽然是一个典型的哲学问题，也就是"正义"，但它并不是像康德的《道德形而上学原理》等哲学经典那样从几个哲学原理进行演绎和论证，而是从苏格拉底和其他人的日常谈话开始，然后一步一步地引出正义是什么以及正义和幸福的关系等深刻的哲学问题。

比如说，在《理想国》一开始，苏格拉底就问 Cephalus 晚年生活过得怎么样，Cephalus 回答说他晚年过得很幸福。苏格拉底接着问 Cephalus，晚年生活的幸福是不是因为有钱？后者说，他的幸福主要不是因为有钱，而是因为自己性情平和、有德性。这一段简单的日常对话就引出了《理想国》的核心问题：什么是德性或正义，以及正义与幸福的关系。在后面的具体论述中，《理想国》也是通过描述城邦的起源和发展过程来阐述正义问题的缘起和实质。对学生来说，这样的对话既直观又亲切，很容易被吸引。

其次，《理想国》的内容涵盖面非常广，几乎涉及了我们今天所说的人文和社会科学的所有方面，比如哲学、文学、历史、政治、经济、法律、艺术、宗教、道德、教育等。不仅如此，它甚至讨论了数学和天文学等自然科学的相关主题。毫不夸张地说，《理想国》堪称一部百科全书，它几乎浓缩了所有学科的兴趣点和问题意识，无论什么学科和专业的学生都能通过这个文本找到本学科的历史源头。因此，《理想国》一方面可以为不同专业的学生提供一个相互沟通和理解的思想平台，另一方面也能够为每一个专业的学生提供一个参照系，以澄清和反思本学科和本专业所预设的基本前提。在过度专业化的今天，阅读《理想国》无疑使不同专业背景的学生获得了一个超出专业之外的整体思想视野。

第三，《理想国》所讨论的是那些我们生活中最基本和最重要的问题，比如正义的本质，正义与幸福的关系，城邦的起源与本质，个人、家庭与城邦的关系，灵魂是否不朽，德性的教育，如此等等。这些不仅是我们生活中最重要的问题，而且在很大程度上构成了人类的永恒和终极问题。通过阅读《理想国》，学生能够在相当大的程度上摆脱那些狭隘的实用主义和功利主义思维，真正地学会思考那些永恒和伟大的问题。

3. 讲授经典文本的基本原则

根据多年的教学经验，我的体会是，要让学生对《理想国》等经典文本产生兴趣，最有效的方式就是引导学生建立它同自己当下生活的直接相关性。比如说，在讨论《理想国》的基本问题也就是"正义"时，我就举了生活中的具体事例来引导他们思考正义的本质以及正义与幸福的关系。我会建议让他们去比较一下人类与动物世界有什么差别。为什么一只老虎可以"心安理得"地吃掉一只羊或者抢夺另一只老虎口中的猎物，而在人类社会一个人却不可能心安理得地抢夺另一个人的东西？学生就很自然地想到，因为人类世界需要讲道理，需要有善恶、是非或对错的标准。只要是标准，那么它就不能是主观、任意和武断的，不能是"公说公有理，婆说婆有理"，而是一种客观之理。学生很快就明白，这就是正义的问题。

此外，我还让他们去思考与正义相关的另一些重要问题：假如在一个社会中正义的人积德行善却过得穷困潦倒，而不正义的人为非作歹却过得春风得意，那么是否还有人愿意选择做一个正义的人？通过这样的引导，学生马上就觉得《理想国》所讨论的问题并不是一个抽象和遥远的哲学问题，而是同他们自己的生活密切相关的。因为他们自己在生活中经常遇到类似的问题，比如要不要不择手段地争取奖学金、保研、工作的机会？考试要不要抄袭？甚至，过马路要不要闯红灯？

学生只要意识到《理想国》同他们自己的生活息息相关，就很容易对它产生兴趣。而一旦有了兴趣，他们也就比较愿意认真地对待《理想国》中的具体讨论，同时也能够慢慢地反思和澄清自己的先入之见。即使面对《理想国》中那些极端有争议的内容，比如废除私人婚姻和家庭以及财产公有制等，学生虽然不太能够接受，但也不是简单地把它们当作荒谬之论弃之不顾，而是愿意去进一步思考苏格拉底的理由究竟何在。

我在讲解这部分内容时，也举了实际生活中的例子去启发他们。我让他们自己去思考一些生活中特别常见的问题，比如说，我们为什么这么痛恨裙带关系等腐败行为？设想一下，倘若一个人的高考成绩很差，但因为他的父亲是高官，他最后居然进了北大。你们肯定对这样的现象感到愤怒。那么，你们为什么感到愤怒呢？因为你们觉得这完全违背了公平和正义的原则。其实，这恰恰是苏格拉底在《理想国》中提出要废除私人家庭的根本原因。他的考虑是，只要有小家庭存在，那么每个人首先考虑的肯定是个人和家庭的私利，而不是城邦的公共利益。所以他认为，为了实现绝对的公正，必须废除家庭。或者说，只有废除了家庭，或者说整个城邦是一个家庭，我们才能公正无私地选拔城邦的统治精英。

我跟学生讲这些，当然不是让他们相信《理想国》就是绝对真理。我只是想告诉他们，《理想国》中废除私人家庭和主张财产公有并不是胡说八道，也不是疯言疯语，而是包含了对人性和人类政治生活的复杂性的深刻思考。这才是我们阅读经典的真正意义。

为了说明这一点，我在讲述这部分内容时，还补充了亚里士多德和奥古斯丁的相关看法。亚里士多德在《政治学》里批评了柏拉图的思想。他为什么批评柏拉图？因为在他看来，废除家庭，或者说把整个城邦变成一个大家庭，既没有可能性，也没有必要性。首先，只要是你的孩子，一般来说长相跟你都比较相似，十有八九都差不多。即使把父母跟孩子完全隔开，大部分父母和子女还是能够凭长相相认的。其次，这涉及中国儒家讲的一个老问题：如果一个人连父母都不爱，那么他怎么可能爱其他的人呢？亚里士多德也有类似的看法。他的意思是，只有在一个小家庭之中，才有真正的亲情之爱；假如整个城邦都是一个家庭，那么亲情之爱就会大大地稀释，甚至稀释到最后几乎没有了。

我举柏拉图和亚里士多德的例子，是想要告诉学生，不能简单地把《理想国》当成答案和教条，而是应该当成思考的出发点。为此，我又简单地提到奥古斯丁的相关看法。以奥古斯丁为代表的大多数基督教神学家认为，无论个人是对父母或家庭的爱，还是对城邦的爱，都是有缺陷的，因为这两种爱都是"尘世之爱"；假如把它们看成是最高的爱，那么结果一定是罪恶和堕落。所以，奥古斯丁说，只有对上帝的爱，也就是所谓的"圣爱"（agape），才是最高的爱。奥古斯丁的批评有没有道理？当然有道理。但他是不是就一定比柏拉图或亚里士多德更有道理，甚至是代表了最终的答案或终极真理？当然不是。因为柏拉图和亚里士多德或许会反驳说，基督教所谓的"圣爱"不过是一种没有血肉的抽象之爱，而真实的爱一定是有具体内容和实际对象的，一定是有边界的。

为了进一步激发学生对《理想国》的兴趣，我还把《理想国》放到希腊历史和文明的整体语境之中，力求引导学生进入古希腊人的生活世界。

比如说，在讲到苏格拉底对荷马的批评时，我会简单地介绍荷马史诗（《伊利亚特》和《奥德赛》）的基本内容，然后指出为什么《荷马史诗》中最伟大的英雄阿基里斯在《理想国》中被贬得那么低。因为在苏格拉底看来，阿基里斯的血性（spiritedness）完全是为了争夺个人的荣誉，而不是为了希腊人的公共利益，因此并不是真正的勇敢。

在讲到《理想国》第一卷中关于"正义"的三种定义时，我会简单地介绍一下修昔底德的《伯罗奔尼撒战争史》，尤其是其中的"科西拉革命"这章。因为修昔底德在这一章中非常清楚地揭示了传统正义观瓦解的原因：由于丧失了对神的虔敬和信仰，人们不再相信行善会获得好报，而作恶会受到惩罚。这样，学生就比较容易理解从 Cephalus、Polemachus 到 Thrasymachus 的三种正义观是如何内在地蜕变的。

此外，在讲到家庭和城邦的冲突时，我还向学生介绍了埃斯库罗斯的《俄瑞斯特斯三部曲》和索福克勒斯的《安提戈涅》，让学生了解家庭与城邦的冲突是希腊悲剧的永恒主题。这样一来，学生就不再觉得《理想国》是一个非历史性的抽象文本，而是活生生地再现了希腊人的思想和生活世界。事实上，通过一学期的学习，很多学生不仅喜欢上了《理想国》和柏拉图的其他对话，而且对包括希腊神话、悲剧和历史在内的整个希腊文明都产生了浓厚的兴趣。

4. 作业与考试

2011年秋季学期，我应邀为北航高研院2011级实验班讲授《西方古典精读》，所讲解的经典就是柏拉图的《理想国》。实验班总共有30位同学，由泮伟江老师担任课程助教。每次课程结束之后，我都会布置一个与课程内容相关的小题目，让学生用1000字左右的篇幅复述《理想国》中所讲授过的内容。作业的要求是，学生忠实地概述文本的要点和论证，不要引申和发挥。

一开始，大多数学生的作业都达不到要求，而且带有中学生作文的痕迹。不少学生的作业言不及义、文辞不通，甚至错别字连篇。但几次作业之后，情况大为改观，大多数学生都能够用比较通顺的语言复述《理想国》的内容，少数学生甚至展示出良好的写作能力和比较敏锐的哲学思考能力。经过差不多十次作业的训练，到学期结束的时候，学生的阅读、理解、思考和写作能力都得到了很大的提高。实践证明，让学生通过作业来复述文本内容是巩固课堂教学的有效途径，很值得推广。

考试作为一门课的最后一个环节，无疑是检查这门课的教学效果的最佳手段。但是，通选课或通识教育课的考试形式却不太容易设计。我会出四五道题目，让学生任选一题回答。但我要求学生在最后一次课上，也就是在两个小时的时间内，当场写一篇小论文，而不是像以前那样提前把题目告诉学生，让他们把论文完成之后再交给我。闭卷考试的最大优点是，学生绝不可能抄袭其他参考书和论文，而是老老实实地按照自己的理解进行回答。学生的水平高下、对《理想国》的理解程度，都一目了然。因此，这种考试形式最大限度地保证了考试和分数的公平性。而且更重要的是，学生在答卷中说的都是自己的话，表达的都是自己的独立思考。事实证明，这种考试形式对检验通选课或通识教育的教学效果来说是非常有效的。它不仅最大限度地将那些打算混学分的学生排除在课堂之外，而且促使大多数选课的学生都认真地上课和阅读经典。

5. 对通识教育的思考

首先，我们需要澄清一个关于通识教育的流行偏见或误解，似乎通识教育就是一种泛泛的素质教育，什么学科的知识都学一点，而且学的都是皮毛之见和常识。实际上，这恰恰是很多人对通识教育的看法，无论是赞成者还是反对者都是如此。我个人认为，通识教育并不是与专业教育相对立的，恰恰相反，它是建立在专业研究和专业教育基础上的一种更高的教育。事实上，我们只有将自己的专业研究提升到相当高的水平，才有可能胜任通识教育。试想，如果不把柏拉图、霍布斯和卢梭等思想家的经典研究得非常深入和透彻，并且能够用最通俗的语言把它们表达出来，那么怎么可能让那些没有任何专业基础的学生来理解这些经典呢？所以说，通识教育并不是专业教育的对立面，而是更高层次的专业教育，或者说是专业教育的提升、汇通和融合。

其次，就经典阅读来说，如何引发学生对经典的阅读和思考兴趣是最大的困难和挑战。我个人的经验体会是，要想激发学生的兴趣，我们一方面需要建立经典文本与学生当下生活的直接相关性，另一方面需要把学生带入经典文本所在的历史语境和生活世界。

最后，我还想强调的一点是，我们不能把通识教育和经典阅读变成一种简单的道德灌输。事实上，通识教育的意义并不是让学生被动地接受某种现成的教条，而是首先让他们学会理性的独立思考。因为假如没有理性的独立思考，那么他们就不可能有真正的自由选择，他们所接受的任何教条都是不牢靠的。无论如何，通识教育和经典阅读不应该使学生的心智变得更封闭，而应该使他们的心智变得更自由。

博雅 GE 微访谈
理性所建构的世界[①]

陈　波

对话通识教育

Q：这学期您的"逻辑导论"课程是北大通识教育核心课之一，请问您理解的通识教育是怎样的呢？

A：关于通识教育我是这样理解的，一个大学生在大学里面要完成两个转变：首先，他在中学里面学的都是最基础的知识，而进入大学就要对整个知识构图有一个完整的视野，并且在这个基础上对其中的某些部分有比较专深的理解；其次，在大学之前，他其实只是一个孩子，而进入大学之后，他要变成一个独立的成熟的年轻人。在大学里我们要促成这样两个转变，所以大学有两个功能：一个是知识教育，一个是人格教育。并且人格教育并非独立于知识教育，而是要通过知识教育来塑造人格。具体到通识教育，在大学里有很多人，在走出校园进入社会后，并不从事他们在大学里所学的专业。因此，我觉得大学里所学的知识必须具有可迁移性，它不再是那些具体的技能性的知识，而是一些基础性、理论性的知识。这种基础性、理论性的知识既包括自然科学方面的，也包括人文、社会科学方面的。这样，他就既能对自然科学里最基础的东西有些了解，又在人文社会科学方面也得到一些基本训练。然后他在某个专业领域，有比别的方面更专业一点的知识，这样就足够了。通识教育要教授的实际上也就是那些最基础的自然科学知识或者人文、社会科学知识——它们具有最大的可迁移性，不管做什么都是用得着

[①] 课程名称：逻辑导论；受访者所在院系：哲学系、宗教学系；访谈时间：2016 年 11 月 10 日。

的，都可以被转化为某种见识、眼光、能力。

具体到我的"逻辑导论"来说，在某种意义上逻辑学带有很强的技术性，但是它教的是怎么去思考问题，以及怎样从清楚明确的概念与问题出发，按照给定的推理规则一步一步往下走，构造无缝隙的推理。我们在自然语言里、在日常生活中所进行的推理很多是有缝隙的；而经过逻辑训练，就可以清楚明白地思考，严格地论证。即便出现了什么问题，也可以查找出来。而这样一种训练，无论你读文科还是读理科，无论今后从事什么专业，做什么事情，它都是非常重要的。所以，选修这门通识课的人涵盖了文科、理科的很多专业。这门通识课的目标是："逻辑学是对于理性精神的培养和训练。"也就是说，它不仅仅是在培养与传播一种逻辑的基础性知识。我也给自己设定了三个目标：第一，首先给逻辑学一个大的构图，传递给同学们逻辑学是研究什么的，它怎么研究，怎么发展，它有哪些基本预设，它发展到现在为止是什么样子。第二，阐述最基本的逻辑技术或技巧，主要通过三个逻辑：命题逻辑、词项逻辑、谓词逻辑，三者都有一整套的技术性的内涵。第三，阐述隐藏在这些技术背后的底层思想是什么，即是什么推动逻辑学家去发展这套技术以及去做这样的工作，等等。这就是我对通识教育以及我这门通识课的想法。

Q：逻辑学是一门专业化程度比较高的细分学科，您在教学中如何平衡专业教育与通识教育这两者的关系？我能不能把您刚才所讲的对这门课的想法理解为逻辑学的专业教育中就具有某种通识性，而您的处理其实是用逻辑学的专业要求去要求其他所有专业的同学？

A：对的，逻辑学就这个专业而言其实是一个具有普遍性意义的学科。我有时候把它的精髓概括成：按程序操作，按规则办事，一步一步来，如果错了，可以知道错在哪里，即使我不理解你，我也能追踪你的思想，来发现我们两个人之间发生偏差与分歧的地方。

我觉得对中国的大学生来说，接受一些逻辑的严格训练是非常必要的，因为我们的传统文化就不怎么讲逻辑。比如老庄文化，它侧重宏大的话题，喜欢去懵懵懂懂、不清不楚地谈，去诗化地、美学地去谈。然后中国文化又受佛教的影响，讲究直觉、体悟、给人当头棒喝，这中间都没有逻辑通道。这样一种文化在某种意义上是面对天才的，适用于一点就透的学生。但是我们应该承认，在这个世界上天才是很少的，绝大多数都是普通人，因此，我们要做什么事情，就必须从清楚明确的概念出发，从问题出发，按规则操作，按程序办事，一步一步来。中国传统文化的那种当头棒喝与体悟，有其不足——谁知道当头棒喝之后，他是理解了还是没理解呢？谁又知道你这个老师是真的有很多东西在肚子里，只是不想说，还是根本就没有呢？所以，中国传统文化给神秘主义留下了很多空间，因为它没有验证手段。用维特根斯坦的话说，要把能够说清楚的都说清楚。我们承认在这个世界上有些东西我们暂时说不清楚，说不清楚我们就先搁在那儿，但是能说的一定要说清楚。我们在某种意义上就是要培养一种程序化的、受规则控制或指导的、能够检查的、能够验证的一种思考方式，这样一种思考方式在精神上与自然科学的思考方式是一致的。

Q：在教授"逻辑导论"这门课程的过程中，您最深的体会是什么？

A：我教授这门课体会最深的就是：我教的北大学生很聪明。因为我教的课程内容比其他大学难多了，我的考试也比其他大学难多了，但是选课的学生还是很多，所以他们就逼着我必须把这个课讲得有实质性内容，使他们能够真的从门课中学到一些东西。实际上我觉得，给北大学生上课，如果你讲得跟白开水一样没有什么内容，那这个课是开不下去的——学生这学期学完了，得了个好分数他可能还骂你："那老师狗屁，这课什么东西都没有。"所以给北大学生上课必须要有一定的难度，有一定的知识内容，有一定的挑战性；越是这样才越能吸引好的学生，这是我在北大开这门课的最深体会。还有一点，就是体会教学一定要与学生互动，不能把课堂变成老师的独角戏。和学生相互之间发生密切的互动这一点特别重要。我为了学英语口语和听力，把网上好几个公开课视频看了一遍又一遍，在桑德尔的"Justice"里面，他面对一千多个学生还是有很多的互动。这个互动非常重要，它把学生从被动的接受者变成了主动的参与者；把他们从听众变成了思考者。所以我在北大教课肯定会与学生互动，让学生上来做题，与学生讨论。然后呢，要营造一种宽容的气氛，尊重学生。我们中国学生以前提问题都很胆怯，生怕说错了，生怕被别人笑话。要鼓励学生提问题，我在课堂上总是说：

"没有 stupid question, 只有 stupid answer。"作为老师, 要尊重学生, 不能给学生带来压力。所以, 西方大学里面老师的口头禅都是"good question"。这样说, 学生会得到一种正反馈, 以后问问题就不害怕了, 所以说, 教学工作是老师和学生共同完成的。

哲学与通识教育

Q： 老师, 在您的表述里我感觉您对逻辑学与理性有一种很坚定的笃信。但进入现代之后人们对理性其实是有很多批评的, 比如从韦伯开始会说, 工具理性支撑的现代社会最终成了一个现代人的牢笼。您对理性的强调, 尤其是对逻辑学的应用层面的强调如何回应这些问题呢？

A： 我对非理性的哲学有些敬而远之。我觉得很重要的一点是, 即便是对理性的批判也必须要用理性的方式来进行。你不能把整个理性大厦都拆毁了, 认为是理性衍生了各种问题, 它不可靠、要不得, 要用另一套法则来替代。这肯定不行。在批判的过程中我们必须要讲道理。而且, 实际上我觉得这些后现代的批评并不是对整个理性思维方式的批评, 而是对某种特定的理性思维形态的批评。像尼采、海德格尔, 他们都是在西方哲学传统里长大的人, 在这方面都有深刻的学术训练, 他们绝对不是要拆毁整个西方的理性思维传统。他们只是对理性思维的某个特定阶段的某些特定的表现形式的特定立场, 以及这些特定立场带来的后果所做的理性的批判。他们只是揭示了我们以往的分析中没有看到的另一方面。比如弗洛伊德, 他会说人不仅仅是理性的动物, 人首先是一个动物。而动物就会产生很多非理性的本能, 这些本能会寻找自己的道路。但他还是在用理性的方式捕捉我们以往对人的不太全面的认知。他们的表达, 我们都可以理解、认知。同时, 像诗人、小说家的表达方式里依然有理性, 他们的理性思维只是呈现为另一种形式, 肯定包含了某种理性思维的元素, 并且它的骨架就是靠理性思维来支撑的。

Q： 我注意到您在这里使用了亚里士多德那种"任何一个对于理性的有意义批判, 自身都一定是符合理性的"策略为理性辩护, 但其实只有在希腊语那里, logos 这个词同时表示话语和理性的时候他才会这么强调要"讲道理"。如果切换到中国文明的语境里, 您刚才也提到了中国传统是缺乏理性的，在这样一种不合理性的状态下我们的生活好像也完全没有什么问题，在这种情况下您如何能对理性做出一个辩护呢？您觉得逻辑学能够从道理层面而不是文明层面或者实用层面给自己一个辩护吗？还是说，它就像公理一样，是不证自明并且无法证明的？

A：如果要从道理层面辩护，可以从几个方面来说：第一，逻辑学教给我们的是一种秩序，一种结构、层次和规律，而不是混混沌沌的。为什么这样呢？因为自然界本身就是有秩序、有结构、有层次、有规律的。而我们人要在自然界生存，在思考问题的时候也就必须有这样的结构、层次、秩序与规律。有一种说法是"逻辑与世界毫无关系，它是世界之外的一种构造"，我非常不同意这种观点。因为逻辑就是来源于世界本身的，就像你用不正确的自然科学理论造飞机，飞机会坠机一样，你用不正确的逻辑去推理也会造成灾难。逻辑来自世界，它是对这个世界规律本身的认知，人生活在这个世界上必须要按照规律来行事，不然你没有办法生存。

第二，逻辑是用来刻画人是怎么思考的，它试图追踪人的思考方式。因为人要在这个世界上活下去，必须按照这个世界的规律生存和发展。美国哲学家蒯因说，如果你不按自然教给我们的方式去认知，自然界就会惩罚你。在生存竞争中，生存能力较弱的基因会被淘汰掉，而生存能力强大的基因就会遗传下来。所以，逻辑反映自然界本身具有的规律，同时也反映人对这个世界的认知规律。

另外我要强调一点，不能光是关注道理上的辩护，应用的辩护也是非常重要的。实用主义有一个观念："不造成差别的差别，就不是差别。"也就是说，如果你说两个理论不同，但它在实际运用的时候没有任何区别，那么这两个理论在经验层面就是等价的，那些差别都是表面的差别。或者说这种理论的差别，有很多冗余的成分，去掉也没什么关系。理论都是我们认知这个世界的工具，都是我们在这个世界上生存的手段，都是我们以往的生存经验与认知经验的积累，所以，不能脱离人在这个世界的生存去谈任何的理论价值。任何纯粹的理论价值，它都是虚伪的、不诚实的，并且是不成立的。我们的一切认知，在某种意义上都在为我们在这个世界上的生存服务。以理论认知来说，单单围绕我展开的事实就无穷尽了。我既是一个物理个体，在宇宙空间中与其他物理个体产生一定的关联，而这些关联是无法全部刻画出来的。同时我又是一个生物个体，还是一个社会个体，在社会里有一定的身份地位。事实间的关联是无穷的，显然，我们并不能全部认知完。我们的认知取决于我们当下的生活需要我们认知什么，如果生活提出了要求，我们可以去无穷追溯；但如果生活没有提出要求，我们就停留在常识层面满足我们的生活需要就够了。所以，在某种意义上我受到实用主义哲学很大的影响——我们世界上的一切理论都实际上产生并且服务于我们的认知需要，都要具有某种应用价值，只不过需要注意别把这个价值理解得太局限而已。

Q：您在《漫谈哲学教育》这篇文章中说："不同的哲学流派不应看作不同的信念体系，而应视为不同的方法论。哲学是手段而非目的，除非所谓目的就是训练我们的大脑！"那您觉得今天的哲学还应该回应价值问题吗？

A：在某种意义上，哲学可以被区分为四个层次。首先，哲学是一种人人都具有的某种自然禀赋。当人想超出他当下的认知范围与生活方式，去追求某种超越性的东西的时候，他就是在做哲学思考。比如，一个人晚上躺在床上，他就想我今天一天到晚都干了些啥呀？我忙的有意义吗？活着有意义吗？我是不是应该对我的什么地方做一些小的调整？这些反思性、回溯性的思考，都是在校准生活的航向，在这个意义上，它就是哲学思考——他想为我们的生活找到一个比较踏实的基础，找到某种终极性的立足点。其次，他在有了哲学禀赋之后，就要读一些东西，特别是读小说、读诗歌、看戏剧。这实际上就是通过看别人怎么活，思考自己该怎么活。然后慢慢从文学读到哲学，又通过学习他人怎么进行哲学思考来慢慢培养自己的哲学思考。再次，在大学里面经过这种哲学训练之后，有些人会带着这些训练进入生活，去做别的非哲学的事情；还有一些人会进入哲学行业成为学者，比如研究亚里士多德写了些什么、说了些什么、怎么写以及他思想的内在结构是什么。这些学者是我们社会迫切需要的，因为不是每个人都能读懂胡塞尔、海德格尔，也不是每个人都有时间去好好读康德的作品，而这正是目前多数中国学者在做的事情。最后，每个时代都要有它的亚里士多德、它的胡塞尔——他们要去研究当代哲学的学理问题，还有当代社会给哲学提出的问题,这是两类问题。我们生活在这个世界上需要面对很多的挑战,这些挑战都需要得到回应。所以,哲学当然不只是一种工具——它首先不是一种工具,而是一种智慧,并且是一种人人都必须具有的智慧。因为我们学到了知识,所以,我们可以通过自己的眼光去面对整个世界、整个知识传统。同时,我们可以把眼光超脱于生活之外去反思事物应该是什么样子,然后在反思中再考虑当下的环境允许这些事物是什么样子。最后在价值与现实之间结合起来,实现某种妥协,寻求某种最好的解决方案。我们的哲学就是这样的。

我那篇文章中主要追问的是,哲学教育是一种知识教育还是一种智慧教育?我们当然要通过教知识来教智慧,毕竟智慧是不能传递的。但是我们要防止把知识教育变成纯粹的知识教育——我们要做的是用知识去传授智慧。在我的逻辑课里面,我讲很多的技术,但是我会告诉学生,为什么有这些技术。我想了很多的办法去做这些事情。

治学经历与感悟

Q:您能和我们分享一下您的治学经历吗?比如您为何选择逻辑学/分析哲学这个哲学的细分领域呢?学术生涯中有过兴趣的转变吗?

A:我自己是农民的儿子。早年喜欢文学,是一个文艺青年,曾读过好多首诗,像普希金、歌德、海涅、雪莱、济慈和惠特曼的作品等都读过。本来想大学的时候学文学,但我1977年考湖南师范学院的时候上的是政治教育系,学的都是中共党史、科学社会主义、哲学、政治经济学这些。虽然那个时候也写诗,但写的诗不太好,就觉得学文学不太现实。后来就想,做什么呢?有一次一个老师给我们上逻辑学课程,我一看这很好,那我就学逻辑学吧!考上中国人民大学的研究生以后就学了西方逻辑史。后来过了一段时间觉得自己做的这些东西面太窄了,还是要学习当下的新东西,于是就去学逻辑哲学。由此发现好多逻辑学家都是哲学家,所以学他的逻辑也不能不学他的哲学,然后就开始学哲学了。我现在对自己的定位是一个进行逻辑教学与逻辑普及、具有逻辑学背景的哲学家。我写了很多有关逻辑的普及读物,都很受欢迎。我可能是中国最畅销的逻辑普及读物的作家。

Q：您写了这么多面向大众的畅销书籍，您觉得哲学教育应当是面向所有人的吗？今天，学院外的哲学爱好者们——"民哲"变成了一个广遭诟病的群体，您如何看待"民哲"？

A：我前面说过哲学的几个层次：哲学是一种自然禀赋；可以通过知识教育或者某些哲学训练进入哲学专业工作者的层次；成为哲学学者，然后再自己思考这些问题，提些哲学理论，成为哲学家。然而，不管是哲学学者还是哲学家，他们都是专门家，需要经过很多的哲学训练。我曾经总结过怎么按照国际的学术标准去做哲学：在一个学术传统中说话；在一个学术共同体中说话 —— 你研究什么问题的时候，你对这个事情的来龙去脉应该有一个比较清楚的了解；而且在一个学术共同体中，你同时代的人说了些什么，你也要足够了解；最后提出自己的理解，对自己的观点提出比较严格的系统论证，对他人的不同观点也做出适度的回应。

"民哲"的问题是什么？他可能想说一些自己的话，但是他对学术传统没有足够的尊重，对他的学术共同体中同仁的工作也没有足够的了解，所以他一说出来别人就知道他不是行家，不是一个专门做研究的学者；并且他说话的方式也不对 —— 很多"民哲"采取了中国传统哲学的那种老庄的，或者说黑格尔哲学的方式，试图构造一个囊括宇宙、自然、人生、社会的宏大的哲学体系。但是你凭什么能够对这么多方面都有充分的认知呢？现代社会如此之复杂，哪个人能做到这一点呢？当然，古代人或许可以，但是现在已经不是那样做学问了，在复杂的现代社会这是做不到的。

二、课程大纲

课程大纲
文艺复兴名著选读[①]

朱孝远

教师介绍

朱孝远，北京大学历史学系教授、博士生导师，教育部"跨世纪人文社会科学优秀人才"，获"全国优秀教师""北京市高等学校教学名师""国务院特殊津贴"、第六届高等学校科学研究优秀成果奖一等奖（署名三）、国家级教学成果奖二等奖（署名三）、"希腊文化研究杰出贡献奖""俄勒冈大学荣誉教授"等国际、国家和省部级以上奖项26项，主讲的"西方文明史导论"被评为国家级精品课程（2006）与国家级精品资源共享课（2014）；"文化兴国：欧洲由衰及兴的转折点"被评为全国大学精品视频课（2012）。2011年专著《宗教改革与德国近代化道路》入选首届"国家哲学社会科学优秀成果文库"。曾任北京大学希腊研究中心主任，兼任美国俄勒冈大学荣誉教授、中国世界中世纪史学会副会长、中国英国史研究会理事、"海豚文库"总主编等。

课程简介

文艺复兴是欧洲由衰及兴的转折点，课程分专题讲授文艺复兴，着重政治和文化分析，通过阅读文艺复兴经典名著，对西方经典和历史发展有更加深刻的理解。主要阅读的名著有：但丁《神曲》《新生》，彼特拉克《秘密》《隐逸的生活》《幸运与背运的救治》，薄伽丘《但

[①] 开课院系：历史学系。

丁传》《十日谈》，布鲁尼《佛罗伦萨颂》，阿尔贝蒂《论家庭》，皮桑《妇女城》，圭恰迪尼《格言集》，马基雅维里《君主论》《佛罗伦萨史》，莫尔《乌托邦》《塔中书》，伊拉斯谟《愚人颂》《基督君主的教育》，鲍斯曼《文艺复兴的衰弱》等。旨在提升本科生的科研能力、创新能力、写作能力和外语阅读能力。

The social, political, and cultural transformation of late-medieval Italy from the heyday of mercantile expansion before the plague to the dissolution of the Italian state system with the French invasion of 1494. Special focus upon humanists' writings, family, associational life and factionalism in the city, the development of the techniques of capitalist accumulation, and the spread of humanism.

课程大纲

第一讲　人文主义与文艺复兴

【讲授纲要】

一、文艺复兴的核心理念：人文主义、理性主义、世俗主义、个人主义

二、文艺复兴运动的分类：早期人文主义、市民人文主义和晚期人文主义

三、为什么意大利最早爆发文艺复兴运动？工商业的繁荣、古典文化的所在地、社会危机与拯救意识

【思考题】

1. 为什么文艺复兴运动最早发生在意大利？
2. 如何理解各个时期人文主义的不同特点？

【推荐阅读】

1. 雅各布·布克哈特：《意大利文艺复兴时期的文化》，何新译，马香雪校，商务印书馆，1997。

2. 约翰·赫伊津哈：《中世纪的衰落》，刘军、舒炜等译，北京大学出版社，2014。

3. 朱孝远：《文艺复兴研究在中国》，《世界历史》，2008年特刊。

4. 朱孝远：《意大利文艺复兴时期的人文主义》，《历史教学》（上半月刊），2015年第12期。

第二讲　为什么但丁能成为文艺复兴的先驱

【讲授纲要】

一、关于但丁成为文艺复兴先驱的三次大辩论：但丁与古典文化的关系、但丁的政治观、作为共和国公民的但丁

二、但丁的生平：但丁遭遇流放的原因、但丁的学问、但丁的品格

三、但丁的主要贡献：政治上的成就、文学上的成就、但丁与文艺复兴

【思考题】

1. 为什么说但丁是文艺复兴运动的先驱？
2. 如何理解但丁的道德政治观？

【推荐阅读】

1. 周施廷：《关于但丁"文艺复兴先驱"的三次大辩论及其政治意义》，《世界历史》，2009 年第 6 期。

2. 周施廷：《但丁的政治价值与文化价值——薄伽丘〈但丁传〉略论》，《历史教学》（下半月刊），2012 年第 4 期。

3. 薄伽丘、布鲁尼：《但丁传》，周施廷译，广西师范大学出版社，2008。

4. 但丁：《神曲·地狱篇》，田德望译，人民文学出版社，1997。

5. 但丁：《新生》，钱鸿嘉译，上海译文出版社，1993。

第三讲　彼特拉克的主要贡献

【讲授纲要】

一、彼特拉克简介：生平、桂冠诗人、对自我的评价

二、彼特拉克的作品：《歌集》《幸运与背运的救治》《秘密》

三、彼特拉克发动文艺复兴战略：历史观、文化观、社会观

【思考题】

1. 简论但丁与彼特拉克的主要区别。
2. 彼特拉克发动文艺复兴的原因、方法和成就？

【推荐阅读】

1. 彼特拉克：《歌集》，李国庆、王行人译，花城出版社，2000。
2. 彼特拉克：《秘密》，方匡国译，广西师范大学出版社，2008。

3. 朱孝远：《近代政治学的开端——简析彼特拉克的政治思想》，《上海行政学院学报》，2007年第6期。

第四讲　早期人文主义者

【讲授纲要】

一、薄伽丘与《十日谈》：薄伽丘其人、《但丁传》和《十日谈》

二、早期人文主义者的异同：思想家、战略家、实干家、政治理念、文化观

三、早期人文主义者的使命：文艺复兴与古典文化、文艺复兴与社会现实、文艺复兴与人文主义社会理想

【思考题】

1. 早期人文主义者与古典文化的联系何在？
2. 早期人文主义者对中世纪文化的否定与继承表现在哪些方面？
3. 早期人文主义者"文化强国"的理念与作用是什么？

【推荐阅读】

1. 但丁：《论世界帝国》，朱虹译，商务印书馆，1985。
2. 但丁：《神曲·炼狱篇》，田德望译，人民文学出版社，1997。
3. 薄伽丘：《十日谈》，王永年译，人民文学出版社，2003。

第五讲　市民人文主义与意大利城邦国家

【讲授纲要】

一、市民人文主义的主要特征：起源、主要特征、共和主义

二、布鲁尼的《佛罗伦萨颂》：佛罗伦萨城邦、城邦的历史、城邦的使命

三、阿尔贝蒂的《论家庭》：家庭、国家、家族的兴衰、家国关系

【思考题】

1. 为什么早期人文主义会向市民人文主义转化？
2. 市民人文主义有哪些主要特征？公民与自由共和国之间是一种什么关系？

【推荐阅读】

1. 布鲁尼：《佛罗伦萨颂》，霍文利译，未刊稿。
2. 阿尔贝蒂：《论家庭》，梁禾译，西安出版社，1998。

3. 朱孝远：《公民参政思想变化新论——文艺复兴时期人文主义者参政思想浅析》，《世界历史》，2008年第6期。

第六讲　文艺复兴鼎盛时期的艺术风格

【讲授纲要】

一、文艺复兴时期的艺术家：达·芬奇、拉斐尔、米开朗琪罗

二、文艺复兴艺术风格的主要特征：主要特征、与中世纪艺术的比较、与巴洛克艺术的比较

三、芭蕾舞诗性美的精神意蕴：芭蕾与童话、在法国和俄罗斯的发展、献祭题材与现代芭蕾

【思考题】

1. 文艺复兴艺术风格有哪些主要特征？
2. 文艺复兴艺术风格与古希腊艺术的关系和异同？

【推荐阅读】

1. 达·芬奇：《芬奇论绘画》，人民美术出版社，1979。
2. 丹纳：《艺术哲学》，傅雷译，人民文学出版社，1997。

第七讲　晚期意大利人文主义者

【讲授纲要】

一、圭恰迪尼：政治理念、格言集、意大利史

二、马基雅维里：政治思想、历史思想、社会思想

三、晚期人文主义者的政治观和政治理念：走向君主制度的人文主义、近代政治理念的诞生

【思考题】

1. 如何理解圭恰迪尼的思想演变？
2. 近代政治学诞生的主要标志是什么？

【推荐阅读】

1. 圭恰迪尼：《格言集》，周施廷译，广西师范大学出版社，2014。
2. 马基雅维里：《君主论》，潘汉典译，商务印书馆，1986。
3. 霍文利：《佛罗伦萨共和国的衰亡》，经济科学出版社，2013。

第八讲　荷兰人文主义者伊拉斯谟

【讲授纲要】

一、人生经历：生平介绍、政治思想、宗教观

二、《基督教君主的教育》：君主制下的人文主义、基督教君主的要素、伊拉斯谟的道德政治论

三、《愚人颂》和伊拉斯谟的社会思想：愚人、社会的批判、社会的理想

【思考题】

1. 北方人文主义与意大利人文主义的异同？
2. 伊拉斯谟的基督教人文主义有何特征？
3. 伊拉斯谟所诠释的文化与政治的关系？

【推荐阅读】

1. 伊拉斯谟：《愚人颂》，刘曙光译，北京图书馆出版社，2000。
2. 伊拉斯谟：《基督君主的教育》，李康译，上海人民出版社，2003。

第九讲　英国人文主义者托马斯·莫尔

【讲授纲要】

一、对君主制度的批判：莫尔的生平、莫尔的批判、莫尔被处死

二、人民利益与人民国家：乌托邦的政治理想、乌托邦的社会制度、乌托邦的家庭制度

三、托马斯·莫尔对意大利传统的继承和超越：地球国、乌托邦、莫尔的超越

【思考题】

1. 如何理解意大利的地球国与莫尔的乌托邦之异同？
2. 如何理解晚年托马斯·莫尔的思想特征？

【推荐阅读】

1. 托马斯·莫尔：《乌托邦》，戴镏龄译，商务印书馆，1982。
2. 托马斯·莫尔：《塔中书》，殷宏译，经济科学出版社，2013。
3. 朱孝远：《欧洲文艺复兴史·政治卷》，人民出版社，2010。

第十讲　法国人文主义者拉伯雷

【讲授纲要】

一、拉伯雷的《巨人传》

二、拉伯雷《巨人传》中的人文主义思想

三、拉伯雷的不信教问题

【思考题】

1. 反映在拉伯雷著作中的人文主义思想？

2. 如何理解拉伯雷的不信教问题？

【推荐阅读】

1. 拉伯雷：《巨人传》，鲍文蔚译，人民文学出版社，1983。

2. 费弗尔：《16世纪的不信教问题：拉伯雷的宗教》，赖国栋译，上海三联书店，2011。

第十一讲　西班牙人文主义者塞万提斯

【讲授纲要】

一、塞万提斯生平

二、塞万提斯作品介绍

三、《堂·吉诃德》的主要内容和人物性格分析

【思考题】

1. 文艺复兴时期西班牙文学的特点是什么？

2. 堂·吉诃德形象与西班牙民族精神之间的关联？

【推荐阅读】

1. 塞万提斯：《堂·吉诃德》，孙家孟译，译林出版社，2012。

2. 塞万提斯：《堂·吉诃德》，杨绛译，人民文学出版社，1978。

第十二讲　文艺复兴时期的社会规范

【讲授纲要】

一、妇女的规范：文艺复兴时期的妇女地位、皮桑的《妇女城》

二、朝臣的规范：什么是朝臣、朝臣的规范

三、君主的规范：文艺复兴君主、文艺复兴君主与封建君主之区别、各种版本的君主论

【思考题】

1. 马基雅维里的君主规范与伊拉斯谟的基督君主规范之异同何在？
2. 朝臣的服务对象是谁？做好朝臣的关键要素是什么？

【推荐阅读】

1. 克里斯蒂娜·德·皮桑：《妇女城》，李霞译，上海学林出版社，2002。
2. 卡斯蒂廖内：《廷臣论》（找不到中译本）
3. 彼特拉克：《幸运与背运的救治》（找不到中译本）

第十三讲　文艺复兴与欧洲的复兴

【讲授纲要】

一、人的复兴：文化、教育、命运、新生
二、文化的复兴：文艺复兴时期的史学、文艺复兴时期的科学
三、国家的复兴：和谐国家的理念、文化兴国的欧洲经验

【思考题】

1. 如何理解文化与政治的关系？
2. 如何理解文化在欧洲由衰及盛中的作用？

【推荐阅读】

1. 托马斯·库恩：《哥白尼革命》，吴国盛、张东林等译，北京大学出版社，2003。
2. 托马斯·库恩：《科学革命的结构》，金吾伦、胡新和译，北京大学出版社，2003。
3. 朱孝远：《文化强国的欧洲经验》，江苏人民出版社，2016。

第十四讲　文艺复兴衰落与欧洲衰落

【讲授纲要】

一、中世纪的衰落
二、文艺复兴的衰落
三、西方的衰落

【思考题】

1. 如何理解文艺复兴的衰落？
2. 如何理解西方的衰落？

【推荐阅读】

1. 约翰·赫伊津哈：《中世纪的衰落》，刘军、舒炜等译，北京大学出版社，2014。

2. William J. Bouwsma, *The Waning of the Renaissance* (Yale University Press, 2000).

3. 雅克·巴尔赞：《从黎明到衰落》，林华译，中信出版社，2018。

参考书目

1. 刘明翰主编：《欧洲文艺复兴史（十二卷）》，人民出版社，2010。

2. 雅各布·布克哈特：《意大利文艺复兴时期的文化》，何新译，马香雪校，商务印书馆，1997。

3. 约翰·赫伊津哈：《中世纪的衰落》，刘军、舒炜等译，北京大学出版社，2014。

4. 昆廷·斯金纳：《现代政治思想的基础（上下卷）》，奚瑞森、亚方、李强译，译林出版社，2011。

5. William J. Bouwsma, *The Waning of the Renaissance* (Yale University Press, 2000).

6. Benjamin G. Kohl and Ronald G. Witt (eds.), *The Earthly Republic Italian Humanists on Government and Society* (University of Pennsylvania Press, 1978).

课程大纲
古希腊罗马历史经典[1]

张新刚

教师介绍

张新刚,北京大学西方古典学中心、历史学系助理教授。2006年毕业于中山大学政治与公共事务管理学院(学士),2008年毕业于北京大学政府管理学院政治学理论专业(硕士),2012年毕业于北京大学政府管理学院政治学理论专业(博士)。从事古希腊罗马史、西方政治思想史研究。曾获得2017年北京大学教学优秀奖,2017年北京市高校第十届青年教师教学基本功比赛一等奖等。

课程简介

本课程每学期将带领学生阅读古希腊、罗马史家的经典史学著作各一部(或章节),通过具体的文本阅读来分析西方古代文明的特征和内在机理,使学生通过重要的史学经典,从政治、历史、哲学、宗教等角度更为全面地理解和把握西方文明的发源。学生通过课程可掌握史学经典阅读和分析能力,学习阅读和使用二手文献的能力,并对古希腊罗马史学传统有初步的理解。

---

[1] 开课院系:历史学系。

必读书目

1. 修昔底德：《伯罗奔尼撒战争史》，徐松岩译，上海人民出版社，2012。

Thucydides, *Peloponnesian War*, trans. M. Hammond, intro and notes by P. J. Rhodes (Oxford University Press, 2009).

2. 李维：《建城以来史（前言·卷一）》，穆启乐等译，上海人民出版社，2005。

Livy, *The History of Rome (Books 1—5)*, trans., with introduction and notes by Valerie M. Warrior (Hackett Publishing Company, 2006).

参考书目

1. Robert B. Strassler (ed.), *The Landmark Thucydides: A Comprehensive Guide to the Peloponnesian War* (New York: Simon & Schuster, 1998).

2. S. Hornblower, *A commentary on Thucydides* (Vols 1—3) (Oxford University Press, 1991—2008).

3. A. W. Gomme, A. Andrewes, K. J. Dover, *A historical commentary on Thucydides* (5vols) (Oxford University Press, 1959—1981).

4. R.M. Ogilvie, *A commentary on Livy: Books 1—5* (Oxford: Clarendon, 1965).

5. 盐野七生：《罗马人的故事（第一卷）》，计丽屏译，中信出版社，2011。

6. 伊恩·莫里斯、巴里·鲍威尔：《希腊人：历史、文化和社会》，陈恒等译，格致 & 上海人民出版社，2014。

课程书单

1. Robert B. Strassler (ed.), *The Landmark Thucydides: A Comprehensive Guide to the Peloponnesian War* (New York: Simon & Schuster, 1998).

2. 普鲁塔克：《希腊罗马名人传》，陆永庭、吴彭鹏等译，商务印书馆，1990。

3. 阿里斯托芬:《阿里斯多芬喜剧六种》,罗念生译,上海人民出版社,2007。

4. 约翰·戴维斯:《民主政治与古典希腊》,黄洋、宋可即译,上海人民出版社,2010。

5. S. Hornblower, *A commentary on Thucydides (Vols 1-3)* (Oxford University Press, 1991—2008).

6. 刘慈欣:《三体》,重庆出版社,2016。

7. 维吉尔:《埃涅阿斯纪》,杨周翰译,上海人民出版社,2016。

8. Dionysius of Halicarnassus, *Roman Antiquities*, trans. Earnest Cary (Harvard University Press, 1937—1950).

9. R. M. Ogilvie, *A Commentary on Livy: Books 1-5* (Oxford: Clarendon, 1965).

10. T. Cornell, *The Beginnings of Rome* (Routledge, 1995).

课程大纲

第一讲　导论:古代史学与古代史家
【阅读】

1. 莫米利亚诺:《现代史学的古典基础》,冯洁音译,华东师范大学出版社,2009。

2. 施特劳斯:《修昔底德:政治史学的意义》,载刘小枫、陈少明主编《修昔底德的春秋笔法》,华夏出版社,2007,第2-32页。

3. Roberto Nicolai, "The Place of History in the Ancient World," in *A Companion to Greek and Roman Historiography*, ed. John Marincola (Wiley Blackwell, 2011), pp.13-26.

第二讲　修昔底德与《伯罗奔尼撒战争史》
【阅读】
修昔底德:《伯罗奔尼撒战争史》,卷一。
【参考阅读】

1. Hobbes, "Of the Life and History of Thucydides," in *Hobbes' Thucydides*, ed. Richard Schlatter (Rutgers University Press, 1975), pp. 10-27.

2. 黄洋:《修昔底德的理性历史建构》,《历史教学》,2007 年第 6 期。

3. Dover Rood, "Thucydides 'as History' and 'as Literature'," in *Thucydides (Oxford Readings in Classical Studies)*, ed. Jeffrey S. Rusten (Oxford University Press, 2009), pp.44-59.

第三讲 伯罗奔尼撒战争的起因

【阅读】

修昔底德:《伯罗奔尼撒战争史》,卷一、卷二。

【参考阅读】

1. Rhodes, "Thucydides on the Causes of the Peloponnesian War," *Hermes*, 115 (1987): 154-165.

2. 唐纳德·卡根:《伯罗奔尼撒战争的爆发》,曾德华译,华东师范大学出版社,2019。

第四讲 伯里克利与民主帝国

【阅读】

1. 修昔底德:《伯罗奔尼撒战争史》,卷二。

2. 普鲁塔克:《希腊罗马名人传》之伯里克利。

【参考阅读】

1. Vogt, "The Portrait of Pericles in Thucydides," in *Thucydides (Oxford Readings in Classical Studies)*, ed. Jeffrey S. Rusten (Oxford University Press, 2009), pp. 220-237.

2. G. E. M. de Ste Croix, "The Character of the Athenian Empire," *Historia: Zeitschrift für Alte Geschichte*, Bd 3, H 1 (1954): 1-41.

第五讲 雅典瘟疫与科西拉内乱

【阅读】

修昔底德:《伯罗奔尼撒战争史》,卷三。

【参考阅读】

1. M. Cogan, "Mytilene, Plataea, and Corcyra Ideology and Policy in Thucydides, Book III," *Phoenix* 35, no 1 (Spring, 1981): 1-21.

2. C. Orwin, "Stasis and Plague: Thucydides on the Dissolution of Society," *The Journal of Politics* 50, no 4 (Nov, 1988): 831-847.

第六讲　米洛斯对话与政治"现实主义"

【阅读】

修昔底德:《伯罗奔尼撒战争史》,卷四、卷五。

【参考阅读】

1. Bosworth, "The Humanitarian Aspect of the Melian Dialogue," *The Journal of Hellenic Studies*, 113 (1993): 30–44.

2. C. W. MacLeod, "Form and Meaning in the Melian Dialogue," *Historia: Zeitschrift für Alte Geschichte*, Bd 23, H 4 (4th Qtr, 1974): 385–400.

第七讲　西西里远征

【阅读】

1. 修昔底德:《伯罗奔尼撒战争史》,卷六、卷七。

2.《希腊罗马名人传》之"阿尔喀比亚德"。

【参考阅读】

1. D. G. Smith, "Alcibiades, Athens, and the Tyranny of Sicily (Thuc VI16)," *Greek, Roman, and Byzantine Studies*, 49 (2009): 363–389.

2. Avery, "Themes in Thucydides' Account of the Sicilian Expedition," *Hermes*, 101Bd, H 1 (1973): 1–13.

第八讲　演说与修辞

【阅读】

1. C. W. MacLeod, "Reason and necessity: Thucydides Ⅲ 9–14, 37–48," *Journal of Hellenic Studies*, 98 (1978): 64–78.

2. 斯塔特:《修昔底德笔下的演说》,王涛等译,华夏出版社,2012。

第九讲　萨摩斯岛与雅典五千人政体

【阅读】

修昔底德:《伯罗奔尼撒战争史》,卷八。

亚里士多德:《雅典政制》,29–33,日知、力野译,商务印书馆,1959。

【参考阅读】

E. Harris, "The Constitution of the Five Thousand," *Harvard Studies in*

Classical Philology, 93 (1990): 243—280.

第十讲　李维的罗马史写作
【阅读】
李维:《建城以来史（前言·卷一）》，前言。
【参考阅读】
1. John L. Moles, "Livy's Preface," *Proceedings of the Cambridge Philological Society*, 39（1993）: 141—168.

2. Levick, "Historical Context of the Ab Urbe Condita," in *A Companion to Livy*, ed. Bernard Mineo (Wiley Blackwell, 2015), pp. 24—36.

第十一讲　建城：罗慕路斯与雷慕斯
【阅读】
1. 李维:《建城以来史（前言·卷一）》，1.1—1.14。
2.《希腊罗马名人传》之罗慕路斯。
【参考阅读】
1. G. Miles, "Foundation and Ideology in Livy's Narrative of Romulus and Remus," in *Livy Reconstructing Early Rome* (Ithaca, 1995), pp.137—178.

2. R. Brown, "Livy's Sabine Women and the Ideal of Concordia," *Transactions of the American Philological Association*, 125 (1995): 291—319.

第十二讲　罗慕路斯之死与努马
【阅读】
1. 李维:《建城以来史（前言·卷一）》，1.15—21。
2.《希腊罗马名人传》之努马。
【参考阅读】
J. L. Penwill, "'De Integro Condere': Rediscovering Numa in Livy's Rome," *Scholia: Studies in Classical Antiquity*, 13 (2004): 28—55.

第十三讲　图鲁斯·奥斯蒂吕斯
【阅读】
李维:《建城以来史（前言·卷一）》，1.22—31。
【参考阅读】
J. B. Solodow, "Livy and the Story of Horatius I.24—26," *Transactions*

of the American Philological Association, 109 (1979): 251–268.

第十四讲　罗马城与周边
【阅读】

李维：《建城以来史（前言·卷一）》，1.32—54。

【参考阅读】

T. Cornell, "The Reforms of Servius Tullius" and "Walls of Rome," in *The Beginnings of Rome* (Routledge, 1995).

第十五讲　王政到共和
【阅读】

李维：《建城以来史（前言·卷一）》，1.54—60。

【参考阅读】

A. Mastrocinque, "Tarquin the Superb and the Proclamation of the Roman Republic", in *A Companion to Livy*, ed. Bernard Mineo (Wiley Blackwell, 2015), pp.301–313.

课程大纲
《资本论》选读[①]

方 敏

教师介绍

方敏,北京大学经济学院副教授、博士生导师,中宣部"马克思主义理论研究与建设工程"项目首席专家。主要研究领域为政治经济学和经济思想史。讲授的主要课程有:政治经济学(上)、《资本论》选读、高级政治经济学(一)等。参加编写的教材有:《政治经济学》《〈资本论〉导读》《邓小平理论与当代中国经济学》等,同时还翻译出版了《自由抉择的经济》《收入分配理论》《政治经济学》等国外学术著作。个人或作为主要成员获得的荣誉奖励有:国家级教学优秀成果二等奖、北京市和北京大学教学成果一等奖、北京大学教学优秀奖、第六届北京大学曹凤岐金融发展基金教学优秀奖、北京大学第十三届人文社会科学优秀成果奖等。

课程简介

《资本论》作为马克思最伟大和最成熟的经济学著作,是我们学习马克思主义政治经济学必读的经典著作。"《资本论》选读"是中级程度的政治经济学课程,选取了《资本论》中最重要的理论部分进行讲解,使学生通过阅读原著,深入理解马克思经济学的方法和原理,理解马克思对资本主义生产方式的分析与批判。

[①] 开课院系:经济学院。

课程大纲

一、导论（2学时）
- 马克思的生平
- 研究路径和研究计划
- 政治经济学理论体系的形成及其基本特征
- 马克思主义经济学的当代遗产

二、方法论（4学时）
- 经济学的范式与研究纲领
- 马克思主义经济学的"硬核"：研究对象与历史唯物主义方法
- 对波普和柯亨的回应
- 马克思主义经济学基本范畴辨析

三、商品货币分析中的辩证法（4学时）
- 商品的二因素与劳动的二重性
- 商品的内部矛盾与商品—货币的外部对立
- 货币形式及其潜在危机
- 商品拜物教

四、劳动价值论（6学时）
- 价值论对于政治经济学的意义
- 劳动财产学说：从洛克到马克思
- "幽灵般的对象性"：价值实体及其表现形式
- 价值量：与供求价格理论的关系
- 价值关系和价值规律作用形式的历史性质

五、资本主义的生产过程（4学时）
- 劳动力成为商品
- 资本主义生产过程与劳动榨取
- 资本主义劳动方式的历史演进：劳动对资本从形式隶属到实际隶属
- 资本主义生产过程中的二重性

六、资本主义的流通过程（4学时）

- 单个资本的循环与周转
- 社会总资本的再生产

七、资本主义的竞争过程（4学时）

- 资本主义市场的竞争性价格：价值转形问题
- 资本的分工与竞争：职能资本
- 资本与土地所有权的竞争：资本主义地租
- 资本主义的分配：所谓"三位一体"公式

八、资本主义的积累过程（4学时）

- 资本的有机构成是否一定会提高
- 一般利润率是否一定会趋于下降
- 资本积累的相对过剩趋势
- 单因素危机论辨析
- 现代资本主义积累的社会结构理论

参考书目（无）

课程大纲
《圣经》释读[①]

高峰枫

教师介绍

高峰枫,北京大学外国语学院英语系教授、系主任。1986—1993年在北京大学英语系学习,获学士、硕士学位。2002年美国伯克利加州大学比较文学系毕业,获博士学位。2002—2015年任北京大学外国语学院英语系讲师、副教授,2015年至今任教授。2011年起担任北京大学外国语学院英语系主任。另担任北京大学西方古典学中心副主任、浙江大学人文社科高等研究院学术委员会委员。主要研究领域为早期基督教、圣经与西方思想传统。代表论著有《古典的回声》(浙江大学出版社,2012年)、《古典的回声二集》(浙江大学出版社,2016年)、《文字游戏与价值重估:普罗芭的维吉尔集句诗》(《国外文学》2015年第1期)、《挪亚的预言与美国奴隶制》(《中山大学学报[社会科学版]》,2016年第5期),译著有《册子本起源考》(北京大学出版社,2015年)。

课程简介

本课旨在让学生对于圣经中的重要篇章有深入了解。课堂选读的内容包括:《创世记》《出埃及记》《士师记》《撒母耳上》《约伯记》《路得记》《约拿书》以及《马可福音》和《约翰福音》的全部内容,最后介

[①] 开课院系:英语系。

绍英文钦定本圣经的翻译和特点。讲课过程中，将介绍近现代圣经研究的主要方法和研究结果。课堂使用的圣经英文译注本为 *The New Oxford Annotated Bible*，授课语言为英语，书面作业和期末考试一律用英文。

课程大纲

第一讲　简介（Introduction）

第二讲　"要有光"（"Let There Be Light"）

《创世记》1—11

Genesis 1–11（from Creation to Noah）

【阅读】

《旧约》，第1—2章。

第三讲　"我必叫你成为大国"（"I Will Make of You A Great Nation"）

《创世记》12—36

Genesis 12–36（Abraham，Isaac and Jacob）

【阅读】

《旧约》，第3—4章。

第四讲　"请听我做的梦"（"Listen to This Dream That I Dreamed"）

《创世记》37—51

Genesis 37–51（Joseph story）

第五讲　"容我的百姓去"（"Let My People Go"）

《出埃及记》1—19

Exodus 1–19

【阅读】

《旧约》，第5章。

第六讲　"遵守我的约"（"Keep My Covenant"）

《出埃及记》20—40

Exodus 20–40

【阅读】

《旧约》，第6章。

第七讲 "你往哪里去，我也往哪里去"（"Where You Go, I Will Go"）

《路得记》

Book of Ruth

【阅读】

《旧约》，第 11 章。

第八讲 "为我们立一个王治理我们"（"Now Make Us A King to Judge Us"）

《撒母耳记上》

1Samuel（story of Samuel，Saul and David）

第九讲 "我立大地根基的时候你在哪里呢？"（"Where Were You When I Laid the Foundation of the Earth?"）

《约伯记》

Book of Job

【阅读】

《旧约》，第 10 章。

第十讲 "我知道你是有恩典的神"（"For I Knew That Thou Art A Gracious God"）

《约拿书》

Book of Jonah

【阅读】

1. 《旧约》，第 8 章。

2. John A. Miles, Jr, "Laughing at the Bible: Jonah as Parody", *The Jewish Quarterly Review*, New Ser. 65, no 3 (Jan, 1975): 168−181.

第十一讲 "人说我是谁？"（"Who Do People Say That I Am?"）

《马可福音》

Gospel of Mark

【阅读】

Ehrman, *The New Testament*, chapters 3−5, pp. 43−75.

第十二讲 "太初有道"（"In the Beginning Was the Word"）

《约翰福音》

Gospel of John

【阅读】

Ehrman, *The New Testament*, chapters 6 and 10, pp. 76−83, 141−161.

第十三讲 历史上的耶稣问题（The Problem of Historical Jesus）

第十四讲 《钦定版圣经》

The King James Bible（the Authorized Version）

参考书目

1. Michael Coogan (ed.), *The New Oxford Annotated Bible, New Revised, Standard Version with the Apocrypha Augmented.* Third Edition (Oxford University Press, 2007).

2. Michael Coogan, *The Old Testament: A Very Short Introduction* (Oxford University Press, 2008).

3. 迈克尔·库根:《旧约入门》，张贤勇译，外语教学与研究出版社，2013。

4. John Riches, *The Bible: A Very Short Introduction* (Oxford University Press, 2000).

5. 约翰·里奇斯:《圣经纵览》，梁工译，外语教学与研究出版社，2013。

6. Bart D. Ehrman, *The New Testament: A Historical Introduction to the Early Christian Writings* (2nd ed.) (New York: Oxford University Press, 2000).

课程大纲
尼采《查拉图斯特拉如是说》导读[①]

赵敦华

教师介绍

赵敦华,北京大学哲学系教授。比利时鲁汶大学哲学学士、硕士、博士。研究领域:西方哲学史、现代西方哲学、中西比较哲学和宗教学。在这些领域长期从事教学和研究工作,最近在努力促进中国的马克思哲学研究、西方哲学研究和中国传统哲学研究的对话和交流,积极从事向世界推广中国哲学和文化的工作。著有《人性和伦理的跨文化研究》《基督教哲学 1500 年》《当代英美哲学举要》《现代西方哲学新编》《西方哲学简史》《西方哲学的中国式解读》《回到思想的本源》《圣经历史哲学》以及《西方人学观念史》(主编)等著作十余部。多次获得"全国高校社会科学优秀成果奖"和"北京市社会科学优秀成果奖"。1994 年获得国家教育委员会和人事部颁发的"全国优秀教师"称号。2009 年获得第五届国家级教学名师奖。

课程简介

本课是西方哲学 — 文学名著《查拉图斯特拉如是说》的阅读课。全书前言十节、除前言以外的正文八十章,要通读一遍,并有重点地精读一些主要章节。尼采著作在中国有很大影响,特别是这本代表作,自鲁迅开始已有十多个译本。本课讲授时用最新译本进行解读。

[①] 开课院系:哲学系。

This course is regarded as the reading course for the western notable philosophical-literary work *Thus Spoke Zarathustra*. It requires not only reading through the whole book, including 10 sections for introduction and 80 chapters for the four parts, but also doing intensive readings on some major sections of this book. Nietzsche's works have exerted significant influences in China, especially this representative work, which has more than 10 Chinese versions since the era of Lu Xun. The latest Chinese version will be selected as our text.

课程大纲

第一讲　前言第一部分
"前言"：人是什么？

一、"爱人"1—2

　　1.1 谁是查拉图斯特拉？

　　1.2 "日喻"

　　1.3 为什么要爱人？

　　1.4 "上帝死了"

二、"我教你们做超人"3—4

　　2.1 人是"二分体"和"杂种"

　　2.2 人的精神分裂：二元对立

　　2.3 人的"前行"和"下沉"

　　2.4 超人的呼唤

第二讲　前言第二部分

三、末人5—8

　　3.1 末人的特性

　　3.2 末人的统治

　　3.3 末人的报复

四、高人6、8

　　4.1 失败的高人

4.2 落伍的高人

4.3 埋葬高人

五、总结 9—10

5.1 使命

5.2 道路

5.3 形象

第三讲　第一部第一部分

第一部（第1—22章）解读：超人的道路

一、三条道路：承载、掠夺、创造（1）

二、彻底否定

2.1 二元对立的价值观（3—4）

2.2 基督教道德（6、9）

2.3 庸人道德（2、5、13）

2.4 学术（7—8）

2.5 新的偶像（11—12）

第四讲　第一部第二部分

三、价值转换

3.1 战士（10）

3.2 民族（15）

3.3 朋友和邻人（14、16）

3.4 婚姻（18、20）

第五讲　第一部第三部分

四、价值创造

4.1 孤独（17）

4.2 公正（19）

4.3 不朽（21）

4.4 赠予的道德（22）

 4.4.1 高贵的赠予

 4.4.2 "自我中心"

4.4.3 向上的飞翔

4.4.4 向下的探索

第六讲　第二部第一部分

第二部（第23—44章）：追求权力的意志

一、第二部前言（23）

二、作为艺术的追求权力的意志

 1.1 美的创造（24）

 1.2 生命之歌（31—33）

 1.3 德国教化批判（36—38）

 1.4 美学（35）

 1.5 诗学（39）

第七讲　第二部第二部分

三、作为历史的追求权力的意志

 2.1 生命本质（34）

 2.2 基督教的败坏（25—26）

 2.3 末人的败坏（27—30）

 2.4 末世（40）

 2.5 虚无主义（41）

第八讲　第二部第三部分

四、作为认识的追求权力的意志

 3 "拯救过去"

 3.1 全然败坏（42）

 3.2 理论难题（42下）

 3.3 实际困难（43）

 3.4 心理障碍（44）

第九讲　第三部第一部分

第三部（第45—60章）解读：永恒回归

一、启程

 1.1 克服障碍（45、47、48）

1.2 克服困难（55）

1.3 克服难题（46）

 1.3.1 侏儒的循环论

 1.3.2 "再走一次"

第十讲　第三部第二部分

二、回顾

2.1 与教会决裂（50）

2.2 与末人决裂（49、51）

2.3 告别故友（52）

2.4 克服自我（53—54）

第十一讲　第三部第三部分

三、孤独的超人

3.1 法版（56）

3.2 永恒回归之谜（57）

3.3 灵魂的启示（58—60）

第十二讲　第四部第一部分

第四部（第60—80章）解读：超人的试验

一、试探高人（61）

二、八类高人（62—69）

第十三讲　第四部第二部分

三、训导高人（70—73）

四、高人的复辟（73—78）

五、预兆（79—80）

第十四讲　第四部第三部分

六、尼采之死（后期著作概要）

七、留待思考的问题

参考书目

一、教材类
中译本

尼采：《查拉图斯特拉如是说（详注本）》，钱春绮译，生活·读书·新知三联书店，2014。

参照尼采：《查拉图斯特拉如是说（《尼采全集》第四卷）》，孙周兴译，商务印书馆，2015。

或尼采：《查拉图斯特拉如是说》，孙周兴译，上海人民出版社，2012。

英译版

Nietzsche, *Thus Spoke Zarathustra*, trans. Graham Parkes (Oxford: Oxford University Press, 2005).

德英对照版

Also Sprach Zarathustra/Thus Spoke Zarathustra, Based on this website, then edited/repaired, read and pdf-ed by Godslasteraar, Friedrich Nietzsche Society.

二、传记类（任选一种）

哈列维：《尼采传》，刘娟译，贵州人民出版社，2004。［褒扬］

彼得斯：《尼采兄妹》，张念东、凌素心译，中央编译出版社，2001。［批判］

弗伦策尔：《尼采传》，张载扬译，商务印书馆，1988。［客观 简述］

三、尼采导论

都鲁字：《解读尼采》，张唤民译，百花文艺出版社，2000。［名家］

Robert Pippin (ed.), *Introduction to Nietzsche* (Cambridge University Press, 2012).［新近］

赵敦华：《重估尼采哲学》，《中国高校社会科学》，2013年第1期，第51-67页。

四、《查拉图斯特拉如是说》导读

凯斯·安塞尔－皮尔逊:《查拉图斯特拉的下山：论"拯救"的教诲》，载凯斯·安塞尔－皮尔逊:《尼采反卢梭》第五章，宗成河等译，华夏出版社，2005，第 161-211 页。

Robert Pippin (ed.), *Introduction to Nietzsche* (Cambridge University Press, 2012), pp. 152-177.

赵敦华:《形而上的政治哲学——〈查拉图斯特拉如是说〉释义大纲》,《哲学研究》，2016 年第 6 期，第 75-83 页。

五、各部分导读

（一）"前言"和第一部

彼珀:《动物与超人之间的绳索》，李洁译，华夏出版社，2006。

雅斯贝尔斯:《尼采其人其说》，鲁路译，社会科学文献出版社，2001，第 131-180 页。

（二）第二部

海德格尔:《尼采（上卷）》，孙周兴译，商务印书馆，2014，第 3-61 页。

H. W. Siemens, "Nietzsche's Critique of Democracy (1870—1886)," *Journal of Nietzsche Studies*, no 38 (Fall, 2009): 20-37.

（三）第三部

海德格尔:《相同者的永恒轮回》，载海德格尔:《尼采（上卷）》第二章，孙周兴译，商务印书馆，2014，第 263-496 页。

James Luchte (ed.), *Nietzsche's Thus Spoke Zarathustra: Before Sunrise* (Continuum, 2008).

（四）第四部及后续作

凯斯·安塞尔－皮尔逊:《大政治或立法者》，载凯斯·安塞尔－皮尔逊:《尼采反卢梭》第六章，宗成河等译，华夏出版社，2005，第 212-245 页。

Paul S. Loeb, *The Death of Nietzsche's Zarathustra* (Cambridge University Press, 2010).

Tracy B. Strong, "Nietzsche's political misappropriation," in *Cambridge*

Companion to Nietzsche, ed. Bernd Magnus and Kathleen M Higgins (Cambridge University Press, 1996), pp. 119−150.

赵敦华:《现代斯芬克斯之谜——尼采政治哲学的解读和重估》,《苏州大学学报》,2016年第3期,第1−8页。

课程大纲
古代西方政治思想[①]

李 猛

教师介绍

李猛,北京大学哲学系教授。1993 年毕业于中国人民大学社会学系本科,获学士学位。1996 年毕业于北京大学社会学系,获硕士学位。1996—2001 年于北京大学社会学系任教。2001 年起赴美国芝加哥大学社会思想委员会攻读博士,2008 年获博士学位。2009 年至今任教于北京大学哲学系。研究领域为政治哲学、伦理学、古希腊哲学、早期现代哲学、社会理论。主要代表论著有:《自然社会:自然法与现代道德世界的形成》(三联书店,2015 年)、《亚里士多德的运动定义:一个存在的解释》(《世界哲学》2011 年第 2 期《希腊哲学专号》)、《理性化及其传统:对韦伯的中国观察》(《社会学研究》2010 年第 5 期)、《除魔的世界与禁欲者的守护神:韦伯社会理论中的英国法问题》("思想与社会"第 1 辑《韦伯:法律与价值》,上海人民出版社,2001 年)、《论抽象社会》(《社会学研究》,1999 年第 1 期)。

课程简介

本课程是几位教师合作开设的西方政治—社会思想系列课程的第一部分(后续课程:吴飞,"中世纪西方政治思想";吴增定,"现代西方政治思想";渠敬东,"现代西方社会思想")。本课程通过选择阅读

[①] 开课院系:哲学系。

古代文学、历史与哲学作品，结合当代学者的研究，理解西方古代城邦世界的政治形态，思考作为西方政治思想源头的古典政治思想传统。选课同学请按教学大纲要求完成每次课程的阅读内容（参考内容请自行安排），并准时提交读书报告（2篇课下作业，每篇5000字，各占成绩30%；第3次读书报告，即期末考试，在最后一次课上完成，占成绩40%）。

课程大纲

第一讲　导论：政治作为生活方式
【阅读】

卡尔·施密特:《政治的概念》《中立化与非政治化的时代》，载《政治的概念》（增订版），刘宗坤等译，上海人民出版社，2018；亚里士多德:《政治学》，第1卷，吴寿彭译，商务印书馆，1997。

【参考】

梅耶:《古希腊政治的起源》，第1章，王师译，华东师范大学出版社，2015。

第二讲　史诗世界（1）：战争
【阅读】

荷马:《伊利亚特》第1—4卷，第11卷，第16卷，罗念生、王焕生译，人民文学出版社，2015。（《伊利亚特》中的战争场景，对比希腊人和特洛伊人；为什么阿基里斯是英雄？对比阿基里斯与帕特罗克洛斯）

【参考】

薇依:《〈伊利亚特〉或力量之诗》，载《柏拉图对话中的神》，吴雅凌译，华夏出版社，2012。

Gregory Nagy, "The Name of Achilles," in *The Best of The Achaeans* (Baltimore, 1998), Ch5.

第三讲　史诗世界（2）：会议
【阅读】

《伊利亚特》第2卷，第6—10卷。（《伊利亚特》中的会议与交涉；

战士与国王；民众与城邦；分析阿伽门农与涅斯托）

【参考】

Walter Donlan, "The Structure of Authority in the Iliad," *Arethusa* 12, no 1 (Spring, 1979): 51-70.

Stephen Scully, *Homer and the Sacred City* (Ithaca, 1991).

第四讲　史诗世界（3）：英雄

【阅读】

《伊利亚特》第6卷，第12—15卷，第22卷。（分析赫克托；对比赫克托和阿基里斯、赫克托和帕里斯、赫克托的德性与幻觉）

【参考】

James Redfield, *Nature and Culture in the Iliad: The Tragedy of Hector* (The University of Chicago Press, 1994), Introduction & Ch3.

Cedric H. Whitman, Homer and the Heroic Tradition (W. W. Norton & Company, 1965).

第五讲　史诗世界（4）：神与命运

【阅读】

《伊利亚特》第9卷，第17—24卷。（分析神、人与命运之间的关系）

【参考】

索福克勒斯：《俄狄浦斯王》，载《索福克勒斯悲剧集》（全五册），罗念生译，上海人民出版社，2020。柏拉图：《政治家篇》267—276。

【作业】

对比阿基里斯与赫克托，分析两个人的性格与命运。

第六讲　人的政治：战争与和平

【阅读】

柏拉图：《法律篇》第1卷。

【参考】

阿里斯托芬：《阿卡奈人》；索福克勒斯：《埃阿斯》。

第七讲　政治与道德

【阅读】

修昔底德：《伯罗奔尼撒战争史》，Ⅲ.27—50（密提林争论），V.84—

116(米洛斯对话);柏拉图:《理想国》第1—2卷(至367)。

【参考】

柯费尔德:《智者运动》,刘开会、徐名驹译,刘开会、张琴校,兰州大学出版社,1996。

第八讲 政体的选择

【阅读】

希罗多德:《历史》,Ⅲ.61—87;亚里士多德:《政治学》,Ⅱ.1,Ⅲ.6—8,Ⅳ.1—10。

【参考】

Donald Lateiner, *The Historical Method of Herodotus*(Toronto, 1989),pp.163-186.

第九讲 灵魂与政体

【阅读】

柏拉图:《理想国》第8—9卷。

【参考】

克吕格:《〈王制〉要义》,载刘小枫编《〈王制〉要义》,华夏出版社,2006。

第十讲 雅典

【阅读】

修昔底德:《伯罗奔尼撒战争史》第1—2卷;普鲁塔克:《希腊罗马名人传》,"伯利克里生平",黄宏煦主编,陆永庭、吴彭鹏译,商务印书馆,1990。

【参考】

普鲁塔克:《希腊罗马名人传》,"梭伦生平"。

第十一讲 斯巴达

【阅读】

普鲁塔克:《希腊罗马名人传》,"莱库古生平"。

【参考】

Strauss, *The City and Man*, Ch.3.

【作业】

如何理解伯罗奔尼撒战争的"起因"？如何从政体的差异理解雅典与斯巴达之间的战争？

第十二讲　城邦的衰败（1）：雅典

【阅读】

普鲁塔克：《希腊罗马名人传》，"阿尔西比亚德生平"；修昔底德：《伯罗奔尼撒战争史》第6卷。

【参考】

柏拉图：《会饮篇》212至结尾。

第十三讲　城邦的衰败（2）：斯巴达

【阅读】

普鲁塔克：《希腊罗马名人传》，"阿格西劳斯生平"。

第十四讲　城邦的衰败（3）：罗马

【阅读】

普鲁塔克：《希腊罗马名人传》，"凯撒生平""布鲁图斯生平"。

【参考】

Ronald Syme, *Roman Revolution*；莎士比亚：《朱利乌斯·凯撒》。

第十五讲　结论

【期末考试】

参考书目

一、文本

所有文本的希腊文原文，采用 Oxford Classical Texts 系列中收录的版本。不要求同学懂古希腊文，但强烈建议学过古希腊文的同学尽可能参考原文。

（一）《伊利亚特》

荷马：《伊利亚特》，罗念生、王焕生译，人民文学出版社，2015。

Homer, *Iliad*, trans. Richmond Lattimore (The University of Chicago Press, 1961).

（二）柏拉图与亚里士多德

柏拉图:《理想国》，郭斌和、张竹明译，商务印书馆，1986。

柏拉图:《理想国》，王扬译注，华夏出版社，2017。

亚里士多德:《政治学》，吴寿彭译，商务印书馆，1997。

亚里士多德:《尼各马可伦理学》，廖申白译，商务印书馆，2003。

Plato, *The Republic of Plato*, trans. Allan Bloom (Basic Books, 1991).

Plato, *Laws*, trans. Thomas Pangle (The University of Chicago Press, 1988).

John M. Cooper (ed.), *Plato: Complete Works* (Hackett Publishing Co, Inc, 1997).

Aristotle, *Politics*, trans. Carnes Lord (The University of Chicago Press, 2014).

Aristotle, *Nicomachean Ethics*, ed. Sarah Broadie, trans. Christopher Rowe (Oxford University Press, 2002).

（三）希罗多德和修昔底德

修昔底德:《伯罗奔尼撒战争史》，徐松岩译注，上海人民出版社，2018。

修昔底德:《伯罗奔尼撒战争史》，王以铸、谢德风译，商务印书馆，1960。

Herodotus, *The History*, trans. by David Grene (The University of Chicago Press, 1988).

Robert Strassler (ed.), *The Landmark Herodotus* (Pantheon, 2007).

Thucydides, *The Peloponnesian War*, trans. Thomas Hobbes, ed. David Grene (The University of Chicago Press, 1989).

Robert B. Strassler (ed.), *The Landmark Thucydides: A Comprehensive Guide to the Peloponnesian War* (Simon & Schuster, 1998).

（四）普鲁塔克

Plutarch, *Greek Lives*, trans. Robin Waterfield (Oxford University Press, 1998).

Plutarch, *Roman Lives*, trans. Robin Waterfield (Oxford University Press, 2000).

普鲁塔克:《希腊罗马名人传（上）》，黄宏煦主编，陆永庭、吴彭鹏译，商务印书馆，1990。

二、参考文献

芬利：《古代世界的政治》，晏绍祥、黄洋译，商务印书馆，2013。

帕姆洛伊等：《古希腊政治、社会和文化史》，周平译，上海三联书店，2013。

韦尔南：《希腊思想的起源》，秦海鹰译，生活·读书·新知三联书店，1996。

巴克：《希腊政治理论：柏拉图及其前人》，卢华萍译，吉林人民出版社，2003。

梅耶：《古希腊政治的起源》，王师译，华东师范大学出版社，2013。

戴维斯：《民主政治与古代希腊》，黄洋等译，上海人民出版社，2010。

罗米伊：《希腊民主的问题》，高煜译，译林出版社，2015。

内莫：《民主与城邦的衰弱》，张竝译，华东师范大学出版社，2010。

格雷纳：《古希腊政治理论：修昔底德和柏拉图笔下人的形象》，戴智恒译，华夏出版社，2012。

Leo Strauss, *The City and Man* (The University of Chicago Press, 1978).

Werner Jaeger, *Paideia: The Ideals of Greek Culture* (vols. 1-3), trans. Gilbert Highet (Oxford University Press, 1986).

Christopher Rowe and Malcolm Schofield (eds.), *The Cambridge History of Greek and Roman Political Thought* (Cambridge University Press, 2005).

Mark Edwards, *Homer: Poet of the Iliad* (The John Hopkins University Press, 1987).

Douglas Cairns (ed.), *Oxford Readings in Homer's Iliad* (Oxford University Press, 2012).

Seth Schein, *The Mortal Hero: An Introduction to Homer's Iliad* (University of California Press, 1984).

陈中梅：《荷马史诗研究》，凤凰出版集团，2010。

欧文：《修昔底德笔下的人性》，戴智恒译，华夏出版社，2015。

康福德：《修昔底德：神话与历史之间》，孙艳萍译，上海三联书店，2006。

汉森：《独一无二的战争：雅典人和斯巴达人怎样打伯罗奔尼撒战

争》，时殷弘译，上海人民出版社，2013。

Allan Wardman, *Plutarch's Lives* (Paul Elek Ltd. , 1974).

Tim Duff, *Plutarch's Lives: Exploring Virtue and Vice* (Oxford University Press, 2002).

达夫：《普鲁塔克的〈对比列传〉：探询德性与恶行》，万永奇译，华夏出版社，2017。

课程阅读指南

建议选课同学系统阅读《伊利亚特》和《伯罗奔尼撒战争史》，并通读柏拉图的《理想国》和亚里士多德的《政治学》（这两本书并没有在课程中进行系统的研读），选读普鲁塔克《希腊罗马名人传》的有关生平，适当接触希罗多德的《历史》，以及索福克勒斯的悲剧和阿里斯托芬的喜剧。研究文献建议每部作品以一本研究著作为主。

【荷马】要求通读《伊利亚特》，每次课重点讨论一两卷的内容，重点在史诗中体现的英雄伦理及其困境。可选择 Seth Schein 或 James Redfield 的著作作为参考。

【希罗多德和修昔底德】要求通读《伯罗奔尼撒战争史》，特别关注雅典与斯巴达的政治差异如何影响了战争的进程。可选择欧文或康福德的著作作为参考。

【柏拉图】如果没有读过《理想国》，建议通读《理想国》全书，尤其着眼于政体安排与灵魂秩序的关系，并将《理想国》内容与修昔底德和普鲁塔克的历史主题加以比较；要求阅读《法律篇》第1卷，建议阅读其他卷的部分内容。

【亚里士多德】要求阅读《政治学》的第1—4卷，建议阅读《尼各马可伦理学》的第1、5、6卷。

【普鲁塔克】要求阅读《希腊罗马名人传》中的指定篇目，建议阅读希腊部分其他相关的生平（尤其是与雅典和斯巴达有关的生平）。

【悲剧与喜剧】建议在参考阅读时，浏览索福克勒斯与阿里斯托芬的戏剧。

课程大纲
中世纪西方政治思想[①]

吴 飞

教师介绍

吴飞，北京大学哲学系教授。1996年于北京大学社会学系获学士学位，1999年于北京大学哲学系获硕士学位，2005年于美国哈佛大学人类学系获博士学位。主要研究领域为基督教哲学、宗教人类学、中西比较文化研究等，著有《麦芒上的圣言》《浮生取义》《心灵秩序与世界历史》《人伦的"解体"》等书。

课程简介

本课是通识教育核心课程"西方政治思想"系列课程之二，将接续"古代西方政治思想"，以但丁的《神曲》为线索，帮助同学们理解西方罗马帝国和中世纪政治的最基本问题，使大家对于帝国形态以及基督教思想主导下的政治思考有一些基本的把握，以为下学期学习"现代政治思想"做准备。

在西方政治思想的发展中，中世纪是至关重要但又往往被忽视的一个阶段。而长达一千五百年的中世纪又是非常复杂的一个时期。作为中世纪思想的集大成者、西方历史上最伟大的诗人但丁，为我们理解中世纪思想提供了一个非常好的视角。其政治思想的核心问题是，如何将优西比乌—奥罗修斯式的帝国论与奥古斯丁的两城说结合在一起，这将

---

① 开课院系：哲学系。

是我们阅读但丁的基本入手点。而中世纪的很多政治问题在他这里都会有所体现，如：罗马法、政教关系、国王的两个身体、宪政问题、自然法等等。在阅读过程中，希望大家也能注意这些问题。

课程大纲

第一讲　导言：介绍本大纲

第一部分：《地狱篇》与地上之城

第二讲　《地狱篇》1—4 歌
但丁的困惑和他眼中的古代世界

第三讲　《地狱篇》5—8 歌 66 行
命运、欲望与地上之城

第四讲　《地狱篇》8 歌 67 行—14 歌
狄斯城与暴力之罪

第五讲　《地狱篇》14—20 歌
奸诈之罪（一）

第六讲　《地狱篇》21—26 歌
奸诈之罪（二）

第七讲　《地狱篇》26—30 歌
奸诈之罪（三）

第八讲　《地狱篇》31—34 歌
背叛之罪与魔鬼

第二部分：《炼狱篇》与尘世政治的价值

第九讲　《炼狱篇》1—8 歌
意大利与君王之谷

第十讲　《炼狱篇》9—20 歌
爱与自由意志

第十一讲 《炼狱篇》21—33 歌
伊甸园与尘世生活的理想

第三部分：《天堂篇》与政治理想

第十二讲 《天堂篇》1—7 歌
罗马帝国与罗马法

第十三讲 《天堂篇》8—17 歌
五重天中的神圣与世俗

第十四讲 《天堂篇》18—23 歌
神鹰

第十五讲 《天堂篇》24—33 歌
天堂与罗马皇帝

参考书目

1. 但丁:《神曲》,黄国彬译,外语教学与研究出版社,2009。
2. 但丁:《论世界帝国》,朱虹译,商务印书馆,1985。
3. Robert Durling (ed. & trans.), *The Divine Comedy of Dante Alighieri* (3 vols) (Oxford University Press, 1996).

课程大纲
现代西方政治思想[①]

吴增定

教师介绍

吴增定,北京大学哲学系和外国哲学研究所教授。主要研究领域是现代德国哲学和政治哲学,已出版著作《尼采与柏拉图主义》(2005年)、《斯宾诺莎的理性启蒙》(2012年),此外还发表了多篇学术论文。

课程简介

本课程是几位教师合作开设的西方政治社会思想系列课程的第三部分(其他课程:李猛,"古代西方政治思想";吴飞,"中世纪西方政治思想";渠敬东,"现代西方社会思想")。本课程通过选择阅读早期现代西方思想经典,结合当代学者的研究,理解西方现代政治思想的历史起源和所应对的问题,思考西方现代性的思想发生机制及其内在困境。

课程大纲

第一讲 导论:现代性与现代政治
【阅读文本】
Pierre Manent, *The City of Man* (Princeton University Press, 1998).
【参考书目】
Alistair Edwards and Jules Townshend (eds.), *Interpreting Modern*

---
① 开课院系:哲学系。

Political Philosophy: From Machiavelli to Marx (Palgrave Macmillan, 2002).

【延伸阅读】

列奥·施特劳斯、约瑟夫·克罗波西编:《政治哲学史》,李天然译,河北人民出版社,1993。

第二讲 国家的获取与维持

【阅读文本】

尼科洛·马基雅维里:《君主论》,潘汉典译,商务印书馆,2009。

【参考书目】

阿尔瓦热兹:《马基雅维利的事业:〈君主论〉疏证》,贺志刚译,华东师范大学出版社,2009。

【延伸阅读】

Harvey C. Mansfield, *Machiavelli's Virtue* (The University of Chicago Press, 1996).

第三讲 共和国的自由及其败坏

【阅读文本】

尼科洛·马基雅维里:《论李维》,冯克利译,上海人民出版社,2005,第1卷第1—11章、第2卷1—4章、第3卷第1章。

【参考书目】

哈维·曼斯菲尔德:《新的方式与制度——马基雅维利的〈论李维〉研究》,贺志刚译,华夏出版社,2009。

【延伸阅读】

Christopher Celenza, *Machiavelli: A Portrait* (Harvard University Press, 2015).

第四讲 人的德性与命运

【阅读文本】

马基雅维里:《曼陀罗花》,徐卫翔译,上海人民出版社,2003。

【参考书目】

刘小枫、陈少明主编:《马基雅维利的喜剧》,华夏出版社,2006。
李猛:《马基雅维利的世界的轻与重》,载"思想与社会"编委会编:《现代政治与道德》,上海三联书店,2006。

【延伸阅读】

Christopher Celenza, *Machiavelli: A Portrait* (Harvard University Press, 2015).

·霍布斯：现代主权思想与绝对主义国家

第五讲　自然状态：自然权利与自然法
【阅读文本】

霍布斯:《利维坦》，黎思复、黎廷弼译，杨昌裕校，商务印书馆，1985，第一部分。

【参考书目】

Macpherson, *The Political Theory of Possessive Individualism: Hobbes to Locke* (Oxford University Press, 1962), pp.17-68.

【延伸阅读】

列奥·施特劳斯:《自然权利与历史》，彭刚译，生活·读书·新知三联书店，2009。

李猛:《导论：鲁滨逊的世界》，载李猛:《自然社会》，生活·读书·新知三联书店，2015。

第六讲　契约与主权
【阅读文本】

霍布斯:《利维坦》，黎思复、黎廷弼译，杨昌裕校，商务印书馆，1985，第二部分。

【参考书目】

Glen Newey, *Routledge Philosophy Guide Book to Hobbes and Leviathan* (Routledge, 2008).

【延伸阅读】

卡尔·施米特:《政治的概念》，刘宗坤等译，上海人民出版社，2004。

·洛克：自然权利与有限政府

第七讲　自然状态与财产
【阅读文本】

洛克:《政府论（下篇）》，叶启芳、瞿菊农译，商务印书馆，1964，第一章至第六章。

【参考书目】

Macpherson, *The Political Theory of Possessive Individualism: Hobbes to Locke* (Oxford University Press, 1962), pp.194−220.

【延伸阅读】

Richard Ashcraft, *Revolutionary Politics & Locke's Two Treatises of Government* (Princeton University Press, 1990).

第八讲　政府的起源和基础

【阅读文本】

洛克:《政府论（下篇）》，叶启芳、瞿菊农译，商务印书馆，1964，第七章至第十九章。

【参考书目】

Da Lloyd Thomas, *Routledge Philosophy Guidebook to Locke on Government* (Routledge, 1995).

【延伸阅读】

John Dunn, *The Political Thought of John Locke* (Cambridge University Press, 1969).

· 卢梭：平等主义的自由

第九讲　人的自然状态与历史

【阅读文本】

卢梭:《论人类社会不平等的起源和基础》，李平沤译，商务印书馆，2007。

【参考书目】

马斯特:《卢梭的政治哲学》，尚新建、黄涛译，华东师范大学出版社，2013。

【延伸阅读】

Judith N. Shklar, *Men and Citzens: A Study of Rousseau's Social Theory* (Cambridge University Press, 1969).

第十讲　公意与人民主权

【阅读文本】

卢梭:《社会契约论》，李平沤译，商务印书馆，2011，第一、二卷。

【参考书目】

马斯特:《卢梭的政治哲学》,尚新建、黄涛译,华东师范大学出版社,2013。

【延伸阅读】

Ethan Putterman, *Rousseau, Law and the Sovereignty of the People* (Cambridge University Press, 2010).

·康德:人的自然与自由的二律背反

第十一讲　道德法则的奠基

【阅读文本】

康德:《道德形而上学原理》,苗力田译,上海人民出版社,2002。

【参考书目】

Howard L. Williams, *Kant's Political Philosophy* (Palgrave Macmillan, 1986).

【延伸阅读】

汉娜·阿伦特:《康德政治哲学讲稿》,曹明、苏婉儿译,上海人民出版社,2013。

第十二讲　启蒙与永久和平

【阅读文本】

康德:《历史理性批判文集》,何兆武译,商务印书馆,1990。

【参考书目】

Howard L. Williams, *Kant's Political Philosophy* (Palgrave Macmillan, 1986).

【延伸阅读】

福山:《历史的终结及最后之人》,陈高华译,孟凡礼校,广西师范大学出版社,2014。

·黑格尔:现代自由及其实现

第十三讲　国家作为现代人的终极目的

【阅读文本】

黑格尔:《法哲学原理》,张企泰、范扬译,商务印书馆,1997,第三章。

【参考书目】

斯蒂芬·霍尔盖特:《黑格尔导论：自由、真理与历史》，丁三东译，商务印书馆，2013，第八章。

【延伸阅读】

鲍桑葵:《关于国家的哲学理论》，汪淑钧译，商务印书馆，2010。

第十四讲　绝对精神在历史中的自我实现

【阅读文本】

黑格尔:《历史哲学》，王造时译，上海书店出版社，2006，"绪论"。

【参考书目】

斯蒂芬·霍尔盖特:《黑格尔导论：自由、真理与历史》，丁三东译，商务印书馆，2013，第八章。

【延伸阅读】

洛苏尔多:《黑格尔与现代人的自由》，丁三东等译，吉林出版集团，2008。

课程大纲
公法与思想史①

章永乐

教师介绍

章永乐,北京大学法学院长聘副教授。北京大学法学学士(2002),美国 UCLA 政治学博士(2008)。著有《旧邦新造:1911—1917》(北京大学出版社 2011 年第一版,2016 年第二版)、《万国竞争:康有为与维也纳体系的衰变》(商务印书馆 2017 年版),编有《大国协调及其反抗者》(与魏磊杰合编,北京大学出版社 2018 年版)、The Constitution of Ancient China (与 Daniel A. Bell 合编,普林斯顿大学出版社 2018 年版),在中外学术刊物上发表论文数十篇,多种作品被翻译为法语、西班牙语、韩语等语种。

课程大纲

第一讲 课程导言
【内容提要】
Empire 的概念——研究"帝国理由"的必要性和意义——课程内容说明——学习方法

第二讲 马基雅维利:新的方式与制度
【内容提要】
中世纪法律思想传统与"正义战争"理论传统——马基雅维利的自

---
① 开课院系:法学院。

然观与机运观——对波利比乌斯"内外观"的突破——《君主论》中的"新增的君主国"——罗马帝国的扩张经验——佛罗伦萨共和国的帝国建构

【必读文本】

马基雅维利：《君主论·李维史论》，潘汉典、薛军译，吉林出版集团有限责任公司，2011，第 1-19、141-166、177-180 页。

【推荐阅读】

1. 马基雅维利：《论机运》，载马基雅维利：《马基雅维利全集 04：戏剧·诗歌·散文》，徐卫翔、刘儒庭、胡维译，吉林出版集团有限责任公司，2013。

2. 马基雅维利：《关于基亚纳谷地叛民的处理方式》《论小洛伦佐去世后佛罗伦萨的政务》，载马基雅维利：《马基雅维利全集 07：政务与外交著作（上下）》，王永忠译，吉林出版集团有限责任公司，2013。

3. Mikael Hornqvist, *Machiavelli and Empire* (Cambridge University Press, 2008).

4. 波考克：《德行、商业和历史》，冯克利译，生活·读书·新知三联书店，2012。

5. 哈维·曼斯菲尔德：《新的方式与制度——马基雅维利的〈论李维〉研究》，贺志刚译，华夏出版社，2009。

第三讲　征服美洲：西班牙帝国及其理论家

【内容提要】

西班牙帝国的扩张经历——维多利亚之前的帝国理论家提供的"帝国理由"——维多利亚的生平——维多利亚对常见的"帝国理由"的否定——维多利亚提供的新"帝国理由"——维多利亚的战争法论述

【必读文本】

Francisco de Vitoria, "On the American Indians," 载《维多利亚政治著作选（影印版）》，中国政法大学出版社，2003，第 239-292 页。

【推荐阅读】

1. 卡尔·施米特：《大地的法》，刘毅、张陈果译，上海人民出版社，2017，第 72-99 页。

2. 理查德·塔克：《战争与和平的权利：从格劳秀斯到康德的政治思想与国际秩序》，罗炯等译，译林出版社，2009，第 82-94 页。

3. José María Beneyto and Justo Corti Varela, *At the Origins of Modernity: Francisco de Vitoria and the Discovery of International Law* (Springer, 2017).

4. Charles Covell, *The Law of Nations in Political Thought: A Critical Survey from Vitoria to Hegel* (Palgrave MacMillan, 2009), pp. 27−39.

5. Ursula Vollerthun, *The Idea of International Society: Erasmus, Vitoria, Gentili and Grotius* (Cambridge University Press, 2017), pp. 70−105.

第四讲 讨论课

第五讲：荷葡争霸与"海洋自由论"的诞生

【内容提要】

荷兰的崛起道路 — 荷兰与葡萄牙争霸的经历 — 格劳秀斯的生平 — 《论捕获法》的写作 — "海洋自由论"的论证 — 与塞尔登《海洋闭锁论》的比较 — 与当代海洋法实践的比较

【必读文本】

格劳秀斯：《论海洋自由》，马忠法译，上海人民出版社，2013，第1—74页（尤其是第9—70页）。

【推荐阅读】

1. 理查德·塔克：《战争与和平的权利：从格劳秀斯到康德的政治思想与国际秩序》，罗炯等译，译林出版社，2009，第95—114页。

2. Martine Julia Van Ittersum, *Profit and Principle: Hugo Grotius, Natural Rights theories and the Rise of Dutch Power in the East Indies (1595—1615)* (Brill, 2006).

3. Charles Covell, *The Law of Nations in Political Thought: A Critical Survey from Vitoria to Hegel* (Palgrave MacMillan, 2009), pp. 51−63.

4. John Selden, *Of the Dominion or Ownership of the Sea* (The Lawbook Exchange, LTD, 2004).

第六讲 从海洋到陆地：《战争与和平法》

【内容提要】

荷兰殖民主义的进一步发展 — 《战争与和平法》两个版本"绪论"的对比 — 战争与法律的定义 — 合法的战争理由 — "人类共有物"观念

与殖民实践——自然法的惩罚权问题

【必读文本】

格劳秀斯:《战争与和平法(第一、二卷)》,弗朗西斯·W.凯尔西等英译,马呈元中译,中国政法大学出版社,2016—2018,第一卷"绪论"(第4-15页),第一章"什么是战争,什么是法律"(第34-48页);第二卷第一章"战争的理由:首先是保护自身及财产安全"(第1-20页),第二章"人类共有物"(第24-32页,第36-47页)。

【推荐阅读】

1. 理查德·塔克:《战争与和平的权利:从格劳秀斯到康德的政治思想与国际秩序》,罗炯等译,译林出版社,2009,第114-131页。

2. Charles Covell, *The Law of Nations in Political Thought: A Critical Survey from Vitoria to Hegel* (Palgrave MacMillan, 2009), pp. 51-63.

第七讲 自然状态与国际秩序:霍布斯的帝国理由

【内容提要】

英国与西班牙的争霸战争——霍布斯的生平及其与北美殖民事务的关联——对印第安人的认识——自然状态理论——与格劳秀斯的比较

【必读文本】

霍布斯:《利维坦》,黎思复、黎廷弼译,杨昌裕校,商务印书馆,1985,第92-132、153-161页。

【推荐阅读】

1. Charles Covell, *The Law of Nations in Political Thought: A Critical Survey from Vitoria to Hegel* (Palgrave MacMillan, 2009), pp. 63-73.

2. 理查德·塔克:《战争与和平的权利:从格劳秀斯到康德的政治思想与国际秩序》,罗炯等译,译林出版社,2009,第132-169页。

3. 李猛:《霍布斯的自然状态学说》,载李猛:《自然社会》第二章,生活·读书·新知三联书店,2015。

第八讲 劳动、殖民与大英帝国:洛克的帝国理由

【内容提要】

洛克的生平及其与北美殖民事务的关联——自然状态与北美殖民地镜像——财产权的出现,印第安人对土地的所有权问题——货币问题——

洛克对后世殖民理论与实践的影响

【必读文本】

洛克：《政府论（下篇）》，叶启芳、瞿菊农译，商务印书馆，1964，第 3-79 页（尤其是第 5 章）。

【推荐阅读】

1. 托马斯·莫尔：《乌托邦》，戴镏龄译，商务印书馆，1996，第 61、92-103 页。

2. James Tully, *An Approach to Political Philosophy: Locke in Contexts* (Cambridge University Press, 1993), pp. 137-178.

3. 理查德·塔克：《战争与和平的权利：从格劳秀斯到康德的政治思想与国际秩序》，罗炯等译，译林出版社，2009，第 199-215 页。

第九讲　讨论课

第十讲　"永久和平"的理想与现实

【内容提要】

《永久和平论》的写作背景 —"康德的霍布斯主义"— 三个层面的法律/权利的区分 — "共和"的观念 — 联盟的观念 — 全球公民的权利，对欧洲殖民主义的批判 — 商业与全球化 — "民主和平论"对康德理论的回收利用

【必读文本】

康德：《永久和平论》，何兆武译，上海人民出版社，2005，第 3-41 页。

【推荐阅读】

1. 理查德·塔克：《战争与和平的权利：从格劳秀斯到康德的政治思想与国际秩序》，罗炯等译，译林出版社，2009，第 248-268 页。

2. Anna Geis et al., *Democratic Wars: Looking at the Dark Side of Democratic Peace* (Palgrave Macmillan, 2006).

第十一讲　新共和帝国的诞生

【内容提要】

北美殖民者的扩张主义 — 印第安人的土地问题 — 帝国争霸视野中的北美独立战争 — 汉密尔顿的生平 —《联邦论》的结构与汉密尔顿的

贡献 — 否定商业共和国不好战 — 邦联瓦解的可能后果 — 常备军的意义 — 贸易，海军，税收 — 公民个体为本的联邦

【必读文本】

1. 亚历山大·汉密尔顿、詹姆斯·麦迪逊、约翰·杰伊：《联邦论》，尹宣译，译林出版社，2016，第22-27、38-42、43-49、50-63、69-78页。

2. 罗伯特·卡根：《危险的国家：美国从起源到20世纪初的世界地位》，社会科学文献出版社，2011，第1-44页。

【推荐阅读】

罗恩·彻诺：《汉密尔顿传》，张向玲、高翔、何皓瑜译，浙江大学出版社，2018。

亚当·斯密："论殖民地"，载《国富论》第4篇第7章，郭大力、王亚南译，商务印书馆，2015。

第十二讲　文明等级论的东亚回响

【内容提要】

明治维新的进程 — 福泽谕吉的生平 —《文明论概略》针对的观点 —《文明论概略》参考和模仿的欧美"文明"论述 — 智与德的问题 — 西方文明，日本文明与中国文明的关系 — 脱亚入欧论

【必读文本】

福泽谕吉：《文明论概略》，北京编译社译，商务印书馆，1998，第3—7章（第30-120页）。

【推荐阅读】

1. 基佐：《欧洲文明史》，程洪逵译，商务印书馆，2005。

2. 傅兰雅：《佐治刍言》，上海书店出版社，2002。

3. Henry Thomas Buckle, *History of Civilization in England* (D. Appleton and Company, 1884).

4. Martti Koskenniemi, *The Gentle Civilizer of Nations: The Rise and Fall of International Law 1870—1960* (Cambridge University Press, 2002), pp. 127-135.

5. 子安宣邦：《福泽谕吉〈文明论概略〉精读》，陈玮芬译，清华大学出版社，2010。

第十三讲　摧毁朝贡体系：以琉球问题为例

【内容提要】

朝贡体系的制度与伦理基础 — 脱离自然法传统的19世纪国际法体系之特征 — 日本对国际法的学习 — 琉球的"双重朝贡" — 西方列强与琉球的关系 — "牡丹社事件"与日本侵台 — 日本吞并琉球的理由 — 格兰特的干预与中日谈判 — 国际法体系与朝贡体系关系之反思

【必读文本】

1. 汪晖：《琉球与区域秩序的两次巨变》，载汪晖：《东西之间的"西藏问题"》，生活·读书·新知三联书店，2011，第207-260页。

2. Patrick Sze-lok Leung and Anthony Carty, "The Crisis of the Ryukyus (1877—1882): Confucius World Order Challenged and Defeated by Western/Japanese Imperial International Law," in *Morality and Responsibility of Rulers: European and Chinese Origins of a Rule of Law as Justice for World Order*, eds. Anthony Carty and Janne Nijman (Oxford University Press, 2018), pp. 360-385.

【推荐阅读】

1. 滨下武志：《近代中国的国际契机：朝贡贸易体系与近代亚洲经济圈》，中国社会科学出版社，2004，第27-50页。

2. Patrick Sze-lok Leung and Bijun Xu, "The Sino-Japanese War and the Collapse of the Qing and Confucian World Order in the Face of Japanese Imperialism," in *Morality and Responsibility of Rulers: European and Chinese Origins of a Rule of Law as Justice for World Order*, eds. Anthony Carty and Janne Nijman (Oxford University Press, 2018), pp. 413-433.

第十四讲　欧洲中心时代的终结

【内容提要】

法国大革命的冲击 — 维也纳会议 — 全球空间的重新划分 — 经典战争法 — 柏林会议与美日德的崛起 — 大国协调的破裂 — 国联的孱弱性 — 中国革命与民族解放的条件与经历

【必读文本】

卡尔·施米特：《大地的法》，刘毅、张陈果译，上海人民出版社，2017，第195-276页。

【推荐阅读】

1. 章永乐、魏磊杰编:《大国协调及其反抗者:佩里·安德森访华讲演录》,北京大学出版社,2018,第1—24页。

2. Stephen C. Neff, *War and the Law of Nations: A General History* (Cambridge University Press, 2005), pp.159–398.

课程大纲
哲学导论[1]

李 猛

教师介绍

李猛老师介绍见第173页,此处略。

课程简介

本课程的基本目的是通过研读柏拉图的《会饮》和《斐多》与笛卡尔的《第一哲学沉思》等哲学经典,探索哲学研究的基本方式,了解古代哲学和现代哲学的核心问题,初步完成基础的学术训练。

课程大纲

第一讲 引言:什么是哲学?

第二讲 柏拉图《会饮》(1)
爱的力量与律法(198a-212c)

【作业1】
概括《会饮》前五位发言人的观点。本次课前一天18点前提交。

第三讲 柏拉图《会饮》(2)
爱的阶梯(198a-211c)

---

[1] 开课院系:哲学系。

第四讲　柏拉图《会饮》（3）
阿尔西比亚德与苏格拉底（212c-223d）

【论文1】
阿尔西比亚德对爱欲和哲学的理解与苏格拉底有何异同？本次课前一天18点前提交，3000字。

第五讲　柏拉图《斐多》（1）
开篇与第一个证明（57a-72e）

第六讲　柏拉图《斐多》（2）
第二次和第三次证明（72e-84b）

【作业2】
梳理《斐多》第二、三次证明的论证思路、哲学前提和基本困难。本次课前一天18点前提交。

第七讲　柏拉图《斐多》（3）
哲学的次航（84c-107b）

第八讲　柏拉图《斐多》（4）
最后的证明与古代形而上学（102a10-107b）

【论文2】
请讨论苏格拉底的第四次证明与其哲学"次航"的关系。11月4日20点前提交，5000字。

【参考阅读】
亚里士多德：《形而上学》第二卷；《物理学》第二卷

第九讲　柏拉图《斐多》（5）
哲学与神话（107c-118）

第十讲　笛卡尔《第一哲学沉思》
第一沉思：普遍怀疑

【作业3】
比较第一沉思与《谈谈方法》第四部分的怀疑步骤和结构。本次课前一天18点前提交。

第十一讲　笛卡尔《第一哲学沉思》

第二沉思：我在

第十二讲　笛卡尔《第一哲学沉思》

第三沉思：从我思到上帝

【作业4】

比较笛卡尔建立我在与上帝存在的不同方式，勾勒第二沉思到第三沉思的论证结构。本次课前一天18点前提交。

第十三讲　笛卡尔《第一哲学沉思》

第四沉思：真理与错误的性质

第十四讲　笛卡尔《第一哲学沉思》

第五沉思：数学与事物的本质

【论文3】

笛卡尔如何证明真理的一般规则？下次课前两天24点前提交，4000~5000字。

第十五讲　笛卡尔《第一哲学沉思》

第六沉思：回到世界中

参考书目

一、教学书目

1.《会饮》和《斐多》

中译本：柏拉图：《柏拉图对话集》，王太庆译，商务印书馆，2004。

柏拉图：《会饮篇》《裴洞篇》，王太庆译，商务印书馆，2013。

希腊文本：《会饮》和《斐多》均依据 Oxford 希腊文本系列。

John Burnet (ed.), *Platonis Opera* (Oxford University Press, 1900).

也可使用剑桥希腊—拉丁文本系列。

Plato, *Symposium*, ed. Kenneth Dover (Cambridge University Press, 1980).

Plato, *Phaedo*, ed. C. J. Rowe (Cambridge University Press, 1993).

或 John Burnet, *Plato's Phaedo* (Oxford, 1911)。

希英对照本可以参考洛卜（Loeb）丛书本。

英译本：Plato, *Plato's Symposium*, trans. Seth Benardete, comm. Allan Bloom and Seth Benardete (Chicago: The University of Chicago Press, 2001).

Plato, *Phaedo*, trans.and noted by David Gallop (Clarendon, 1975).

2.《第一哲学沉思》

中译本：笛卡尔：《第一哲学沉思集》，庞景仁译，北京：商务印书馆，1996。

拉丁文本：Charles Adam and Paul Tannery (eds.), *Oeuvres de Descartes*, rev. ed. (Vrin/ CNRS, 1964—1976).

英译本：René Descartes, *Meditations on First Philosophy*, trans. John Cottingham, in *The Philosophical Writings of Descartes* (Vol II) (Cambridge University Press, 1985).

二、参考文献

1. 柏拉图：《柏拉图四书》，刘小枫编译，生活·新知·读书三联书店，2015。

2. 柏拉图：《苏格拉底的申辩（修订版）》，吴飞译疏，华夏出版社，2017。

3. 柏拉图：《理想国》，郭斌和、张竹明译，商务印书馆，1986。

4. 柏拉图：《理想国》，顾寿观译、吴天岳校，岳麓书社，2010。

5. John M. Cooper (ed.), *Plato: Complete Works* (Hackett, 1997).

6. 布鲁姆：《爱的阶梯——柏拉图的〈会饮〉》，秦露译，华夏出版社，2017。

7. 莱舍等编：《爱之云梯：柏拉图〈会饮〉的解释与回响》，梁中和等译，中国人民大学出版社，2018。

8. David Bostock, *Plato's Phaedo* (Oxford University Press, 1993).

9. 笛卡尔：《谈谈方法》，王太庆译，商务印书馆，2000。

10. René Descartes, *Discourses*, in *The Philosophical Writings of Descartes*, Vol I, trans. by John Cottingham, Robert Stoothoff and Dugald Murdoch (Cambridge University Press, 1985).

11. 哈特菲尔德:《笛卡尔与〈第一哲学沉思集〉》,尚新建译,广西师范大学出版社,2007。

12. Harry Frankfurt, *Demons, Dreamers and Madmen* (Princeton University Press, 2008).

13. Edwin Curley, *Descartes against the Skeptics* (Harvard University Press, 1978).

14. Margaret Wilson, *Descartes* (Routledge, 1978).

考核方式

本科生讲授课加小班讨论。选课同学须按时完成大纲规定的作业（在规定时间前提交到教学网，并在课堂上提交纸质版作业，作业要求在2000字以下，论文参照大纲具体规定），同时要求参加哲学导论讨论班每周的讨论。期末闭卷考试。总成绩由平时成绩（45%，包括作业和论文的成绩）、讨论班表现（15%）和期末考试成绩（40%）构成。

课程大纲
理想国[①]

吴 飞

教师介绍

吴飞老师介绍见第181页,此处略。

课程简介

本课将带领同学精读古希腊哲学家柏拉图的名著《理想国》。希望同学们首先对文本中的基本问题有清晰的了解,逐渐学会对相关哲学问题,如正义、灵魂、不朽、样式的实质性思考。

每位同学需要课前认真阅读指定材料,讲授课上认真听讲,每周参加小班讨论。提交三篇论文。

课程大纲

第一讲

导言:苏格拉底之死与《理想国》

参考:柏拉图《苏格拉底的申辩》《第七封信》;阿里斯托芬《云》

第二讲

对话开场;凯帕洛的晚年生活;苏格拉底同波策马尔科的对话

第一卷开头至336b1

---

① 开课院系:哲学系。

第三讲
"正义就是强者的利益"——特拉需马科的正义定义；苏格拉底对特拉需马科的考察；格劳孔兄弟的挑战

第一卷读完

第二卷至358e1

第四讲
大字与小字；健康的城邦到发烧的城邦；护卫者的教育（一）

第二卷余下的内容读完

第三卷至401d4

第五讲
护卫者的教育（二）

第三卷读完

第六讲
阿黛依曼特的不满：城邦幸福与个人幸福；城邦的德性；灵魂的三分结构

第四卷至445a1

第七讲
三个浪头（一）男女平等；共产共妻

第四卷读完

第五卷至457c5

交第一次论文

第八讲
三个浪头（二）哲学家王的统治

第五卷读完

第九讲
哲学家的天性与败坏

第六卷至500c1

第十讲
太阳喻与线段喻

第六卷读完

第十一讲
洞喻
第七卷至521c1
交第二次论文

第十二讲
灵魂的转向
第七卷读完

第十三讲
城邦与灵魂的败坏（一）
第八卷

第十四讲
城邦与灵魂的败坏（二）
第九卷

第十五讲
重提模仿问题；苏格拉底的神话
第十卷
交第三次论文

教材与参考书目

一、中译本
柏拉图：《理想国》，顾寿观译、吴天岳校，岳麓书社，2010。
柏拉图：《理想国》，郭斌和、张竹明译，商务印书馆，1986。
柏拉图：《理想国》，王扬译注，华夏出版社，2017。

二、希腊文本
Plato, *Platonis Rempublicam*, trans. S. R. Slings (Oxford University Press, 2003).

三、英译本
Plato, *The Republic of Plato*, trans. Allan Bloom (Basic Books, 1991).

课程大纲
国外社会学学说（上）①

孙飞宇

教师介绍

孙飞宇，北京大学社会学系教授。本科毕业于北京大学社会学系，2004年获得北京大学社会学系硕士学位；2005年至2010年于加拿大约克大学社会与政治思想（Social and Political Thought）学习，获得博士学位。主要研究方向为西方社会学理论史、经典精神分析（Classical Psychoanalysis）理论及现象学—诠释学（Phenomenological Hermeneutics）社会理论。2011年起任教于北京大学社会学系，开设本科生课程"国外社会学学说（上、下）""弗洛伊德与精神分析"。

课程简介

本门课程分为上、下两部分，上部分主要集中于经典时代（20世纪30年代以前）社会学理论的核心人物、重要著作和关键概念，有选择地梳理社会学理论自创建学科到第一次世界大战结束的发展脉络、问题意识和理论特色。通过教师讲授与文本精读的方式，培养学生基本的社会学经典著作阅读能力。

---

① 开课院系：社会学系。

课程大纲

第一讲　开场白：在此时、此地学习国外社会学学说
Education, Sociology & Canon: A Theory on Sociological Theory's Histories
　　及：启蒙运动、现代性与现代社会理论的兴起
Enlightenment, Modernity and the Emergence of Social Theory

第二讲　卢梭 /Rousseau：社会契约论；爱弥儿

第三讲　托克维尔 /Alexis de Tocqueville：论美国的民主；旧制度与大革命

第四讲　孔德、斯宾塞 /Auguste Comte & Herbert Spencer

第五讲　涂尔干 /Emile Durkheim Ⅰ：自杀论；社会学方法的准则

第六讲　涂尔干 /Emile Durkheim Ⅱ：社会分工论；职业伦理与公民道德

第七讲　涂尔干 /Emile Durkheim Ⅲ：宗教生活的基本形式；原始分类

第八讲　马克斯·韦伯 /Max Weber Ⅰ：社会学基本概念；社会科学方法论

第九讲　马克斯·韦伯 /Max Weber Ⅱ：宗教社会学

第十讲　马克斯·韦伯 /Max Weber Ⅲ：政治社会学

第十一讲　弗洛伊德 /Sigmund Freud：精神分析引论

第十二讲　弗洛伊德 /Sigmund Freud：群体心理学与自我的分析；图腾与禁忌

第十三讲　弗洛伊德 /Sigmund Freud 文明及其不满；摩西与一神教

第十四讲　滕尼斯 /Ferdinand Tonnies

第十五讲　齐美尔 / Georg Simmel

参考书目

1. 乔治·瑞泽尔等：《古典社会学理论》第 4 版影印本，北京大学出版社，2004 年。［代教材］

2—9 为推荐的参考教材，10—11 为拓展的参考史论

2. 史蒂文·塞德曼：《有争议的知识——后现代时代的社会理论》，刘北成等译，中国人民大学出版社，2002。［全年适用，作者批判立场明显，愿者上钩］

3. 柯林斯、马科夫斯基：《发现社会之旅——西方社会学思想述评》，李霞译，中华书局，2006。［全年适用］

4. 杨善华、谢立中主编：《西方社会学理论 上卷》，北京大学出版社，2005。［本系编写，按人分章］

5. 刘易斯·科瑟：《社会思想名家》，石人译，上海人民出版社，2007。［本身为社会理论名家名著，讲述思想家的生平、学说、时代与受众关系］

6. 雷蒙·阿隆：《社会学主要思潮》，葛智强等译，上海译文出版社，1988。［本身为社会理论名家名著］

7. 吉登斯：《资本主义与现代社会理论》，郭忠华等译，上海译文出版社，2007。［本身为社会理论名家名著，有北大出版社英文影印本对照］

8. 乔纳森·特纳等：《社会学理论的兴起》，侯均生等译，天津人民出版社，2006。［美国特色的经典时代社会学理论教科书］

9. 周晓虹：《西方社会学历史与体系（第一卷）》，上海人民出版社，2002。［国内学者比较清晰全面的一部汇编之作］

10. 瑞泽尔主编：《布莱克维尔社会理论家指南》，凌琪等译，江苏人民出版社，2009。［观点前沿，视野广阔，形式活泛，注意翻译］

11. 约翰·麦克里兰：《西方政治思想史》，彭淮栋译，海南出版社，2003。［社会理论形成前及经典时代重要社会政治思想背景，译笔精美］

考核方式

平时测试（10%）+ 期中、期末读书报告（20%）+ 期末闭卷考试（70%）。

期中和期末各交一篇5页左右的读书报告，在本学期所教授著作中任选一种作为主题。各10分，共20分。如果要写该范围以外的作品，则要求与本课程所讲授内容有关联。

一、推荐参考教材与相关参考史论

1. 塞德曼：《有争议的知识——后现代时代的社会理论》，刘北成等译，中国人民大学出版社，2002。

2. 兰德尔·柯林斯、迈克尔·马科夫斯基：《发现社会——西方社会学思想述评（第八版）》，李霞译，商务印书馆，2014。

3. 杨善华、谢立中主编：《西方社会学理论（上卷）》，北京大学出版社，2005。

4. 刘易斯·科瑟：《社会思想名家》，石人译，上海人民出版社，2007。

5. 雷蒙·阿隆：《社会学主要思潮》，葛智强等译，上海译文出版社，1988。

或雷蒙·阿隆：《社会学主要思潮》，葛智强等译，上海译文出版社，1999。

6. 吉登斯：《资本主义与现代社会理论》，郭忠华等译，上海译文出版社，2007。

7. 乔纳森·特纳等：《社会学理论的兴起（第五版）》，侯均生等译，天津人民出版社，2007。

8. 周晓虹：《西方社会学历史与体系（第一卷）》，上海人民出版社，2002。

9. 瑞泽尔主编：《布莱克维尔社会理论家指南》，凌琪等译，江苏人民出版社，2009。

10. 约翰·麦克里兰：《西方政治思想史（上、下册）》，彭淮栋译，中信出版社，2014。

二、推荐原著和二手研究

（一）托克维尔

11. 托克维尔：《论美国的民主》，董果良译，商务印书馆，1988。
12. 托克维尔：《旧制度与大革命》，冯棠译，商务印书馆，1992。

（二）卢梭

13. 卢梭：《爱弥儿》，李平沤译，商务印书馆，1978。
14. 卢梭：《社会契约论》，李平沤译，商务印书馆，2011。

（三）韦伯

15. 马克斯·韦伯：《学术与政治》，钱永祥等译，广西师范大学出版社，2004。
16. 马克斯·韦伯：《学术与政治》，冯克利译，生活·读书·新知三联书店，2006
17. 马克斯·韦伯：《新教伦理与资本主义精神》，于晓、陈维刚等译，生活·读书·新知三联书店，1988。
18. 马克斯·韦伯：《新教伦理与资本主义精神》，康乐等译，广西师范大学出版社，2007。
19. 马克斯·韦伯：《中国的宗教·宗教与世界》，康乐、简惠美译，广西师范大学出版社，2004。
20. 本迪克斯：《马克斯·韦伯思想肖像》，刘北成译，上海人民出版社，2002。

（四）涂尔干

21. 涂尔干：《社会分工论》，渠东译，三联书店，2000。
22. 涂尔干：《宗教生活的基本形式》，渠东、汲喆译，上海人民出版社，1999。
23. 涂尔干：《职业伦理与公民道德》，渠东、付德根译，上海人民出版社，2001。
24. 涂尔干：《教育思想的演进》，李康译，上海人民出版社，2003。
25. 迪尔凯姆：《社会学方法的准则》，狄玉明译，商务印书馆，1995。
26. 迪尔凯姆：《自杀论》，冯韵文译，商务印书馆，1996。

（五）齐美尔

27. 西美尔：《金钱、性别、现代生活风格》，刘小枫编，顾仁明译，李猛、吴增定校，学林出版社，2000。

28. 齐美尔：《社会是如何可能的——齐美尔社会学文选》，林荣远译，广西师范大学出版社，2002。

29. 陈戎女：《西美尔与现代性》，上海书店出版社，2006。

30. 成伯清：《格奥尔格·齐美尔——现代性的诊断》，杭州大学出版社，1999。

（六）弗洛伊德

31. 弗洛伊德：《一个幻觉的未来》，杨韶刚译，华夏出版社，1999。

32. 弗洛伊德：《图腾与禁忌》，赵立玮译，上海人民出版社，2005。

33. 弗洛伊德：《精神分析引论》，高觉敷译，商务印书馆，1987。

34. 弗洛伊德：《精神分析引论新编》，高觉敷译，商务印书馆，1987。

35. 弗洛伊德：《论宗教》，王献华、张敦福译，国际文化出版公司，2007。

课程大纲
国外社会学学说（下）

李 康

教师介绍

李康，北京大学社会学系副教授。长期教授社会学理论和历史社会学等课程，出版译作二十多部，曾获2017年北大教学优秀奖，2019年北大教学卓越奖。

课程简介

"国外社会学学说"课程分上（古典部分）和下（现当代部分）两个学期，旨在让学生初步了解自社会学学科形成前后至今的核心问题意识的演变脉络，以教师有所选择的一些重要思想家或主要流派为各讲框架，凸显基本学说与时代背景之间的关联，培养学生对现代社会运行机制与社会个体生存状况之间相互作用的思考能力，更注重对抽象理论思辨与日常生活体验之间相互建构的体察领悟。

课程大纲

第一讲
齐格蒙特·鲍曼 Zygmunt Bauman I（上）现代性 Modernity

---
① 开课院系：社会学系。

第二讲

塔尔科特·帕森斯 Talcott Parsons I

第三讲

塔尔科特·帕森斯 Talcott Parsons II

【自学】结构功能主义 Structural Functionalism（罗伯特·默顿 Robert Merton）VS 冲突理论 Conflict Theory（刘易斯·科塞 Lewis Coser、拉尔夫·达伦多夫 Ralf Dahrendorf）

第四讲

乔治·赫伯特·米德 George Herbert Mead；符号互动论 Symbolic Interactionism

第五讲

欧文·戈夫曼 Erving Goffman

第六讲

常人方法学 Ethnomethodology（哈罗德·加芬克尔 Harold Garfinkel）

第七讲

交换理论 Exchange Theory：乔治·霍曼斯 George Homans、彼得·布劳 Peter Blau

第八讲

法兰克福学派 Frankfurt School

（Horkheimer/Adorno/Fromm/Marcuse/Benjamin…）

第九讲

尤尔根·哈贝马斯 Jürgen Habermas

【自学】安东尼·吉登斯 Anthony Giddens

第十讲

皮埃尔·布迪厄 Pierre Bourdieu

第十一讲

诺贝特·埃利亚斯 Norbert Elias

第十二讲
米歇尔·福柯 Michel Foucault

第十三讲
让·鲍德里亚 Jean Baudrillard

第十四讲
齐格蒙特·鲍曼 Zygmunt Bauman
后现代性与流变的现代性 Post-Modernity & Liquid Modernity

第十五讲
女性主义社会理论极简概介 A Very Short Introduction to Feminist Social Theories

参考书目

注：各理论家原著中译本和二手研究层出不穷，请自行查询，教师在各讲讲授时会做大致介绍，欢迎个别咨询。社会学系图书馆网页所列教参只是教师认为初学者较易产生兴趣、不至于太难理解且译文基本可读的。

一、推荐教材（按人物专章讲授）

1. 刘少杰主编：《国外社会学理论》，高等教育出版社，2006。［传统教材编排］

2. 杨善华、谢立中主编：《西方社会学理论（下卷）》，北京大学出版社，2006。

3. 贾春增主编：《外国社会学史（第三版）》，中国人民大学出版社，2008。［第八至十三章］

4. 刘少杰：《后现代西方社会学理论（第二版）》，北京大学出版社，2014。

二、推荐史论（按范畴流派勾绘）

5. 塞德曼：《有争议的知识——后现代时代的社会理论》，刘北成等译，中国人民大学出版社，2002。［全年适用，注重院外思潮，作者

批判立场明显，文气恣肆，校勘错误较多〕

6. 兰德尔·柯林斯、迈克尔·马科夫斯基：《发现社会——西方社会学思想述评（第八版）》，李霞译，商务印书馆，2014。〔全年适用，文笔活泼〕

7. 华莱士、沃尔夫：《当代社会学理论——对古典理论的扩展》，刘少杰等译，中国人民大学出版社，2008。

8. 乔治·瑞泽尔：《现代社会学理论（双语第 7 版）》，北京联合出版公司，2018。

9. 乔治·瑞泽尔：《当代社会学理论（双语第 3 版）》，北京联合出版公司，2018。

三、进阶阅读（供深入扩展阅读）

10. 沃特斯：《现代社会学理论》，杨善华、李康等译，华夏出版社，2000。〔以核心概念为主线串讲〕

11. 希林、梅勒：《社会学何为——社会道德生活的基本形式》，李康译，北京大学出版社，2009。〔全年适用，凸显社会学理论思维的道德、规范维度，稍难〕

12. 米尔斯：《社会学的想象力》，李康译，北京师范大学出版社，2016。〔涉及现代社会学理论核心讨论〕

13. 布尔迪厄、华康德：《反思社会学导引》，李猛、李康译，商务印书馆，2016。〔涉及当代社会学理论和方法论核心讨论〕

14. 吉登斯：《社会的构成》，李康、李猛译，中国人民大学出版社，2016。〔涉及当代社会学理论和方法论核心讨论〕

15. 基思·特斯特：《后现代性下的生命与多重时间》，李康译，上海文艺出版社，2020。〔推荐学完后回头再看〕

16. 伊恩·伯基特：《社会性自我》，李康译，北京大学出版社，2012。〔推荐学完后回头再看〕

17. 布赖恩·特纳：《Blackwell 社会理论指南》，李康译，上海人民出版社，2003。〔通向硕博学习〕

18. 吉拉德·德朗蒂编：《当代欧洲社会理论指南》，李康译，上海人民出版社，2009。〔视角宽广，通向硕博学习〕

三、通识教与学

助教心得
从一次教学改进看通识教育[①]

李宇恒

不知不觉，这已是第三次做助教了。三个学期里，选课的学生各不相同，朱老师的授课内容也有区别，但是，通识教育的目的始终如一。虽说我在第一次的课程报告中比较详细地叙述了对通识教育的理解，在第二次的课程报告中主要分析了学校现有的通识教育概括，但是这次才真正有点明白通识教育的真谛。

促使我更加理解通识教育的主要因素是朱老师在本学期课程中做出的多次教学改进。为了更加符合学校对核心通识课的要求，为选课学生创造一切条件加深对文艺复兴的了解和认识，朱老师付出了更多的时间和精力。

第一，由于选课人数较少，更适合进行小班讨论教学，于是朱老师特意申请，将上课地点从理教大教室换成文史楼的小教室。这样每次上课就和研究生的讨论课一样，赋予了学生的课程主体地位，给予他们更多表达自己观点、与同学和老师一起交流思想的机会。每次课程中，朱老师都会和同学互动，有时是比较专业的问题讨论，例如12世纪文艺复兴和16世纪文艺复兴观点之争，市民人文主义的特点表现，等等；有时则是比较生活化的问题，但又体现了每位同学的价值判断和信念理想，例如男生选择女朋友时最看重的一点是什么，又如同学们的梦想是什么，等等。教室的变动虽然只是形式上的改变，而且看似微不足道，可这一改动对整个课程效果的影响非常大。本科小班教学是学校一直提倡的教学方式，这也是国外许多名校采取的

[①] 课程名称：文艺复兴名著选读；本文作者所在院系：历史学系。

教学方式，在推动同学间互相促进、师生间互动答疑方面发挥了积极作用。特别是学生和老师围坐一桌，面对面交流时气氛、效果都非常好。

第二，在吸取前两次课程的教学建议的基础上，本次课程特别强调读名著这件事，朱老师和助教在每节课前都会认真选好下节课的阅读材料，并且打印成册，分发到每一位选课同学手中。这些材料都是严格按照大纲所列著作，每本书节选100页左右，同时印发作者简介和中译者导言，如此能让学生在了解时代背景、作者经历后更好地理解文艺复兴不同时期的作品思想和风格。阅读100页中文需2小时左右，每周课程需要学生平均阅读400页左右，学生需要课下8小时才能读完。这样的阅读分量可能对一般学生来说有点重，可是只有读过当时作者写的文字，才能对老师所讲的内容有感觉，才能真正开启了解文艺复兴的大门。有时，考虑到学生时间有限，除了布置课下阅读页数外，还会在课堂上留出10~20分钟左右的时间给学生专门阅读名著，保证每位学生都读过名著原典。剩余时间则是同学们说一下读后的感受，彼此分享、讨论，同时，老师参与其中，从宏观角度介绍学术动态、著作的历史影响，绝对不是满堂灌的"填鸭式"教学。在本次课程中，每位选课学生都在课堂上发过言，同时，一半以上的同学精心做了读书报告。在每次发言和报告结束后，我都能感受到思想碰撞的火花，能感受到大部分同学认真读书、思考的成果。

第三，为了给学生创造感受历史、感受文艺复兴的机会，朱老师和助教搜集相关信息，不论是音乐会、舞蹈演出，还是电影、展览，都想带学生一起参与。毕竟，"纸上得来终觉浅，绝知此事要躬行"。但是，本学期由于学生统一时间较困难，加之与文艺复兴相关的文艺活动较少，只举办了一次课外实践活动。2015年5月初，助教和选课学生一起去国家博物馆看展览。因为时值著名的"大英博物馆100件文物中的世界史"展览和"创意改变生活——意大利艺术设计展"在北京举办，虽然有空参与的同学只有六七个，但是看完后他们都表示获益匪浅。其中，前一个展览按照时间顺序共分八个单元，而第六单元"变革与调整（900—1550）"和第七单元"邂逅与联结（1500—1800）"的时间段和文艺复兴（1350—1700）相符，通过所展物品，同学们能更直接地感受文艺复兴运动，以及与文艺复兴运动交错的宗教改革运动。展览结束交流时，有几位同学一致表示对第78件展品《宗教改革百年纪念宣传画》印象特别深刻，画面两侧形成了鲜明对比，左侧是路德拿着夸大的鹅毛笔写出"Vom Ablss"（论"豁免权"或"赎罪券"），这支笔延伸到画面中央，穿过了一头标着"教皇利奥五世"字样的狮子脑袋，并且戳掉了教皇的冠冕；右侧是路德借着从天堂射下的一束光阅读《圣经》，领受上帝赐予的福泽，而这并不发生在教堂内。对于意大利艺术设计展，展览按照主题分类分为11个单元。这个展厅很小，陈设的品种也都以创意和实用为主，同学们印象比较深的是出现在电影《罗马假日》里的小摩托车，以及其他几辆类似的车型。我印象最深的是，展品简介是中文和意大利文双语组成。由于这些展品来自98位意大利知名设计师之手，不论是外形还是其中体现的理念都对学生直接了解意大利文化有所帮助。博物馆教育、展览教育近些年逐渐凸显，这种寓教于乐的方式也颇得学生及家长的喜爱，对于大学生而言，这种教育方式也很有效。

第四，为了激励课程中表现优异的同学，朱老师和历史学系领导申请资助印发学生优秀论文选集。从本门课程和朱老师开设的另外两门课程中，共选出20篇优秀论文，排版印刷成册后分发到每个选课学生手里。

毕竟一学期18节课36小时着实短暂，但是这门课程中朱老师的辛劳付出、我所做的微薄工作的终极目标都是让学生对文艺复兴这个领域产生兴趣，加深对通识教育的感受。每次课程都有收获特别大、论文质量特别高的学生，也都有表现平平的学生。同样的老师教授同一门课程，发给他们同样的教材，但是最终决定他们收获和成长的是对课程的态度。这也是通识教育给予学生最大自主权后的成效。积极主动的学生脱颖而出，而且我相信他们在日后的学习中会更杰出，而消极被动的学生可能只是为了修学分而来，没有太多参与的热情。

总之，我在做助教的过程中获益匪浅，除了和朱老师再次学习文艺复兴史外，还从几位优秀的同学身上学到了很多。例如，阿拉伯语专业的同学写论文、做报告都会和所学专业联系起来，选题还特别新颖，参考资料几乎都是外文。又如，阅读量、思考质量、论文质量都很高的尚闻一同学,参考文献如果有英文的,就不会用中文的,并且在每篇论文中都会详尽系统地梳理学术史。忽然想,每学期的最后一课,让学生们互相说一个从对方身上看到的优点,以及自己需要改进的地方,是不是能更有利于达到通识教育的目标呢?

学生感言
"以苦为师"[1]

尚闻一

朱孝远老师的"文艺复兴名著选读"课程以这样一句话开头:"以苦为师。"我想,这句话能够相当程度上反映朱老师的这门课程。

文艺复兴史的讲授有着天然的难度。瑞士史学家布克哈特在他的不朽名著《意大利文艺复兴时期的文化》里,将文艺复兴的时代特征概述为"人的发现与世界的发现",以"人文主义""理性主义""世俗主义""个人主义"去彰显此岸的价值,张扬"人"的光辉。这些宏大到几乎堪称包罗万象的主题,是文艺复兴这个波澜壮阔的时代的主旋律,因此也是文艺复兴史研究中不容回避的问题。另一方面,文艺复兴史研究的对象又涵盖了人文学科的诸多领域(实际上,现代人文学科体系本就以文艺复兴学者的主张为渊源),早期人文主义者如但丁、彼得拉克是文学史上璀璨夺目的星辰,文艺复兴黄金时代的代表人物如达·芬奇、米开朗琪罗是艺术史里巧夺天工的巨匠,晚期人文主义者如马基雅维利更是开政治哲学之先声。所以,在短短一个学期十余次课程里,如何尽可能全面而又深入地呈现文艺复兴史的恢宏主题与多重面相,成了这门课程必须解决的问题。

朱老师对此的解答是:回到文献。在学习文艺复兴史时,朱老师非常强调对于文本的回归,因为这是一切历史研究的基点。课程推荐书目列表里异常丰富的文献,涵盖了文艺复兴从早期人文主义、市民人文主义到晚期人文主义者的各种经典论著,又包括了近现代学者对于这些经典论著的精彩评述。将文艺复兴这段在欧洲历史上具有划时代意义的历

---

[1] 课程名称:文艺复兴名著选读;本文作者所在院系:信息管理系。

史的样貌以一个尽量全面的方式涵盖下来,将其中的各个阶段、各种思想串联在一起的,就是文艺复兴时期的经典名著。对列表中的文献尽可能地博采无疑需要花费大量的努力,但阅读这些经典著作本就是口齿噙香,而在阅读后回望,无疑更会让人觉得这一过程中的每一分努力都不曾虚付。

作为一门历史学课程,"文艺复兴名著选读"课程里对文献的强调,又始终不离历史学研究中对历史背景的关照。朱老师在带领我们阅读文献时,风格有别于哲学等学科那种对每一个字和概念不厌其深的探讨,而更多的是去阐释和解读其政治史、思想史背景与影响(这一思路,与朱老师在美国念博士时的导师的导师——著名文艺复兴学者汉斯·巴伦在针对市民人文主义的论述中,关注米兰公爵吉安加莱佐·维斯康提1402年对佛罗伦萨的侵略是相通的),并从晚近学者的论述中引领我们进行进一步的思考。在这一过程中,学生不仅能够对文艺复兴产生更为深入的理解,而且还能获得对人文学科学术研究的初步感受。

朱老师的风格并不严厉,他有着江南才子的闲雅与从容。朱老师的重点研究方向曾经历从宗教改革到文艺复兴的转变,我斗胆揣想,这或许与他的这种性格不无关联。他上课的风格如同讲述故事一般娓娓道来,更是在课程进入讨论课阶段之后将课堂的大部分时间交给学生。他会播放他担任主讲的央视纪录片,会像讲述邻家少年的故事那样描绘但丁和碧雅翠丝、彼得拉克与劳拉的爱情故事,也会带着一种高屋建瓴的深度去论述文艺复兴的成因与界定。他对于萨沃纳罗拉等人的论断,我印象极深:"在体制外的人,像萨沃纳罗拉、闵采尔、海尔高特都死掉了。但是在体制内改变的人,不会成为一代宗师。"在讨论课的时候,学生们可以自由发言,对自己的读书报告或是历史感想进行交流,大家在思想激荡之中获得对历史问题的深入认知。

在阅读的基础上,我按照老师的要求撰写了三篇读书报告。这三篇读书报告中,一篇以一手文献文艺复兴法国女作家皮桑的《妇女城》为对象,试图说明这一作品中内蕴的女性主义倾向是带有矛盾与挣扎、戴着锁链的自由之音;另两篇则分别关注早期人文主义者薄伽丘到市民人文主义者布鲁尼对但丁解读的视角转变,以及美国学者哈斯金斯提出的"12世纪文艺复兴"这一概念,并在后者的基础上撰写了最终的课程论文，探讨"12世纪文艺复兴"这一概念在神学转变与文明交融中的意义。由于我不懂拉丁文，一手材料阅读的仅仅是译本，这些初步的想法无疑是十分稚拙的，但在阅读、思考并尝试表达的过程中，对于文艺复兴史的认识却也有了长足的进展。撰写论文期间，也曾多次向朱老师请教，朱老师耐心的指导和深刻的评点，更是让我十分感念。

如果说对这门课程有什么建议的话，我想应当是对于课程大纲的执行。老师固然并不一定要严格按照大纲去推进，但由于朱老师的风格有一种"随性"的味道，所以有时候会出现对文艺复兴各个阶段的时间分配难以均衡的情况。毕竟一个学期的课时非常有限，如果能够将各个主题较严格地执行时间的分配，可能课程能够涵盖更多的内容，有更合理的节奏。

朱孝远老师的"文艺复兴名著选读"是一门极有意义的"虐课"。个人以为，在经历了大量的文献阅读、笔记撰写、思想交流之后，同学们就会发现，自己对于文艺复兴这一时代的理解，客观上重塑了自己对于文学与哲学的认知，自己的治学水准也有所进益。在一学期的阅读、思考并尝试组织自己的见解后，其体验定然如同伏尔泰对于文艺复兴时期的意大利所形容的那样——"从朦胧到光明"。

助教心得
从尼采阅读浅谈人文经典教学[①]

金一苇

对于人文类的通识教育而言，一方面，我们并不预设选修的同学有相关的学术背景，另一方面，我们也并不要求老师传达艰深晦涩、极具专业性的相关知识。那么，这类通识教育课应该怎样开设呢？特别是哲学，一门深邃且迷人的学科，如何在不涉及复杂的背景知识之下使同学们真正地亲临它呢？赵老师开设的"尼采《查拉图斯特拉如是说》导读"似乎在回应着这样一些问题。在担任这门课助教的过程中，我也在进一步思考这些问题可能具有的答案。

《查拉图斯特拉如是说》是德国大哲学家尼采撰写的一个有趣的文本。它有戏剧的结构，也有哲学的思辨。它可被看作是文学性的文本，也可被看作哲学性的文本。所以当赵老师把这部作品看作哲学文本来解读的时候，这部作品首先就被赋予了哲学的眼光。这使得这门课程与其他解读这部作品的课程区别开来。来上这门课程的同学们，可能一开始并不知道哲学式的眼光是什么，但当他们怀着好奇前来聆听的时候，他们就已在亲临哲学、真正地感受哲学了。

在这个课堂上，我们唯一要做的事情就是阅读文本。我们并不去探究太多文本之外的概念和知识。一切都源于文本，源自每个个体细致的阅读，源自老师与同学深入的对话，源自尼采与哲学的紧密关联。从文本本身，我们发现着一切。

在阅读文本的过程中，我们看重的不是一个个优美的修辞，而是每个修辞背后的含义。我们通过耐心地阅读整本书、通过前后的逻辑演

[①] 课程名称：尼采《查拉图斯特拉如是说》导读；本文作者所在院系：哲学系。

进,来理解每一个语词背后的含义。对每个含义的解读,进一步串联起我们对尼采的认识,串联起尼采核心的概念和问题,而后勾勒出尼采哲学的样子。与此同时,我们似乎把握到了哲学的眼光。

当然,这个进展不可能独自完成。每位同学在主动投入时,也需要老师的指点和同学之间的交流。课堂是一个思想交织的场域,是思维修炼的场所,老师给出了他的阅读、见解,同学们接受着、反思着,神思在课堂的熔炉里铸造着。一堂课结束了,交织的火花冷却下来,思想的利剑却变得其刃也锋了。课后,同学们彼此尊重,相互交流,如切如磋,如琢如磨,在如此这般的历练之中又获得了豁然开朗的全新境界。一个学期的阅读,就在这样的投入与修炼中,逐渐增长着知识、兴趣和对哲学的感悟力。

所以,理想的人文类通识课可能是这样的:我们首先是从阅读经典文本入手的。其次,我们强调的是阅读这部文本的方法,这种方法来自某一学科特有的眼光。老师运用这种方法来进行讲解,同学们也要尝试运用这种方法来进行阅读。这种尝试恰恰因为不要求预先的训练而被称作是一种"尝试",也正是这种尝试才可以带给学生一种真正的亲临。如果这门课程的同学们都这样尝试了,那么,我们这门人文类通识课就是成功的。

从中学甚至小学开始,我们就知道了很多部人文经典。我们对这些经典的名字和概述都很熟悉,但偏偏没有阅读过。或者,我们阅读了,却并不专业。在大学的人文课堂上,我们首先需要的,可能不再是空洞的知识,而是想要亲近这些人文学科的意愿和兴趣。名字和概述都是干瘪的,而真正阅读的过程是丰富的。只有在丰富的体验里才有可能滋生亲近的意愿和兴趣。与此同时,真正阅读的过程,也旨在强调阅读的方法和眼光。浏览文字并不叫阅读,但凡是阅读,一定讲究方法和眼光。在运用正确的方法和眼光来阅读、来获得丰富的体验的时候,在具有了意愿和兴趣的时候,我们才有真正进入某一学科、从事某一研究的可能。

就哲学这门学科来说,它首先召唤好奇的人、喜爱思索的人。阅读《查拉图斯特拉如是说》,你对尼采的想法好奇吗?你愿意进一步思索其他人的答案吗?当你愿意这样做的时候,哲学之门就向你敞开了。使命完成了，哲学召唤了它想要召唤的人。理想铸造了，它憧憬着它想要前往的方向。再以后，就是苦练基本功和矢志不渝的勤奋了。而这一切奇妙的渊源可能都始于《查拉图斯特拉如是说》导读课，始于我们人文类通识课。想到这些，通识教育的意义还需赘述吗？

作为一名通识课程的助教，我很期待见证这些奇妙的渊源。每次与同学们一起听课、一起思索、一起交流，我似乎都能听见哲学的轻声召唤。我也很乐意为老师和同学们服务，做好一切琐事和杂事，就像自己也在做一件很神圣的事情一样。

助教心得
关于"古希腊罗马历史经典"课程的问与答[①]

李振宇

在历史学系,老师们常常教导我们要能够"提出问题"。而作为"古希腊罗马历史经典"这一课程的助教,我也常常被同学们问到一些相似的问题。因此,我尝试以回答我所常见的问题的方式来写这篇课程介绍,希望能够比"正经"的报告方式更通俗易懂一些。

一、这门课主要是讲什么的?

作为一个在校七载的老北大人,我曾许多次遇到过这样的困扰:一门名为"ABC"的课程,教授的内容实际上却是"甲乙丙"。而"古希腊罗马历史经典"课程的许多优点之一,便是它有一个"童叟无欺"的课程名。课程的讲授内容基本围绕着古希腊和古罗马时代的两本历史经典著作——修昔底德《伯罗奔尼撒战争史》和李维《自建城以来史》展开。

经典往往是我们了解和认知古代世界的主要乃至唯一的文字依据。它们是由与历史事件同一时代的作者,甚至是历史事件的亲历者或目击者撰写的,有着不言而喻的权威性和重要性。打一个不恰当的比方,现代人在观察古代的历史时,就像坐井观天的青蛙,而经典则是青蛙整日巴望着的井口。尽管可悲的是,青蛙完全没有"跳出井外"的可能,但井口依然提供了一片可供观察甚至遐想的蓝天。研读经典作品是每一位历史研究者甚至是历史爱好者的必修课。因此,本课程的主要任务便是每周详细地阅读这些经典著作的一个章节,梳理章节中的历史人物与历

[①] 课程名称:古希腊罗马历史经典;本文作者所在院系:历史学系。

史事件，理解经典作家书写的内容、方法与观点。

不过，仅仅做到读懂经典是不够的。在能够让同学们"走入"经典的同时，本课程也希望能够让同学们"走出"经典。换言之，这些经典的历史作品虽然为读者提供了历史最鲜活的面貌，但同时也脱不开"作品"的属性，它们也是人为构建的产物，包含着人最为常见的臆断与偏见（诚然，经典作者在客观性上已经竭尽努力了）。例如，修昔底德在《伯罗奔尼撒战争史》中记录了大量的演讲内容，有些演讲篇幅达数十页，考虑到当时简陋的技术条件，这些演讲词必然有相当一部分是修昔底德杜撰的；不仅如此，修昔底德对历史事件的详略安排也值得同学们思考，例如他反复提及伯里克利的光辉形象，却对雅典人对伯里克利的负面意见言之寥寥。而李维在《自建城以来史》中，对罗慕路斯和雷慕斯的故事也有着自己独特的安排。从这个角度讲，经典作家们与追求历史研究的科学性的现代历史学者不同，他们有十分强烈的个人意图，他们的作品不仅是历史的载体，同时也是历史本身。因此，本课程的主要目的不在于介绍历史，而在于研究和解构这些历史作品。在讲解古希腊罗马历史的同时，本课程更注重分析历史作家撰写经典时的客观背景环境和主观情感思想。此外，还会以阅读一篇或数篇与该章节相关的、由现代学者撰写的论文为辅，从不同的角度审视经典。

二、我是新生，对西方历史完全不了解，这门课适合我吗？

古希腊罗马历史经典的课堂上有着相当多的（甚至是大部分）理工科同学。即便是非历史学系的文科同学，对历史学习和研究的方法可能也不甚了解。此外，课程的设计也不可能完全符合每一个同学的预期。因此，在学期开始的面对面选课环节时，遇到只希望选择"通史"类型课程或者"概论"类型课程的同学，我有时也建议他们移步历史系开设的其他通选课。但这并不代表我认为本课程不具有"入门"性和"通识"性。实际上，如果说其他的课程能够让同学们在知识上入门，那么就可以说"古希腊罗马历史经典"能够让同学们在历史学习的方法上入门。而对于希望培养良好的历史认知能力的同学而言，得当的方法有时比广博的知识更为关键。

一个与本课程有关的例子也许能说明这个问题。不久之前，"修昔底德陷阱"这个概念曾经被"泛滥"地用于各类媒体评论之中。此后，另一个似是而非的说法——"塔西佗陷阱"也频繁地浮现于社会舆论之中，就好像每一个古希腊和古罗马的作家都像先知那样，发明出一个"陷阱"给现代人作为理解现实问题的依据。然而，修昔底德是否真的在他的著作中讲述了这样一个陷阱？如果不是，雅典与斯巴达的冲突又是因何而起的呢？

解决这样的问题，不仅仅需要知道历史事件本身，还需要了解历史事件发生的特殊历史环境。而在绝大多数情况下，这一环境与现代人所处的环境有着千差万别。而将历史事件放回历史语境中，以更为客观的视角理解历史事件发生的偶然因素和必然因素，防止"历史的辉格解释"，或者说防止站在今日的制高点上以今日的观点来编织历史，则是本课程希望同学们掌握的历史学习方法之一。换言之，本课程希望同学们不仅知道"历史是一个任人打扮的小姑娘"，也能够同时思考"历史是一个被什么人、在什么时候、以什么目的、用什么手段打扮成的，以何种面貌呈现给世人的，其实质应该是怎样的小姑娘"等问题。

诚然，历史之所以引人关注，绝不仅仅是因为它与现代生活之间的差距。经典作者如修昔底德之所以要撰写历史，也不仅仅是要对历史的变迁有所记录，而是希望通过这种方式揭示某种普遍性，某种在他看来不随时间而改变的人性。今人关注历史，更多的是希望"以史为鉴"，以历史理解当下，用现代的眼光去揣摩古代人。这是因为现代社会生活的方方面面都体现着历史的烙印和在历史中展开的文明的烙印。而今人所关注的一些现代社会所存在的问题，不仅以某种形式存在于古代社会，而且也被那个时代的史家关注着。在这个意义上，阅读古代的经典，一方面能够理解现代社会背后复杂的历史传统，另一方面也能够看到人类基本的行动模式，以及经典作家如何看待这些关乎人们生活与生存的最基本的问题。

三、这门课"友好"吗？给分怎么样？

一个不幸而又现实的问题是，一门课程的给分情况似乎早已成为同学们重要的选课参考之一。而在面对面选课以及微信朋友圈、未名BBS和P大树洞等社交媒体中，我也见到过同学对本课程的担忧。甚至还有"这门课很有意思但给分一般,不是真感兴趣不要选"等令人哭笑不得的评价。个人看来,"古希腊罗马历史经典"的"友好"至少展现在两个方面。

首先是一个友好的授课教师。上过本课程的同学都了解,张新刚老师不仅讲课生动幽默、通俗易懂且富有内容,而且还拥有"年轻"这一能够削弱代沟、产生天然亲近感的"杀手锏"。因此,本课程能够给予同学们一个活泼而又不失质量的课堂氛围。

其次是一个"友好"的课业评估方式。套一句大道理的话来讲,就是"历史是没有标准答案的"。因此,无论是作为平时考核的课堂报告还是期中作业,还是期末的闭卷考试,只要言之成理、考证充分,体现出了平时所学到的知识,就总会有一个令自己满意的结果。

尽管看上去每周一章的阅读量十分轻松,但说时轻巧做时难,实际上并不是所有同学都能够始终如一地完成要求,而能做到大致熟悉每周参考阅读材料内容的同学更是少之又少。但对本课程这样一门以阅读为核心的课而言,平时是否能够很好地积累基础知识,避免浮躁的学习态度,是面对考核能否应对自如的关键。一分平时的耕耘就有一分"期末的收获",这不仅是本门课程的特点,也是我在历史学系所学的每一门课程中都能得出的经验。"一天一学期"式的学习方法在这里显然是不适用的。平时的偷懒和知识上的漏洞,在见识丰富的老师们面前如白纸上的窟窿一般显而易见。

一言以蔽之,希望同学们能够学有所识,不要辜负自己的时光。

助教心得
亲历经典[1]

谭鸿渐

今年(2020)对于吴增定老师的"理想国"课程来说,是不同寻常的一年。

突如其来的疫情打破了所有课程的正常部署,"理想国"也不例外,只能转入线上作战,这对于一门典籍精读的通识课程是巨大的挑战。

一般来说,典籍精读以面对面授课效果最佳,因为只有在老师和学生面对面的情况下,才能获得相互之间最好的互动,达到最好的成效。所以,不能面对面授课,这是第一重挑战。

另外,这门课程还涵盖小班讨论。除了老师的课堂讲授之外,还需要各位助教带领学生进行每周一次的小班讨论。而小班讨论是以同学们发言为主,大家需要激烈地交流和沟通,这个时候面对面就更加显得珍贵。线上上课能达到小班应该达到的效果吗?这无疑是第二重挑战。

最后,这门课惯常的考核方式是期末的闭卷考试。在全面转入线上授课之后,如何公平、公正、公开地对大家进行成绩的考核?线上的方式要如何给大家一个满意的、符合大家的投入和努力的成绩?这是第三重挑战。

可以说,正如苏格拉底在《理想国》中给出的精彩的三个浪潮,我们对这三个挑战给出的回应也是相当令人满意的。经过吴老师、同学们和助教的努力,大家非常出色地完成了前无古人的线上课程。在课堂讲授之中,吴老师一贯喜欢板书的方式。而出于线上授课的情况,为了最大限度地保证线上授课的效果,吴老师"一反常态"地使用了PPT进

---

[1] 课程名称:理想国;本文作者所在院系:哲学系。

行教学。吴老师深入浅出的讲解，配合上简练清晰的PPT，在线上授课，也实现了线下的效果。同学们在家中上网课，处于更加安静和放松的环境，也更有利于吸收讲授的内容；而PPT的呈现方式，也便于直接记笔记。这些都最大限度地保证了线上课程也拥有线下的质量。

而讨论课则是助教们的战场。每次讨论课时长50分钟，前20分钟，由一位同学针对相关内容进行报告。报告的同学，通过报告，能最大化地整合上课所吸收的知识，同时可以发挥自己的潜能，进行一些拓展和深化，很好地锻炼哲学学术的基本能力；而听报告的同学，一方面能通过其他同学的报告扩展自己的视野，对自己的思考有所启迪，另一方面也是对之后讨论的热身——稍稍回忆上节课的内容，为接下来的讨论做好准备。报告之后的30分钟，一般就是讨论课最热烈的环节，大家针对报告同学提出的问题或者自己阅读中遇到的问题进行讨论。而线上的方式，则更考验助教们的调动能力。我们担心讨论课是否会经常陷入尴尬的冷场，但事实恰好相反，大家对《理想国》非常感兴趣，倾注了很多的时间，也有极高的热情。意想不到的是，线上的讨论还带来了额外的好处。由于大家只闻其声不见其人，很多相对内向的同学，反而敢于更多地发言。与我们预料的恰恰相反，讨论效果出奇地好。在我们最后收集大家对课程的反馈的时候，很多同学都反映，通过讨论课学到了非常多的东西，在大课讲授之外增进了对于《理想国》的理解。

至于最后一个挑战，也得到了满意的解决：吴老师基于线上授课的局限，调整了考核方式，从通常的闭卷考试模式改为论文模式，从而保证大家能拿到一个更加公平合理的成绩。

其实在新冠疫情期间，阅读《理想国》或许还有额外的意义。正如《理想国》在第一卷的开头为自己构建的语境一样，伯罗奔尼撒战争之后的雅典，礼崩乐坏，苏格拉底在此时抛出了"正义是什么"以及"为什么正义比不正义更有利"，并且经过了十卷漫长的论证，恰恰是想为道德危机之中的雅典提供坚实的道德基础。而新冠病毒的肆虐，有如那场发生在雅典的瘟疫。当此之时，我们在自己的生存随时面临威胁的时候如何自处，我们的国家和民族如何在保守主义崛起的形势下维持自己的合法性和正当性，成了重大而严峻的问题。这似乎又暗合了柏拉图想要思考和回答的问题。真的,尽管时代变了,具体的事件也有不同,但我们似乎面临着极为相似的处境,面临着根本的问题。这恰恰是《理想国》的魅力,也是哲学思考的魅力。

四、含英咀华

优秀作业
伯罗奔尼撒战争之始[①]

杨 晨

作业要求：如何理解伯罗奔尼撒战争的"起因"？如何从政体的差异理解雅典与斯巴达之间的战争？

在伯罗奔尼撒战争的第三年，修昔底德着力记述了一场战役之中的一次战斗：

一艘琉卡斯的舰船冲在其他舰船前很远的地方，正在追击那一艘落在后面的雅典舰船。碰巧先有一条商船在那儿抛锚，雅典舰船就围绕着商船转圈，然后撞击那条追赶它的琉卡斯舰船的腹部，并把它击沉。这个突然的、出人意料的行动造成伯罗奔尼撒人的惊慌……

雅典人看到这种情况，勇气倍增。他们发出命令，大喊一声，冲向敌人。而伯罗奔尼撒人，因为自己所犯的错误而受到窘迫，现在队形散乱，因而只作短暂的抵抗就向潘诺姆斯逃去，他们原来也是从那里起航的。[②]

一艘舰船的得失即使对于最小规模的海战都很难谈得上有任何直接影响，但在这里，因为这艘琉卡斯舰船被击沉，伯罗奔尼撒人与雅典人双方的气势完全改变，导致战局发生了逆转。修昔底德的描述使我们意识到，这次战斗形势的逆转在于一艘琉卡斯舰船被击沉，而这艘琉卡斯舰船被击沉的原因则是"碰巧先有一艘商船在那儿抛锚"。这意味着，这次战斗局势转变的关键在于先前的一个意外。那么对于战争而言，意外究竟扮演了怎样的角色？

---

① 课程名称：古代西方政治思想；本文作者所在院系：地球与空间科学学院。
② 修昔底德：《伯罗奔尼撒战争史》，徐松岩译注，上海人民出版社，2012，第187页。

一、战争的意外

通过修昔底德记述的许多战争，我们都能清楚地意识到意外对于战争进程的影响。那么，意外在什么意义上能够影响战争的进程？意外与人对战争的谋划又是怎样的关系呢？

这些问题或许在一个更大的战役场景之中可以看得更清楚。战争的第七年，雅典与斯巴达①围绕派罗斯展开了一场争夺。环绕伯罗奔尼撒游弋的雅典舰队在德摩斯提尼的建议之下，在派罗斯修筑了要塞。因此，在阿提卡的伯罗奔尼撒人匆匆回国，之后立即出发试图收复派罗斯。为了阻止雅典舰队驶入增援派罗斯的雅典人，拉栖代梦人在斯法克里特亚岛布置了重装步兵。但是随后赶到雅典增援的舰队切断了拉栖代梦主力与岛上的重装步兵的联系，形成了对岛上重装步兵的包围。在缔结休战合约的尝试失败之后，双方展开了激烈的争夺。在德摩斯提尼的谋划之下，雅典人最终击败了岛上的重装步兵，迫使其投降。②

德摩斯提尼精心谋划了这场战役，但是在整个战役的进程中，至少有三处意外超出了德摩斯提尼的谋划。首先，雅典舰队的指挥官攸里梅敦和索福克利斯开始根本不同意舰队在派罗斯停留，若非那时碰巧有风暴阻挡雅典舰队继续向科基拉航行，整个围绕派罗斯的战役根本不会发生。③其次，因风暴逗留在派罗斯的雅典舰队也不愿在这里修筑要塞，德摩斯提尼既不能说服将军们，也无法说服士兵们。只是因为天气不好，舰队无法出发，士兵们因无所事事而厌倦起来，于是才开始修筑要塞。④最后，在雅典舰队与岛上被围困的拉栖代梦重装步兵处于僵持阶段时，因为一个拉栖代梦士兵不留神烧着了一小片树林，随后又恰好起风，几乎烧尽了岛上的全部树林，德摩斯提尼才有机会探清岛上的虚实，进一步谋划之后的行动。⑤

---

① 本文在引用徐松岩先生译文时，按照书中的译法用"拉栖代梦"；其余情况则按照习惯用"斯巴达"。
② 修昔底德：《伯罗奔尼撒战争史》，徐松岩译注，上海人民出版社，2012，第 272—293 页。
③ 同上书，第 272 页。
④ 同上书，第 273 页。
⑤ 同上书，第 288 页。

在围绕派罗斯的争夺之中，意外的因素与德摩斯提尼的谋划共同决定了这场战役最后的结果，但是这两方面的因素并不是并列的。在此前列举的三个意外事件中，因为天气因素，雅典人才登陆派罗斯并在那里修筑要塞，这构成了这场战役得以展开的基础；因为一个拉栖代梦士兵的偶然疏忽，再加上随之而来的风，雅典舰队才有机会最终战胜被围困的拉栖代梦重装步兵，这次意外是德摩斯提尼后续所有谋划的前提。

这样看来，战争中意外的因素与人的行动相比，是一种更加基础的因素；人的谋划和行动是在一系列意外的因素之下展开的，甚至有时意外根本就是人的行动的前提。所以，战争之中的意外并不是与人的行动并列共同决定战争进程的一类因素，而是更加根本的前提性因素。人在战争中的谋划与行动很重要的一方面就是应对各种意外因素，而雅典与斯巴达两个城邦对战争中的意外因素的态度完全不同。

二、斯巴达人的恐惧

科林斯人在劝说斯巴达人对雅典开战时，指出了斯巴达人面对战争时的缺点：

你们的天性就是要维持现状，总是缺乏革新意识，在被迫行动时也从未取得过足够大的成就。

你们的习惯是想做的总是少于你们的实力能够做到的；你们总是不相信自己的判断，哪怕这个判断已经得到你们的认可；你们还总是认为危险是不可解除的。[1]

这些缺点之中，最显著的一点就是斯巴达人总想维持现状，所以他们根本不想做很多事情，也就不会取得很大的成就。他们的行动完全是被迫的，革新意识对于斯巴达人而言没有任何意义。而斯巴达人之所以总想维持现状，是因为他们认为："任何迁徙都会使他们既得的东西发生危险。"[2] 所以，斯巴达人在战争中表现出的全部性格都根源于他们认为"危险是不可解除的"。但是，这里的危险指的是什么？

---

[1] 修昔底德：《伯罗奔尼撒战争史》，徐松岩译注，上海人民出版社，2012，第77页。
[2] 同上。

在斯巴达与雅典围绕派罗斯展开的争夺中，当斯巴达人在岛上的重装步兵被雅典人围困之后：

拉栖代梦人的政府官员来到前线看到要把被困在岛上的人救出来是不可能的，也不愿意让他们冒着被饿死的危险，或者被迫向人数占优势的一方投降。因此他们在征得雅典将军的同意之后，决定在派罗斯订立休战和约；他们派出使者到雅典去谈判以结束战事，力争尽快救出他们的那些被围困的人。①

斯巴达政府官员对当时处境所做出的第一个评价就是"要把被困在岛上的人救出来是不可能的"，后续斯巴达人全部行动的展开都是以此为基础的。修昔底德没有描述斯巴达官员是如何得出这一结论的，但是这一结论本身就意味着斯巴达人在战争中做出的判断是不会对未来的意外抱有任何希冀的，因而他们绝不会冒险。不仅如此，为了避免意外对被围困在岛上的重装步兵构成威胁，斯巴达人甚至甘愿与雅典人订立极为妥协的条约，他们希望在目前形势之下迅速解救被围困的重装步兵，对他们而言，未来发生的任何意外都意味着更为糟糕的处境。

也就是说，对于斯巴达人而言，科林斯人所说的"不可解出的危险"来自意外，斯巴达谋划与行动的基础就是对于意外的恐惧。

这种恐惧正是斯巴达使者关于派罗斯被围困的重装步兵向雅典人提出交涉时所表达的核心立场：

我们今天所要说的，只是提醒你们注意，你们是知道如何作出明智选择的。现在你们可以作出抉择，可以利用你们的成功获取利益，保持你们已获得的东西，同时也赢得荣誉和威望。另外，你们不会像有些人那样犯错误，他们在得到某种异常的幸运之后，尽管其成功出乎意外，但还是得陇望蜀，想得到更多的意外的幸运。而那些饱尝甘苦的人们，知道运气可以好转，也可以恶化，他们最有理由相信好运不是永恒存在的；你们的城邦和我们的城邦都不乏这方面的经验，使我们汲取教训。②

斯巴达代表将自己的意图表述为提醒雅典人如何做出明智的选择，

---

① 修昔底德：《伯罗奔尼撒战争史》，徐松岩译注，上海人民出版社，2012，第278-279页。
② 同上书，第280页。

所以斯巴达代表后续的表述就是斯巴达在明智的选择及其依据方面的立场。其中，最重要的主题就是如何面对战争中的运气。斯巴达使者指出，雅典人应该在因好运而获得的成功的基础之上接受斯巴达人提出的和约；而不该贪得无厌，希望获得更多的好运。这正是斯巴达人对于战争中的意外的基本态度，他们认为意外一定会导致目前的形势变得更糟。维系并保有目前的形势是斯巴达人最关切的事情，因为他们对任何可能遭遇的意外都极为恐惧。

随后斯巴达使者进一步解释了他们的立场，意外具有极端的不确定性，没有任何有理智的人会相信好运是永恒的，所以只有维持现状才能最大程度地避免意外带来的影响。

斯巴达人希望最大限度地避免意外对于他们生活的影响，所以他们做出任何行动的决定都是极为迟疑的。他们相信任何意外都只会使现在的处境变得更加糟糕，因而他们希望维持现状。斯巴达人出于对意外的恐惧而极力希望维持现状，这正是斯巴达人所谓明智的选择。

三、雅典人的明智

雅典人面对战争中的意外的态度与斯巴达人完全不同，在双方围绕派罗斯的战事试图订立和约的尝试中，雅典人没有考虑任何未来可能发生的意外，他们根本不接受斯巴达人的劝说。雅典人做出决定的核心依据是："岛上的人既然已经在掌控之中，他们随时都可以缔结和约，同时可以取得更多的利益。"① 在雅典人占据战争主动的情况下，未来可能发生的意外并不在他们的思考范围之内。

这种态度清楚地表现在与米洛斯人的对比之中，米洛斯人试图说服雅典人允许他们继续保持自由的努力失败之后，在绝望之中，他们提出了他们继续抵抗的理由：

我们寄希望于迄今一直受到神祇庇护的命运，寄希望于别人的援助，即拉栖代梦人的援助；我们将尽力保全我们自己。②

---

① 修昔底德：《伯罗奔尼撒战争史》，徐松岩译注，上海人民出版社，2012，第282页。
② 同上书，第408页。

米洛斯人将继续抵抗的依据归结到"受神祇庇护的命运"和"拉栖代梦人的援助"之上，但是在此前的谈判之中，雅典人已经给出了非常充分的理由证明拉栖代梦人根本不可能给米洛斯人任何援助，而米洛斯人自己也意识到了这一点①，所以米洛斯人所谓"拉栖代梦人的援助"其实只是"神祇庇护的命运"的另一种表现。那么米洛斯人继续抵抗的依据其实完全都是对命运的某种希望。

对于这种希望，雅典人根本不屑一顾：

你们认为目前的形势与未来的形势相比，未来的形势更有把握；当你们渴望获得的东西已经与你们擦肩而过的时候，你们依然熟视无睹。你们既然把你们的一切都赌在拉栖代梦人、你们的命运和你们的希望上面，把信心寄托在它们中间，那么你们终将彻底失望的。②

雅典人非常确信，处于绝望之中的米洛斯人对自己希望之所寄的命运终将彻底失望，因为米洛斯人对"未来的形势"寄予了太多的希望，而雅典人认为能够把握的只有"目前的形势"。这与他们此前在与米洛斯人谈判时所表达出的对命运的看法是一致的：

希望，那不过是危难中的人们的自我安慰而已……那些过分夸大希望的力量和孤注一掷地寄托在希望之上的人，在他们遭到灭顶之灾的时候才会发现希望的本来面目……当现实的希望完全丧失的时候，转而求助于虚无缥缈的、预言的、神谶的和其他的虚幻力量，这些虚幻的力量用希望来哄骗他们，导致了他们的灭亡。③

米洛斯人希望的最根本寄托在于"神祇庇护的命运"，而雅典使者指出米洛斯人的希望来自各种虚幻的力量。雅典人将命运完全归结于虚幻的力量，因为他们不相信任何对于"未来的形势"的把握，不论预言、神谶还是所谓命运。雅典使者承认所有这些都是有力量的，但是在根本上这种力量是虚幻的，因为这些都超出了人可以把握的限度。

伯里克利在三次演讲中所阐述的正是这样一种态度。伯里克利劝说雅典人拒绝向伯罗奔尼撒人让步，在正式的演讲之前他首先强调：

---

① 修昔底德：《伯罗奔尼撒战争史》，徐松岩译注，上海人民出版社，2012，第407页。
② 同上书，第409页。
③ 同上书，第405页。

我建议你们当中那些被我的言辞说服的人，要支持公民大会的决议，即使是处在逆境之中也要如此。不然的话，在诸事顺利的时候，他们就不能发挥他们的才智。因为事物发展的过程往往和人们的计划一样，都是变幻莫测的。正因为如此，无论出现什么意料之外的事，我们通常都把它归于命运。①

在这段讲辞中，可以清楚地看出，雅典人所谓的"命运"是指意料之外的事，也就是斯巴达人所恐惧的意外。但是与斯巴达人不同，伯里克利有意把"事物发展的过程"与"人们的计划"并列在一起，这样"事物发展的过程"已经不再构成"人们的计划"的基础与前提，而只是与"人们的计划"并列在一起作为达成某个目的的条件。通过这样的并列，斯巴达式的对意外的恐惧完全消失了。在这样的并列之下，伯里克利想要强调的是，"事物发展的过程"是变幻莫测的，但是不能因为这种变幻莫测带来的逆境，就改变最初的立场，甚至这种变幻莫测本身正是人们的才智和计划想要对抗的。

伯里克利将"人们的计划"从"事物发展的过程"之中区分出来。而着重强调"人们的计划"就意味着，在"事物发展的过程"对"人们的计划"产生不同的影响时，即处于顺境或是逆境之中，雅典人对命运的感受会完全不同。

在伯里克利做葬礼演说时，整个雅典处于其最辉煌的时刻，演说中伯里克利几乎没有涉及任何关于命运的内容，只在一处暗示道：

在雅典，我们的生活完全是自由自在的，但是我们也随时准备对付和他们（拉栖代梦人）一样的各种危险。②

在顺境之中，雅典人对于命运基本处于无意识的状态，而对"人们的计划"有着极端的自信。伯里克利暗示，在这种自由自在的生活之下，雅典人足以应对未来变幻莫测的命运，即使此时大部分雅典人对于命运都处于一种无意识的状态。

但是当瘟疫给雅典带来巨大的灾难之后，雅典人不得不重新意识到被他们忽视的命运，而伯里克利也不得不再一次在演讲中提醒雅典人，

---

① 修昔底德：《伯罗奔尼撒战争史》，徐松岩译注，上海人民出版社，2012，第121页。
② 同上书，第151页。

对于命运应该采取明智的态度：

> 虽然我们在其他方面有所准备，但是瘟疫还是降临了——只有这个事件是我们始料不及的。我知道，我之所以越来越不得人心，主要是由于这一点。这是很不公平的，除非你们准备把将来任何一种意想不到的成功也都归功于我。同时，对于上苍所降临的灾祸要默默地忍受，而对于敌人则要坚决抵抗。①

伯里克利首先指出，瘟疫是一种意想不到的灾祸，但同时也会存在意想不到的成功；对于这些意想不到的成功或失败，都不应该有过激的反应。伯里克利在这段讲辞中区分了上苍和敌人，上苍意味着命运，而敌人则意味着其他人的计划。这样，伯里克利就回到了第一次讲辞之中对"事物发展的过程"和"人们的计划"的区分，二者对应的正是雅典使者提出的"未来的形势"和"目前的形势"。人们的计划只能针对"目前的形势"，"未来的形势"作为"事物发展的过程"本质上是变幻莫测的，所以是人不可把握的。在雅典的处境之下，伯里克利不得不更清楚地表明，面对"事物发展的过程"带来的灾祸时，雅典人应该默默地忍受。

从伯里克利的三段讲辞中可以看出，雅典人面对意外的明智态度与斯巴达人和米洛斯人都不相同，他们将"人们的安排"从"事情发展的变幻莫测"中区分出来，而将后者归于命运。对于命运，在顺境和逆境时，雅典人的态度不完全相同：在顺境时，雅典人可以对命运毫无意识；在逆境时，他们不得不意识到命运，并按照伯里克利所说的默默地忍受上苍降临的灾祸。这两种情境之下，核心的原则是一致的，即"人们的计划"只能依据"目前的形势"而非"未来的形势"做出安排。只有当命运由"未来的形势"转变为"目前的形势"之后，才能够被"人们的计划"把握。

雅典没有将自己的希望寄托于命运，相反，他们希望最大限度地消除命运对"人们的计划"的影响。雅典人没有像绝境中的米洛斯人那样对命运抱有虚幻的希望，也没有像斯巴达人那样对意外持有一种难以消除的恐惧，雅典人似乎找到了二者之间的一个平衡，他们对命运的态度

---

① 修昔底德：《伯罗奔尼撒战争史》，徐松岩译注，上海人民出版社，2012，第167页。

似乎是最明智的。

四、雅典人的困难

可是在派罗斯战争中，斯巴达人曾提醒雅典人应该做出一个明智的选择，而不该"对于未来更多异常的幸运抱有不切实际的希望"。那么雅典人对于命运的态度究竟在什么意义上对未来更多异常的幸运抱有了不切实际的希望？

当西西里战局已经决定性地不利于雅典时，尼西阿斯发表演讲鼓励雅典士兵：

你们不要丧气，或者像没有经验的士兵一样，他们在第一次战役失败之后就永远胆怯了，对未来有着不吉利的预想，以为将来总是灾难性的。但是你们中间有身经百战的雅典人，有随同我们参加过多次远征的同盟者，你们不要忘记，战争中有不可预料的因素。希望我们也有幸运的时候，你们应当准备再战，无愧于你们亲眼所见的你们这支伟大的军队。①

尼西阿斯采用了极为类似米洛斯人的说辞来鼓励雅典军队，但是他比米洛斯人更清楚地意识到他诉诸的是一种极端虚幻的力量，所以他的鼓励比米洛斯人的表达更为悲壮。雅典人在此刻不仅没有依据"目前的形势"做出最明智的选择，甚至他们行动的全部依据只剩下了一种"虚幻的力量"——希望，即幸运将垂青他们这一边的希望。

濒临绝境的雅典人显示出的对命运的希望与米洛斯人并没有什么不同，这种希望是否本来就隐藏在伯里克利所阐述的态度之中，而在绝境之中才清楚地表露出来？

在尼西阿斯在西西里最初的作战陷入僵局之后，雅典人派德摩斯提尼增援西西里的远征军。德摩斯提尼计划对叙拉古人发动夜袭，他的谋划一如既往地出色，雅典人最初取得了战役的主动。

雅典人满怀着胜利的喜悦，虽在前进但队列有些混乱，他们希望尽快突破尚未接战的敌军，形成破竹之势，不给敌人重新集结、反击的

---

① 修昔底德：《伯罗奔尼撒战争史》，徐松岩译注，上海人民出版社，2012，第517页。

时间。这时波奥提亚人首先起来反击雅典人，击溃了他们，迫使雅典人逃走。①

此后，战役局势完全逆转，德摩斯提尼精心选择的袭击时间对雅典人造成了无比沉重的伤害。雅典大败，叙拉古人因意外的获胜而恢复了信心。②

在叙述之中，修昔底德甚至没有说明究竟是怎样的意外导致了雅典人的溃败。③但是，波奥提亚人意外的反击使得德摩斯提尼精细策划的夜袭导致了雅典援军的大败，德摩斯提尼的谋划并没有失误，只是战场上的意外倒向了叙拉古一方。这时就是伯里克利所谓的逆境，处于逆境之中的雅典人应该默默忍受上苍降临的灾祸，并在这种处境之下做出最明智的决定。德摩斯提尼正是这样做的，他建议撤离此地，转而攻击那些已经在阿提卡修筑要塞的敌人。④从此后战事的发展来看，德摩斯提尼此时的建议无疑是最明智的，遭遇了意外失败之后的雅典人已经不可能战胜叙拉古人，撤离西西里可以保存雅典军队的有生力量，对于雅典城邦有着重大的意义。但是这时作为雅典一方最高军事主官的尼西阿斯却在犹疑不决，他不断地考量着各种选择，难以做出决断。更为致命的是，在他的抉择之中，对"未来的形势"的担忧和关切成了现在做出决定的重要依据，他陷入了对命运的恐惧与希望之中。当战争的局势不断恶化，尼西阿斯最终下决心撤退时，全军做好了一切准备。但正要登船出发时，适值望月之夜，发生了月食。大多数雅典人被这一现象震撼，他们力劝将军们等待。尼西阿斯有些过分迷信占卜以及这一类的习俗，他依预言家所说，要等待三个九天之后，才可以再讨论军队撤离的问题。⑤

---

① 修昔底德：《伯罗奔尼撒战争史》，徐松岩译注，上海人民出版社，2012，第506页。
② 详见修昔底德：《伯罗奔尼撒战争史》，徐松岩译注，上海人民出版社，2012，第505—507页。
③ 普鲁塔克：《希腊罗马名人传（上册）》，黄宏煦主编，陆永庭、吴彭鹏译，商务印书馆，1990，第566页。
④ 修昔底德：《伯罗奔尼撒战争史》，徐松岩译注，上海人民出版社，2012，第507页。
⑤ 同上书，第511页。

尼西阿斯[①]在远征军生死存亡的关键时刻，依据预言做出了等待的决定，而正是这一决定最终断送了远征军的全部希望。与德摩斯提尼相比，尼西阿斯根本无法依据战场上的现实处境做出最明智的决定，但他却是雅典在西西里的最高军事主官。雅典在西西里的远征军最终因为尼西阿斯无法按照雅典人的态度面对命运而走向了覆灭。

这确实意味着伯里克利所展示的雅典人面对命运的态度在战场上有着巨大的优势，西西里远征军的覆灭正是由于对命运采取了不同的态度。但另一方面，伯里克利反复阐明的雅典人面对命运的态度本身不能像被描述的那样摆脱对命运的依赖，并不是每一个指挥官都能够排除对于命运的担忧和恐惧，仅仅依据"目前的形势"做出最明智的决定。即使有这样的指挥官，如德摩斯提尼，他也未必能够处于掌控全部军队的位置上。伯里克利表述的面对命运的态度看似在最大程度上将命运置于人们对事情的安排之外，但是这种态度自身的实行者却极端依赖命运：必须有一个明智的人能够坚持这种面对命运的态度，并随时做出最明智的选择，这种态度才可能实现。在战争中，军事统帅持有这种面对命运的态度并且能够做出明智的选择本身就是极端依赖命运的。

五、有限的人与命运

不论斯巴达人还是雅典人，都努力在属人的有限视野之下寻找一种面对命运的最明智的态度。在某种意义上，二者都希望尽可能排除命运对他们生活的影响。

斯巴达人努力的关键在于维持现状，因为"现在的形势"受意外的影响最小。出于对意外的恐惧，他们对任何可能改变现状的决定都表现得极为慎重，甚至患得患失，这样的态度使得斯巴达人在战争之中往往不能随时做出最明智的选择。

雅典人则希望通过对"未来的形势"和"目前的形势"的区分，将全部"人们的计划"全部指向"现在的形势"，从而摆脱命运的影响。

[①] 与普鲁塔克描述的尼西阿斯相比，修昔底德笔下的尼西阿斯迷信的一面更少一些，但是在这里最关键的一处，修昔底德使我们清楚地意识到雅典在西西里的失败与尼西阿斯性格之中的迷信有着直接的关系。

只有当命运降临，也就是"未来的形势"转变为"目前的形势"之后，雅典人才会采取主动的态度，针对"目前的形势"做出最明智决定。但这种态度预设了依据"目前的形势"做出明智选择的人是超然于命运之外的，否则就无法保证永远拥有一位坚持这种态度并能够随时做出明智选择的统帅。一旦统帅无法坚持这种雅典式的面对命运的态度，整个雅典都会遭遇灭顶之灾。

雅典人和斯巴达人都是在有限的人的视野之下表现出了各自面对不可测度的命运的不同态度，而这种不同的态度成了两个城邦迥然不同的性格的一部分。

参考文献

1. 修昔底德:《伯罗奔尼撒战争史》，徐松岩译注，上海人民出版社，2012。

2. 普鲁塔克:《希腊罗马名人传》，黄宏煦主编，陆永庭、吴彭鹏译，商务印书馆，1990。

3. 白晓春:《苦难与伟大——修昔底德视野中的人类处境》，北京大学出版社，2015。

4. Plato, *The Republic of Plato*, trans. Allan Bloom (Basic Books, 1991).

5. Lowell Edmunds, *Chance and Intelligence in Thucydides* (Harvard University Press, 1975).

6. F. M. Cornford, *Thucydides Mythistoricus* (Routledge & Kegan Paul Ltd, 1965).

优秀作业
神学的转变与文明的交融
——浅论"12世纪文艺复兴"[①]

尚闻一

摘要:"12世纪文艺复兴"的概念是美国学者哈斯金斯提出的,旨在对"文艺复兴是对中世纪纯粹的否定"这一论点进行反驳,表明一种历史的延续性。尽管这一概念在持续时间和具体内涵上的界定仍然存在争议,然而不容否认的是,12世纪是人类文明史中一段光辉璀璨的岁月,在这个时期西欧发生了神学的转变和文明的交融。神职人员在诠释天主之爱时肯定人性,经院哲学演化出理性神学的先声,而阿拉伯、拜占庭的文化流入与西欧内部的文化交流,催生了科学、哲学和文学艺术的进展。文艺复兴并非一颗突然出现的、对过去彻底否定的孤星,而是一个不曾间断的过程,12世纪与15世纪一样,是这个过程的一个高峰。

关键词:12世纪文艺复兴;中世纪;文艺复兴;经院哲学;文明交融

导 言

卓越的瑞士史学家雅各布·布克哈特在其1860年创作的不朽名著《意大利文艺复兴时期的文化》中提出,文艺复兴是欧洲近代的开端,而意大利是其先行者。文艺复兴的特点是发现世界、发现人,这个时期首先使个性得到了极大的发展,而这种个性的解放,最早只可能出现在

[①] 课程名称:文艺复兴名著选读;本文作者所在院系:信息管理系。

14世纪的意大利专政小城邦。①他将中世纪与文艺复兴割裂开来,将文艺复兴看作划过中世纪夜空的启明星,从此开启了欧洲近代的科学精神与人性解放的序章,将文明的种子洒在中世纪的荒芜土壤之上。

布克哈特对于中世纪的看法并不孤立。启蒙时期的思想家们,引领了启蒙时期的批判天主教会的风尚,这一风尚为秉承着新教价值观的普鲁士所发扬,普鲁士史家的观点又为苏联的史家所借鉴,后者以意识形态的观点更纯粹、更简单化地对天主教会,和天主教会所代表的那样一个"黑暗的中世纪"进行污名化。而这一观点,为我国的史家们所延续。周一良和吴于廑先生在《世界通史》中就沿用了这一观点。②于是,在国人的眼中,相比于受到启蒙史观深刻影响的西方人,对于中世纪的印象更加刻板化和脸谱化。就像查尔斯·哈斯金斯在《12世纪文艺复兴》开篇所描绘的那样,在人们眼中,"那个愚昧无知、停滞黑暗的中世纪不是与随后发生的光明、进步和自由的意大利文艺复兴形成了最鲜明的对照吗?"③

但是,包括哈斯金斯在内的学者却提出了不同的观点。在他的名著《12世纪文艺复兴》中,哈斯金斯认为,中世纪的人实际上对古代文化有很深入的了解,知识的复兴也不仅仅局限于文艺复兴时期的意大利。与布克哈特的变革论相反,哈斯金斯主张一种延续论,他认为中世纪和文艺复兴不能看作两个割裂的时代,历史的演化自有其延续的逻辑。④

然而,无论是布克哈特还是哈斯金斯,尽管他们的作品光芒万丈,但针对"12世纪文艺复兴"这一话题的讨论,都不能让人足够满意。布克哈特轻视12世纪的价值,而哈斯金斯的界定存在着诸多模糊性。

所以,本文试图论述的是,作为中世纪盛期的12世纪,是人类历史上一个光辉璀璨的时代,这个时代不仅有哈斯金斯所指出的诗学、史学、科学、哲学的复兴,还有着两大鲜明的时代主题:神学的转变和文明的交融。在经院哲学发展高峰的12世纪,宗教的发展并没有消弭世俗的存在空间,而是在宗教的语境下赋予了人性自由伸张、理性得到尊

---

① Jacob Burchhardt, *The Civilization of the Renaissance in Italy* (Dover Publications, 2010), pp. 1-4.
② 周一良、吴于廑:《世界通史(中古部分)》,人民出版社,1972。
③ C. H. Haskins, *The Renaissance of the 12th Century* (The World Publishing Company, 1927), Ⅶ.
④ ibid., Ⅶ-Ⅹ.

重的可能性，开创了布克哈特"人的发现"的先声；而同样是在12世纪，从东方的小亚细亚，到西方的伊比利亚，古希腊、拜占庭与阿拉伯的东方文明向西方世界传播，在文明的交融中，无论是在阿尔卑斯山南的意大利，还是在阿尔卑斯山北的法兰西，甚至直到海峡对岸的英格兰，都迎来了"缪斯女神"与科学的回归。

正如罗伯特·斯旺森指出的那样，关于"12世纪文艺复兴"的诸多话题，由于缺乏足够的史料以支撑分析，用适当的假设来配合基于史料的探讨成为必然。然而，任何研究这段历史的人都不能忽视这个时代的光芒。与"12世纪文艺复兴"相关的改变并不是孤立发生的，即使它们有时会显得相互独立。①

学术史回顾

布克哈特与哈斯金斯：问题的提出

回顾"12世纪文艺复兴"这一问题，应当以布克哈特作为起点。1860年，他在《意大利文艺复兴时期的文化》中，将新时代与中世纪对立起来，提出了"四个主义"：人文主义、理性主义、世俗主义、个人主义，认为满足这四个主义的是新人，否则就是中世纪的人。他认为，文艺复兴时代是"人的发现与世界的发现"的时代，这个时期人们得到了全面的发展，人们借由一种新文化与新理念对物欲横流的社会进行抵制："我们必须有一些内在的学问、内在的修养，这样才能更加幸福地生活。"布克哈特还认为：对于一个市民社会，只有有了文化、历史、个性、尊严去支撑，才能成为一个现代的社会。②布克哈特以一种歌颂的笔调描述文艺复兴时期的意大利，以一种文化的尺度考虑一个时代。值得注意的是，布克哈特是以一种突变的叙述方式描述14世纪开始的"意大利文艺复兴"，认为其是对包括12世纪在内的中世纪的反动。

布克哈特的观点包含着对中世纪的激烈否定，因此在20世纪初

---

① Robert N. Swanson, *The Twelfth-Century Renaissance* (Manchester University Press, 1999), p. 11.
② Jacob Burckhardt, *The Civilization of the Renaissance in Italy*, pp. 1-4, 81-87, 141-143.

期遭到了中世纪史学家的强烈反对，中世纪史学家们反对的武器，便是"12世纪文艺复兴"的概念。尽管这一概念早在19世纪就被法国学者提出，但这一概念正式被明晰并得到广泛讨论的里程碑式事件，是1927年查尔斯·哈斯金斯《12世纪文艺复兴》的发表。哈斯金斯认为，中世纪存在的各种多元化的交融、现实的反差为这一时代"平添了生气、色彩和活力，它与古代和现代的紧密相连确保其在延绵不断的人类发展史上享有一席之地。恰如历史上的一切伟大时期，中世纪兼具连续性与变化性的双重特征。在从476年到1453年这段漫长的历史里，变化一直与连续并存；即使是中世纪的核心期（800—1300年）中，欧洲的差异也都多于共性。在这一时代，有着拉丁文经典文献和罗马法系的复兴，有着吸收和观察古代知识之后中世纪知识储备的增长，有着诗歌和艺术领域的创造和对于文化的呼吁。而这些变化的一个高峰，正在公元12世纪，确切地说，是在1050—1250年的时间段内。"[①]哈斯金斯的这一论断是有着划时代意义的，它第一次正式反对传统的启蒙史观赋予中世纪的"黑暗"的脸谱化形象。他论证了中世纪，特别是12世纪在欧洲历史文明演进中的伟大意义，认为文艺复兴时期并非对过去的全然否定，而是有着一种鲜明的承继关系。

从1946年到1977年："12世纪文艺复兴"概念的争鸣

不过，哈斯金斯的界定依然有着其并不明晰之处，"12世纪文艺复兴"这一概念究竟有没有必要存在，研究中世纪的史学家们提出了质疑。1946年，威廉·尼采在《所谓的12世纪文艺复兴》一文中认为，就像"恺撒的物归恺撒"，"文艺复兴"概念应该回到文艺复兴。中世纪和文艺复兴之间当然并非是全然相互隔离的，我们越来越清晰地发现两个时代有着许多共同的元素，然而两个时代留给历史的印记的侧重点是不同的。没有一个时代是复制另一个时代的潮流，就像笛卡尔的"我思故我在"（*Cogito Urgo Sum*）绝不是安瑟伦"我懂得所以我相信"（*Credo ut Intelligam*）的复制品，即使前者有着中世纪的思想渊源。[②]

---

① C. H. Haskins, *The Renaissance of the 12th Century* (The World Publishing Company, 1927), pp. 1–29.

② W. A. Nitze, "The So-Called Twelfth Century Renaissance," *Speculum* 23, no.3 (1948): 464–471.

1951年爱娃·桑福德也指出，尽管"12世纪文艺复兴"这一概念有其内在价值，但使用这一概念却是冒着低估甚至扭曲12世纪这个时代内在价值的风险的。与其将12世纪作为文艺复兴的一个先例，不如让12世纪回归其本身的界定，在不忽视其本身的必要的中世纪时代特征的前提下，将其界定为一个中世纪文化的活跃时代，这一时代为人性和世界的发展做出了丰富的贡献。[①]尼采和桑福德对于"12世纪文艺复兴"的批判反映了中世纪史学家对于哈斯金斯的反思。哈斯金斯的概念无疑是对这个时代充沛的能量和创造出的丰富财富的一种肯定，但是这种肯定是可能带来误解的，而更重要的是，这一概念的内涵过于模糊。

　　理查德·萨瑟恩在1960年的研究中指出，所谓"12世纪文艺复兴"的标签，仅仅是为了方便表述而提出的，这一标签几乎可以被用来形容任何事物。它以一种崇高而充满不确定意味的语言，提出了一种极端无意义的概念。[②]类似地，1970年，克里斯托弗·布鲁克也提出，尽管这一概念存在着一些对于时代特征的暗示，但是为"12世纪文艺复兴"去寻求一种明确的界定是徒劳的。[③]萨瑟恩和布鲁克的观点使得人们进一步反思：在带给深受启蒙史观影响的人们观念上的冲击之后，这一概念是否真的足够明晰、足够有意义，以至于可以作为一个历史时期的代名词？既然它不能被界定，那么它存在的意义又在哪里？

　　在这样的背景下，1977年哈佛大学举办了纪念哈斯金斯的《12世纪文艺复兴》出版五十周年的学术会议（会议论文集在1982年出版，1991年再版）。学者们一致认为，如果不能对"12世纪文艺复兴"提出一个明确的界定，至少需要建立一个可供探讨的概念框架。出于这样的目的，罗伯特·本森和吉尔斯·康斯坦布尔在会议上提出了用来描述"文艺复兴"特征的六大问题：1."文艺复兴"意味着什么？2.它是否有一个明确的起讫时期？3.它能否被单一地理解为"古典文化的复苏"？

[①] E. M.Sanford, "The Twelfth Century: Renaissance or ProtoRenaissance?" *Speculum* 26, no.4 (1951): 635-642.

[②] R. W. Southern, "The Place of England in the Twelfth-Century Renaissance," *History* 45, (1960): 201-216.

[③] C. Brooke, *The Twelfth Century Renaissance* (New York: Harcourt, Brace & World, 1970), p. 13.

4. 在诸如人们如何看待上帝、世界与自我的问题上，它是否包含着观念上的广泛改变？5. 它是否与看待历史的新视角、关于改变和进步的新理解、对于接受革新的渴望相关联？6. 这些事物是否反过来促进了新的世俗的价值观的形成？① 本森和康斯坦布尔提出的这六大问题是不易回答的，它至少包含着这样两个主要问题："文艺复兴"持续于哪一时间段？文艺复兴的内涵究竟是怎样的？

关于"12世纪文艺复兴"持续时间的讨论

在如上所述的两个问题中，文艺复兴的内涵固然难以界定，看似较为简单的持续时间，也存在着广泛的争议。哈斯金斯的《12世纪文艺复兴》将"12世纪文艺复兴"这一概念的论域设置为1050—1250年，但是，在哈斯金斯将原本被认定在14世纪以后的"文艺复兴"延展到以12世纪为中心的时间段的基础上，其他学者更进一步，阐述了12世纪之前更早的"文艺复兴"概念：既然文艺复兴的边界被哈斯金斯延展了，那么这一边界可否进一步延展？1977年，英国中世纪史学家罗莎蒙德·麦基特里克论述道，不仅存在着"12世纪文艺复兴"的概念，早在9世纪的加洛林王朝，就存在着一种"文艺复兴"。"加洛林文艺复兴"的概念相比于"12世纪文艺复兴"更加清晰，不过依然存在着对于定义的争议。②

"加洛林文艺复兴"的概念与"12世纪文艺复兴"的概念都发轫于19世纪的法国学者，并不存在一个明确的学术史上的承继性关联。不过，1995年，史蒂芬·本施在对11、12世纪的巴塞罗那的研究中强调11世纪在历史中的意义："11世纪是一个创新和想象的时代，12世纪则是一个将这些创新和想象常态化、并确保它们继续发展的时代。"他主张，基于越来越多的证据，11世纪理应获得一个比它现在获得的评价好得多的评价。③

---

① R. L. Benson and G. Constable, *Renaissance and Renewal in the Twelfth Century* (University of Toronto Press, 1991), xx.

② R. McKitterick, *The Frankish Church and the Carolingian Reforms, 789—985* (Royal History Society, 1977), xvi–xvii.

③ S. P. Bensch, *Barcelona and Its Rulers, 1096—1291* (Cambridge University Press, 1995), p. 399.

类似地，史蒂芬·杰格也主张，12世纪的人文主义者是基于怀旧而写作，而非基于一种对自己从属于一个"文艺复兴时代"的自信吹嘘。他们用作品来支撑文化的存续，以免文化随着时间的流逝而消散。而这种"怀旧"，正是对11世纪的一种延续与承继。[1]杰格在2003年关于12世纪的悲观主义的论述中也指出，"12世纪文艺复兴"从不是一个有着精确时间的概念。从12世纪对于诗歌、历史、世界和爱的衰减的惋惜和悲悼中，我们都能够看到11世纪的影子。[2]本施和杰格通过对11世纪与12世纪之间的承继关系的强调，试图说明12世纪绝非孤立存在的，就像哈斯金斯否定意大利文艺复兴从中世纪的黑暗中突然出现的一样。

关于因"文艺复兴"年代的界定而产生的争鸣，罗伯特·斯旺森在1999年出版的《12世纪文艺复兴》中给出了一个概述性质的总结。他认为，发轫于12世纪的这一运动，并没有一个清晰的终结点，正如它没有一个清晰的开始点；相反，它在达到一片"高原"之后渐渐不被注意。当一段"文艺复兴"结束之后，另一段"文艺复兴"会接踵而至。"12世纪文艺复兴"在接下来的历史时期里一面淡出，一面重现。我们需要去审视，隐藏在这个概念背后的"12世纪文艺复兴"，究竟意味着什么？即使关于"12世纪文艺复兴"的界定学界难以达成共识，我们理应对于使用不同的方法去看待这个时代的做法保持一种理解与尊重。这一时代既令人着迷又令人着恼，对西欧的智识与文明的发展有着深远的意义。[3]斯旺森的论断在一定程度上为"文艺复兴"持续时间的争鸣做出了小结。他将"文艺复兴"看作一个始终持续的概念，就回避了一切武断地用确切的时间来定性历史时期的弊端。

这就使我们转向了另一个话题："12世纪文艺复兴"的内涵应当如

---

[1] C. Stephen Jaegar, *The Envy of Angels: Cathedral School Social Ideals in Medieval Europe, 950—1200* (University of Pennsylvania Press, 1994), p. 9.

[2] C. Stephen Jaegar, "Pessimism in the Twelfth-Century 'Renaissance',"*Speculum* 78, no.4 (2003): 1151–1183.

[3] Robert N. Swanson, *The Twelfth-Century Renaissance* (Manchester University Press, 1999), pp. 212–213.

何理解？

"12世纪文艺复兴"内涵的丰富

在"意大利文艺复兴"中，早期人文主义者如但丁、彼得拉克和薄伽丘们以卓越的诗学造诣闻名于世。因此，"12世纪文艺复兴"的内涵，也被首先从这个角度解读。1946年，理查德·麦基翁论述了12世纪诗学与哲学的发展。他指出，在12世纪，诗人和哲学家关注相同的主题，一方面，诗歌给哲学施加了影响；与此同时，对于诗歌的哲学批评反映了理性与信仰的神学问题。两者之间的互动引发了12世纪修辞学的复兴。[①]麦基翁的论证很有严谨性，但是无疑，它只反映了"12世纪文艺复兴"的一个侧面。

小欧本·霍姆斯在1951年对12世纪文艺复兴给出了这样的界定："12世纪文艺复兴"是一次极有力量的文化振兴，其中诸如辩证法、神学、法学学习、世界范围内的民族文学、装饰艺术和拉丁诗歌都达到一个新的高度。这种振兴包含着"人文主义"的因素，然而"人文主义"却并非其核心，音乐、建筑、政治科学、历史叙述在这一时代崛起并臻于卓越。而在1250年以后，意大利走上了与封建欧洲不同的轨迹，它走向了真正意义上的"人文主义"，因此人文主义成了意大利文艺复兴的核心；而彼时，法国、德国、英格兰和低地国家则转向对于绘画、地理大发现和束缚权力的探索，并走上不同的现代化道路。[②]霍姆斯的观点是对布克哈特高扬"人文主义"的一种反动，他与哈斯金斯对于"文艺复兴"的侧重是相似的，他们都考虑一个时代的文化在各个方面的振兴，而非只侧重于"人文主义本身"——如同意大利文艺复兴那样。这一观点的意义在于，"12世纪文艺复兴"获得了一个更独立的地位，而非单纯作为意大利文艺复兴的序曲而存在。

霍姆斯对于"12世纪文艺复兴"内涵的界定是向哈斯金斯的界定靠拢的；然而，科林·莫里斯却回到了布克哈特。在他1972年出版的

[①] R.McKeon, "Poetry and Philosophy in the Twelfth Century: The Renaissance of Rhetoric," *Modern Philology* 43, no.4 (1946): 217–234.

[②] Urban T. Holmes Jr., "The Idea of a Twelfth-Century Renaissance," *Speculum* 26, no.1 (1951): 643–651.

《个人的发现》这部名字上就显示出鲜明的布克哈特"人的发现和世界的发现"之印记的作品中,他提出,西方文明关于个体理解的独立性来源于这样一种理解:对于个体和他者之间清晰的分野、对于个人尊严的尊重、对于个性特征的强烈兴趣和自我发现,以及个体本质的元素。在它看来,这些元素的产生,正在于12世纪。他认为,12世纪是一个全新的时代,在这一时代自我得到了发现,人文主义得到了回归。① 实际上,莫里斯将布克哈特和哈斯金斯联结在一起,他将布克哈特的议题向前拓展,来到了哈斯金斯所讨论的时间段内。

1973年,西德尼·帕卡德在《12世纪的欧洲》中对"12世纪文艺复兴"的内涵进行了梳理,尽管他回避了清晰的定义,而用"变化、复杂和巨大的能量"来描述"文艺复兴"。帕卡德认为,12世纪文艺复兴包含三个主要因素:作为文化发展之基础的人口增长,社会的结构性变化,各个领域内组织的复杂化以及"开放的年代"的概念。② 在帕卡德所总结的三个因素中,前两个因素在此前的研究中并不被看作是从属于"文艺复兴"的特征,而帕卡德率先将它们与"12世纪文艺复兴"相结合,进一步拓展了其概念。

回顾学术史的脉络,"12世纪文艺复兴"的概念发轫于1927年哈斯金斯,他提出这一概念以反对布克哈特对中世纪纯粹的否定以及"意大利文艺复兴"由突变而产生的观念。然而,这一概念却存在着很大的模糊性,并容易引起误解。学术界对此的讨论主要集中于其持续时间和内涵两大话题,然而仍然缺乏一个明确的共识。

本文并不尝试对上述两大问题做出一个充分的解答,相反,本文希望论述的是:12世纪处在中世纪的盛期,在这个时代,对于文化的呼吁,对于道德的诉求,对于重振社会的希望,终于塑造出一个文化高峰,即所谓"12世纪文艺复兴"。它与过去的时代和其后的时代都有着承继关系,然而,尽管宗教在欧洲社会中占据着举足轻重的地位,这并不意味着纯粹的黑暗、对世俗世界的轻蔑和对理性的压抑,而是有着对

---

① C. Morris, *The Discovery of Individual* (SPCK, 1972), pp. 3-4.
② Sidney Parckard, *Twelfth-Century Europe: An Interpretive Essay* (University of Massachusetts Press, 1973), pp. 221, 307-323.

人性的张扬和对理性的尊重；在这个时代，在广阔的欧洲大陆上发生了充分的文明交融，从而推动了科学、哲学、法学的进展，促进了文学、艺术的回归。

神学的转变：宗教星空下人性与理性的光辉

20世纪50年代起，12世纪文艺复兴的独特属性——宗教与神学的变化，开始越来越多地得到学界的关注。萨瑟恩在《中世纪的构造》（1953年出版）中使用了例证的方法，通过几个典型的例子，并借由这些例子将其结论泛化地推广。在这些例子中，两位修士安瑟伦和贝尔纳得到了格外的关注。与哈斯金斯并未将宗教作为关注的重点不同，萨瑟恩强调了宗教在解读中世纪文化中的意义。尽管他回避了使用"文艺复兴"这样的词语，然而他通过安瑟伦和贝尔纳等人对于"从叙事到浪漫"的布道主题转变，诠释了12世纪文化发展的动力。[①]

法国学者马利-多米尼克·舍尼同样用宗教的视角考量12世纪，他在《12世纪的神学》（1957年出版，1968年其英译本以"12世纪的自然，人与社会"为题出版）用社会和制度的方法来取代纯粹的理论研究范式来解读这一世纪的教会史。他试图将决定时代特征与决定信徒信仰的内在动力分离开来，借由时代特征和信徒信仰来达到对于时代的统一理解。对于舍尼来说，这一过程不仅包含对于智识、制度和社会历史的调查，还包含对以往总是只能被模糊认识的精神历史的研究。[②]

萨瑟恩和舍尼对于宗教的关注赋予了"12世纪文艺复兴"新的内涵：这一时代，神学产生了微妙的改变，对人们的精神世界施加影响。从而，"尽管对于具体话题学者们会持有不同的见解，然而，英国和法国学者普遍都同意，宗教是解读12世纪文化的核心议题"[③]。

---

① Richard W. Southern, *The Making of the Middle Ages* (New Heaven: Yale University Press, 1992), pp. 11-15.

② Marie-Dominique Chenu, *Nature, Man and Society in the Twelfth Century* (Chicago: University of Chicago Press, 1969), i-xxi.

③ Bernard McGinn, "Renaissance, Humanism, and the Interpretation of the Twelfth Century," *The Journal of Religion* 55, no.4 (1975): 444-455.

明谷的圣贝尔纳：对人性的张扬

哈斯金斯描绘了人们脑海中明谷的圣贝尔纳（Bernard de Clairvaux）的形象："（他）'满怀心事地将前额俯在骡子的颈背上'，浑然不知雷蒙湖的美丽……这难道不是对中世纪的典型概括吗？"① 但是，12世纪真的是一个人性泯灭的时代吗？甚至明谷的贝尔纳本人，真的是一位沉浸在对于罪孽、死亡和审判的恐惧之中，而对现世的美好毫不在意，对人性的价值一无所知的禁欲的修士吗？

圣贝尔纳修士的《雅歌讲道辞》选取了《圣经》中的《雅歌》作为主题，这一章节本身就是《圣经》中最绚烂、最华美的诗篇，而《雅歌讲道辞》又有一种鲜明的对于"爱"的张扬。贝尔纳在《雅歌讲道辞》中歌颂了"爱"本身的纯粹性和优美性，他写道："爱不仅是一纸契约，爱是拥抱，是意愿的同一把两个人变为一体……爱只知道爱，不管其他一切。"② 在这里，他实际上是对西欧封建社会里那种贵族之间因为政治利益而联姻的一种抨击。他强调的是"爱就是爱"的纯粹和圣洁，甚至是那种"爱战胜一切适度、理性、温良、审慎的考虑，把它们都变成败军"③ 的轰轰烈烈。他固然是在用人间的爱类比对天主的爱，但是这不仅仅是《圣经》中对"婚姻是一件圣事"的承继，更是通过"爱"这一人性最美好的部分，实现对于人性的回归。如此对于纯粹的"爱"的张扬，又怎么可能是一个"禁欲主义者"之所言呢？实际上，法国学者勒克莱尔甚至将贝尔纳的《雅歌讲道辞》归结为爱情文学的一种类型。④

被誉为"甜美的老师"（Doctor Mellifluus）的圣贝尔纳修士，只是被符号化为中世纪"禁欲主义"修士中的一个代表，被符号化为"人性泯灭年代"的中世纪的一个象征。而实际上，这个时代的修士，"许多人曾经有过世俗的爱情经验，熟悉世俗的爱情文学作品"；这个时期的

---

① C. H. Haskins, *The Renaissance of the 12th Century* (The World Publishing Company, 1927), Ⅶ.
② 彭小瑜：《"你的名如同倒出来的香膏"——圣贝尔纳的爱情观与世界观》，《华中师范大学学报（人文社会科学版）》，2013年第2期，第114–123页。
③ 同上。
④ Jean Leclercq, *Monk and Love in Twelfth-Century France* (The Clarendon Press, 1979).

修道院文学，"更多地借助男女爱情来阐释天主之爱"。①阿贝拉尔和爱洛伊丝的爱情，最终以在圣爱中更牢固和完美结合为归宿，实际上也是二人在追求完美的天主爱和不完美的人世间爱之间的调和的努力。在这个时代，对天主的爱需要借由人间的情爱来表达，天主的爱与人间的情爱更是应当走向一种完美的融合。人间的情爱绝不是被看作灵修的对立面，正相反，它是美好的，是基督教的圣爱的一个部分。守贞不是对抗肉身，而是改造心灵；对天主的爱不是否定人性，而是张扬人性。

神学与哲学的谐和：对理性的尊重

在12世纪，神学发生了重要的变化。关注的侧重点发生了转移，对于修道哲学范式的圣典的关注和基于此的冥想，转向了借由"非写就的真理"对于神性的探讨和对于其他发展信仰的途径的追寻。②这样的转变，表现在圣贝尔纳以人间情爱诠释天主之爱的诉求中，也表现在经院哲学对于人类理性的伸张中。

吉莉安·埃文斯指出："在12世纪，很难找到一个将自己定义为哲学家而非基督徒的人。"③但是，尽管"哲学家"和"基督徒"的二重身份之间有时存在着张力，在这个时候，12世纪的思想者们倾向于将自己定位为"基督徒"；然而，在大多数时候，这二重身份之间是能够谐和的。这种谐和以11世纪晚期的圣安瑟伦开始，到13世纪的阿奎那集大成。

英籍意大利神学家坎特伯雷的圣安瑟伦继承了奥古斯丁主义的传统，因而被尊称为"最后一位教父"；而他又是中世纪盛期经院哲学的开创者，又被尊称为"经院哲学之父"。圣安瑟伦的两大神学贡献是对于上帝存在性的证明和"补赎论"的提出，圣安瑟伦以一种纯粹逻辑的方法证明上帝不仅存在于理性中，还存在于现实中，他采用的方法是"归谬法"，诸如笛卡尔、斯宾诺莎、莱布尼茨、黑格尔都是这一论

---

① 彭小瑜：《"你的名如同倒出来的香膏"——圣贝尔纳的爱情观与世界观》，《华中师范大学学报（人文社会科学版）》，2013年第2期，第114–123页。

② Robert N. Swanson, *The Twelfth-Century Renaissance* (Manchester University Press, 1999), pp. 117.

③ Gillian R. Evans, *Philosophy and Theology in the Middle Ages* (New York: Routledge, 1993), p. 7.

证的拥护者；而他提出的"补赎论"，同样是基于理性进行论证，"从逻辑上看是完备的……属于标准的客观救赎论"[①]。圣安瑟伦生活在 11 世纪下半叶和 12 世纪初期，他关于上帝存在和"补赎论"的论证，发经院哲学之先声，宣告着以理性来诠释神学、谐和神学与哲学的时代的到来。

在圣安瑟伦的基础上，经院哲学在 12 世纪高速发展，而新型大学的建立、亚里士多德著作拉丁译本的大量出现，使得哲学与神学的谐和成为神学发展的必然，如德尔图良这样的早期教父认为哲学与神学不可调和的观点已经难以立足。13 世纪，托马斯·阿奎那的理性神学便是经院哲学、谐和哲学与神学的集大成的理论体系。对于上帝的存在、上帝的属性、世间万物与上帝的关系以及人类与上帝的关系，阿奎那以哲学的方式和理性的维度——予以论证，构建了完善的理性神学体系。对于阿奎那而言，理性是认识和表述神学问题的一个重要维度，哲学与神学有着谐和的空间；不唯如此，他甚至赋予了理性和哲学以独立于神学的自在价值："理性和哲学不同于信仰，有着它自身的权利和研究领域。通过人类理性获得的知识，具有不同于神学的独立的价值。"[②]当然，阿奎那的"理性神学"是经历了亚里士多德哲学一个世纪的引入和沉淀才应运而生的，在 12 世纪的语境下，很难产生对于理性的如此直接的肯定。然而，正是在 12 世纪经院哲学的发展、亚里士多德哲学的受关注，让 12 世纪理性的价值在神学体系中不断被发掘，才给了 13 世纪阿奎那集大成的可能性。

除此以外，在欧洲社会生态中占据不可轻视地位的犹太社群，同样在这一时代出现了对理性的尊重。迈克尔·西格纳指出："基督徒和犹太教徒都表现出了一种谐和理性与天启之间的努力。他们诉诸将学术原理作为分析经典文本的基础，他们致力于让学生理解：理性是联结上帝

---

① 溥林：《安瑟伦与中世纪经院哲学》，《四川大学学报（哲学社会科学版）》，2007 年第 3 期，第 76-82 页。
② 翟志宏：《阿奎那理性神学基本特征论析》，《武汉大学学报（人文科学版）》，2007 年第 3 期，第 303-307 页。

和人类的桥梁。"① 犹太社群与基督徒一样，将"理性"在 12 世纪抬高到了一个更高的高度上，它并非是人们与神沟通的障碍，正相反，它正是联通人与神的桥梁。往往表现出保守的犹太社群对理性的抬高，展现了 12 世纪欧洲社会鲜明而全面的尊重理性的风潮。

而另一方面，在基督教欧洲，基督徒与犹太人之间的关系也有了微妙的转变。尽管在 12 世纪，基督徒尚未发展出一个对于犹太教的合理性和拉比文学的完善攻击，犹太人也尚未发展出一个完善的抵御，然而正是在这一时期，基督徒与犹太教徒辩争的手段经历了变化。过往与犹太教的辩争是基于经文证明的，而在这一时期，新的辩争诉诸理性、对于《塔木德经》的攻击和使用《塔木德经》对于基督教原理的证明。② 虽然必须指明的是，这种辩争最终演化成了基督教社会对于犹太社群的一定程度的包容的结束，以 15 世纪基督教欧洲对于犹太人的残酷迫害而告终，然而至少在 12 世纪，这种新的辩争有着积极的因素。过往基督徒与犹太教徒的论战是立足于经文与圣典的，这种论战实际上让双方不可能站在同一个层面上沟通，也不存在相互理解的可能。但是，作为基督徒和犹太教徒关系转折点的 12 世纪，尽管这种转折最终以消极的方式为归宿，但在转折点上，体现出来的是理性的精神，人的价值有了伸展的空间。

因此，在 12 世纪，尽管知识分子大多成为修道院中的神学家，将精力投入宗教"灵修"，而非世俗文艺的创作。但恰恰是这些人，一步一步地抛下了彼岸与此岸相背离的观点，致力于将神圣之爱与世俗之爱融为一体，用人类理性在神学体系下营造容身的空间。即使是教宗，也在 12 世纪文艺复兴中发挥着积极的作用。保罗·舍费尔指出："他们为将要在 13 世纪成为智慧的灯塔的托钵僧们提供的庇护……教宗在 12 世纪文艺复兴的诸多领域占有一席之地。"③ 在这个时代，宗教星空下闪

---

① Michael A. Signer, "Overlapping Intellectual Models of the TwelfthCentury Renaissance," *Jewish History* 22, no. 1/2 (2008): 115-137.

② Daniel J. Lasker, "Jewish-Christian Polemics at the Turning Point: Jewish Evidence from the Twelfth Century," *The Harvard Theological Review* 89, no.2 (1996): 161-173.

③ Paul B. Schaeffer, "The Popes and the Twelfth Century Renaissance," *Pacific Historical Review* 1, no.2 (1932): 155-163.

耀着人性和理性的光辉，神职人员和经院哲学家们尊重理性、回归本性、张扬人性，为这个时代注入了人性的光芒与世俗的色彩，开启了文艺复兴的先声。

文明的交融：缪斯与科学在全欧的回归

在 12 世纪，在西欧与东方文明之间，近东的十字军东征、伊比利亚的"收复失地运动"，和民间学者的交流与译介，推动着东方文明与西方文明的交融；而在西欧文明内部，意大利与阿尔卑斯山北方、英吉利海峡两岸的文明同样展开密切的互动。这些文明的交融，催生了文化与科学在全欧的回归。

阿拉伯文明的传递

1096 年开始的十字军东征覆盖了整个中世纪盛期，其中的前三次贯穿了 12 世纪的始终。尽管十字军东征并未达成其初衷，然而它却作为文化艺术传播的有效途径改变了中世纪的西方世界。"11 世纪至 13 世纪末期，西方世界的基督修士大规模的翻译运动，伴随着十字军东征运动中欧洲与穆斯林世界的深入接触，东方文化西渐运动也由此拉开了序幕。"[1]

阿拉伯文明对于 12 世纪文艺复兴发挥的最重要的作用，是对古希腊罗马，特别是古希腊文化的保留，以及将其传回中世纪的欧洲。在阿拔斯王朝时代的百年翻译运动中，"阿拉伯学者将苏格拉底、亚里士多德、柏拉图等人的经典哲学著作，阿基米德、欧几里得、托勒密等人的天文学著作以及盖伦和希波克拉底等人的医学著作都翻译成了阿拉伯文"[2]。这些在中世纪早期蛮族入侵中相当多的部分已经在欧洲失传的经典著作，在阿拉伯世界得以保存和传承。而在中世纪盛期，在阿拔斯王朝分崩离析后，阿拉伯帝国对于欧洲的军事压力减小，两大文明之间的军事、政治冲突逐渐演化为文化交流。通过西班牙和意大利南部两西西里两条路径，阿拉伯人又开始把西欧的古典文化传回了欧洲。

---

[1] 王恒：《拜占庭艺术与欧洲早期的文艺复兴——作为文化艺术传播的十字军东征》，《大众文艺》，2011 年第 23 期，第 37-38 页。

[2] 马超：《探析阿拉伯文化对欧洲文艺复兴运动的影响》，《商业文化月刊》，2011 年第 2 期，第 148 页。

在12世纪的西班牙，托莱多的大主教萨维塔的雷蒙德在托莱多创建了培养翻译人员的学校。"托莱多的翻译活动和文化传播活动使其一度成为与巴黎和波隆那齐名的中世纪文化中心……涌现出一批伟大的翻译家，如最为杰出的克雷摩那的格拉德，就翻译了亚里士多德、欧几里得、阿基米德等希腊哲学家和科学家的七十多部著作。"①而在西西里，12世纪时"一些学者的著作开始由希腊原文被翻译为拉丁文。在这一翻译活动中，西西里岛上著名的翻译家威尼斯的詹姆斯、亨利克·亚里斯蒂普，先后直接从希腊文翻译了亚里士多德、第欧根尼、柏拉图的一些著作"②。通过对希腊原文的直接翻译而非经由阿拉伯文译本，实现了古典文化更彻底的译介。

另一方面，阿拉伯原生的文化，同样深刻地影响着欧洲："哥白尼和拉普拉斯等天文学家在他们的著作中引用了白塔尼等阿拉伯天文学家的著作和实例；阿拉伯光学家的著作直接而深刻地影响了罗吉尔·培根的光学研究，使他创立了近代的实验学。"③

12世纪最伟大的成就之一，就是大学的建立："这一世纪开始于大教堂学校（Cathederal Schools）的繁荣年代，结束于第一批大学在萨莱诺（Salerno）、博洛尼亚（Bologna）、巴黎、蒙彼利埃（Montpellier）和牛津的完全建立。"④大学在这个世纪由教会学校转化而来，并初步构建了涵盖有多学科世俗教育的教育体系。而12世纪的大学最闪耀的两大成就——科学与哲学的发展，都深刻地受到阿拉伯文明传递的影响。

科学和哲学的进展肇始于对亚里士多德的研究。亚里士多德的著作在阿拉伯帝国兴盛的7—11世纪被陆续翻译为阿拉伯文，这些哲学著作在12世纪初，经由伊比利亚半岛的伊斯兰国家传入欧洲，掀起了西欧国家从希腊璀璨文明中汲取营养的潮流。"在12世纪上半叶，亚里士多

---

① 刘建军：《阿拉伯文化对欧洲中世纪文化的影响》，《北方论丛》，2004年第4期，第98-102页。

② 同上。

③ 张彦：《阿拉伯—伊斯兰文化对欧洲文艺复兴的影响》，《宝鸡文理学院学报》（社会科学版），2011年第3期，第73-75页。

④ C. H. Haskins, *The Renaissance of the 12th Century* (The World Publishing Company, 1927), p. 6.

德的著作开始被译成拉丁文。约1187年,冈萨里兹翻译了他的《物理学》《论天》《论生灭》《气象学》(1—3卷)。"①随着亚里士多德著作的引入,传统的经院神学在思想层面上的一统地位被打破。西欧的哲学在12世纪高速发展,为13世纪经院哲学的集大成者托马斯·阿奎那调和亚里士多德哲学和基督教信仰的尝试奠定了基础。

对同时作为科学家和哲学家而名垂后世的亚里士多德著作的引入,随即引发了欧洲科学研究的进步,而这同样得益于阿拉伯文明。从亚里士多德的科学观点开始,大学开始开设自然科学的课程。这个世纪在结束的时候已经拥有了"中世纪早期传统所不知道的、而在12世纪从希腊人和阿拉伯人那里找回的哲学、数学和天文学的作品"②。尽管中世纪的科学家们轻视实验,所得出的结论往往有诸多错误,然而正是在这一时期,"自然科学逐渐作为一门与哲学相区别的学科出现了"③。从数学、物理学到天文学,古希腊科学在这一时期重获新生,阿拉伯的科学在这一时期的欧洲大放异彩。12世纪,西欧的科学水平虽然依旧较低,但这一时期的科学发展却是改变世界的科学革命的渊薮。

拜占庭文明的融汇

在476年罗马帝国西部倾覆以后,一方面,古希腊罗马的著作译介成阿拉伯文而得到保留,另一方面,古希腊罗马文化更直接地在拜占庭帝国得以保留和存续,成为文艺复兴的又一大源泉。在拜占庭帝国,学者们编纂、抄写和翻译了许多古典著作,而这些著作,又借由十字军东征和学者们的交流辗转传播到西欧,将古希腊罗马文明的火种传递到西方。

在哲学层面,"早在11世纪初,君士坦丁堡就有来自西欧的留学生"④。直到12世纪晚期科穆宁王朝衰落、安格鲁斯王朝陷入混乱之时,在君士坦丁堡依然有意大利的学生前来学习古典哲学;而在科学层面,1143—1180年在位的拜占庭皇帝曼努埃尔一世"曾把古代天文学家托勒密

---

① 徐兵:《欧洲中世纪大学的科学研究与科学教育》,《高等教育研究》,1996年第6期,第86—90页。
② C. H. Haskins, *The Renaissance of the 12th Century* (The World Publishing Company, 1927), p. 7.
③ 巴克勒等:《西方社会史(第一卷)》,广西师范大学出版社,2005,第509页。
④ 陈志强、徐家玲:《试论拜占庭文化在中世纪欧洲和东地中海文化发展中的地位和作用》,《历史教学》,1986年第8期,第30—37页。

的名著《天文学集成》和君士坦丁堡图书馆馆藏的一些重要图书赠送给西西里国王,这部《天文学集成》便是流传至今的拉丁文译本的原本"[①]。

拜占庭的法学传统同样在这一时期融汇到西欧文明之中。12—15世纪,西欧出现了以拜占庭《查士丁尼法典》为代表的罗马法复兴时期,在德国、法国都有着深刻影响,并在日后成为主流的法学范式;即使是在日后未曾采用罗马法范式的英格兰,罗马法也成为这一时代法律进修科目的普遍讲义。相比于研究者仍然较少的哲学和自然科学,法学在这一时期的西欧大学中是有着极大影响力的学科。西欧构建起了囊括罗马法和教会法规的法学体系,"中世纪大学……训练学生掌握一定的知识,为以后从事法律、医学、教学这些世俗专业或献身教会工作所用"[②]。方兴未艾的大学培养了一批法学等实用学科的毕业生,对欧洲中世纪治国理政水平的提高起到了重要作用,也推动了根植于罗马法、直接取自拜占庭的大陆法系的发展。

西欧内部的文明交流

阿拉伯和拜占庭传递给西欧的,更多的是科学和哲学;而西欧内部同样在12世纪进行了文明的交流,从而表现出文学与艺术的振兴。尽管如哈斯金斯所说的那样,"15世纪的文艺复兴主要表现在文学领域,而12世纪的文艺复兴更多表现在哲学和科学领域"[③],然而,12世纪的拉丁文文学纵使不如15世纪的十四行诗那样飘逸优美,也一样在历史中占有一席之地;12世纪走过巅峰的罗马式艺术和刚刚兴起的哥特式艺术纵使不如15世纪佛罗伦萨的巨匠们那样巧夺天工,却一样深刻地影响了后世的艺术风格。

12世纪文艺复兴在文学领域的成就主要体现于拉丁文文学。加洛林文艺复兴中高举的是维吉尔的旗帜,而12世纪文艺复兴推崇的是奥维德的气派。奥维德这位罗马时期的伟大诗人,在中世纪风行一时,12

[①] 陈志强、徐家玲:《试论拜占庭文化在中世纪欧洲和东地中海文化发展中的地位和作用》,《历史教学》,1986年第8期,第30-37页。
[②] 杨天平、潘奇:《欧洲中世纪大学的特色》,《现代大学教育》,2009年第1期,第52-56页。
[③] C. H. Haskins, *The Renaissance of the 12th Century* (The World Publishing Company, 1927), p. 278.

世纪被称为"奥维德时代",他的《变形记》甚至被誉为"诗歌的圣经"。奥维德的文字成为中世纪文学家们创作的灵感来源,奥维德的作品不仅在意大利与法兰西绽放光芒,也随着文明的交流,走向了海峡对岸。

1154年,法国安茹伯爵亨利二世在英格兰建立了金雀花王朝,也将英法之间的文化交流推向了新的高度。正如罗德尼·汤姆逊指出的那样,在精神与文化层面,都存在着一个"盎格鲁—法兰西共同体",这一共同体之间的共同点,"必须被认为是优先于海峡两岸两个区域之间的不同点的"。① 随着"盎格鲁—法兰西"共同体内文化交流的深入,奥维德的影响也因此得以进一步扩展,"一方面,它们成为法国民族语言文学,特别是法国行吟诗人们世俗抒情诗歌的灵感源泉……另一方面,奥维德的古典诗更跨越国界,培育出英国诗坛上的两朵奇葩——约翰·高尔和杰弗雷·乔叟"②。

奥维德用以写作的拉丁文,也在12世纪迎来了其文学的黄金时期。加洛林文艺复兴中,拉丁文诗歌与大众相隔甚远;而15世纪文艺复兴中,拉丁文诗歌又已经让位于以意大利文为代表的民族语言文学。但在12世纪,拉丁文诗歌和文学正处于其黄金时期。"12世纪的拉丁文诗歌远不只是古典范式和主题的复兴,而是对这个时代——浪漫的时代和信仰的时代——生机勃勃的方方面面生活的立体表达。"③因此,浩如烟海的拉丁文诗歌宣告着这一时代文学对古典的回归和对人性的高扬。在民族主义的力量尚且微茫的12世纪,作为西欧学术界共同语言的拉丁文的文学,以主流文学的姿态,在12世纪西欧内部的文明交流之中得到了充分的发展。

而在艺术领域,在12世纪占据主导地位的艺术是罗马式艺术,这种艺术形式发轫于古希腊罗马,随着罗马帝国的征服扩散到欧洲各地,而在12世纪,在西欧内部文明的交流中进一步扩展,"几乎囊括了所有

---

① Rodney M. Thomson, "England and the Twelfth-Century Renaissance," *Past & Present*, no. 101 (1983): 3–21.
② 刘洋:《论奥维德在罗马文学史上的地位》,硕士学位论文,湖南师范大学,2011。
③ C. H. Haskins, *The Renaissance of the 12th Century* (The World Publishing Company, 1927), p. 154.

希腊语系和罗马语系的民族区域"①。罗马式艺术包含罗马式建筑、罗马式雕塑和罗马式绘画,其中最著名的就是罗马式建筑。这种在科林斯柱式的基础上增加了浮雕柱式的建筑形式产生了一大批艺术的瑰宝,被诗人克洛德·努加罗誉为"就像太阳浇灌下的珊瑚花照亮了整个天空"的法国图卢兹的圣塞尔南大教堂,就是这一艺术的卓越代表,它正建成于12世纪。

12世纪不仅是罗马式艺术的鼎盛时期,还是哥特式艺术的勃兴时代。哥特式艺术起源于法国,随后也随着文明的交流在西欧各地流行开来。"哥特式风格的灵感出自一个名为苏哲(1122—1151)的修道士,他是圣丹尼修道院院长。"②这位修道士在1144年修成了历史上第一座哥特式教堂,随后,哥特式艺术便如雨后春笋一般在法兰西各地发展开来,并拓展到西欧各地。始建于1145年的兰斯大教堂、始建于1167年的巴黎圣母院、始建于1176年的斯特拉斯堡教堂等等,让哥特式艺术在12世纪迅速发展,很快成为欧洲流行的建筑范式,也成为艺术史上具有划时代意义的伟大成就。

除了建筑艺术,戏剧艺术也在12世纪呈现出独特的样貌。凯瑟琳·邓恩在她的戏剧研究中指出:"至少在特定场合下,一些以游行圣歌形式呈现的戏剧活动,在礼拜式的舞蹈处达到高潮,这种舞蹈包含了一种对于古典形式的模仿。"③这种对于古典的模仿,同样在12世纪,在西欧内部的文明交流中,从欧洲的西南部扩展开来,成为一种结构化的范例。

彼得拉克和薄伽丘等曾将他们所生活的14世纪称为"缪斯女神回归"的时代。在他们的时代,文学和艺术的虹霓吐颖、科学和哲学的独立张扬堪称震古烁今;但是,"缪斯女神的回归"绝非在14世纪才刚刚开始,早在12世纪,科学与哲学、文学与艺术已经展现了它们可昭后世的光辉。无论是阿拉伯、拜占庭将古典文化和自身文化传入西欧,还

---

① 库巴西赫:《罗马风建筑》,汪丽君译,中国建筑工业出版社,1999,第5页。
② 巴克勒等:《西方社会史(第一卷)》,霍文利、赵燕灵、朱歌姝等译,广西师范大学出版社,第514页。
③ E. C. Dunn, "The Farced. Epistle as Dramatic Form in the Twelfth Century Renaissance," *Comparative Drama* 29, no.3 (1995): 363–381.

是阿尔卑斯山南麓的意大利将拉丁文化向山北的法兰西、德意志乃至海峡对岸的英格兰拓展，都表现了这一时代的文明交融中缪斯与科学在全欧的回归。

结　语

"实际上，文艺复兴是一场克服欧洲危机的社会振兴运动——用人文主义新文化、新道德来抵御黑暗。"[①]文艺复兴是一场危机之下的觉醒，是旨在抵御黑暗的社会振兴运动。但危机之下的社会振兴，并非是一道骤然而起的光华，而是伴随着欧洲中世纪的始终。当476年伟大的罗马帝国走向倾覆，欧洲社会笼罩于文明衰微、野蛮与蒙昧的黑暗氛围之下，呼唤着人性、道德与文化复兴的声音就从来没有停止。社会动荡之下对安宁、和平的渴求，文化沦丧之时对人性、道德的召唤，是中世纪漫漫长夜下一直闪烁着的星辰。

在阿尔卑斯山北麓，在中世纪中期（800—1100），墨洛温时代文化遭受的创伤，在加洛林文艺复兴中得以扭转。而在12世纪，以法国为代表的阿尔卑斯山北麓国家中对于文化的重振，尤其是上文所述的对于神学的转变和文明的交融，贯穿12世纪的始终。

甚至在阿尔卑斯山南麓也是如此，15世纪的"文艺复兴"并不是一颗骤然而起的孤星。在漫长的中世纪，意大利人从来没有停止过罹受苦难。就像彼得拉克在《歌集》第128首中写的那样："为何从外国引来这么多的剑影刀光？意大利绿色的田野为何染上了野蛮人的血浆？"[②]无论是从奥托一世到巴巴罗萨的神圣罗马帝国的皇帝们对意大利的入侵，还是从东哥特人、伦巴德人到诺曼人、阿拉伯人对意大利永不停息的洗劫，乱世之中的意大利从来都不缺少剑影刀光。也正因如此，"我要高喊：和平！和平快些到来"[③]的疾呼，一直是意大利志士仁人的希冀；而文化与道德，一直是意大利知识分子希望藉以抵御黑暗、振兴社会的武器。

[①] 朱孝远：《欧洲文艺复兴史（政治卷）》，人民出版社，2010，第2页。
[②] 彼得拉克：《歌集》，李国庆、王行人译，花城出版社，2000，第187页。
[③] 同上书，第191页。

14世纪中叶黑死病的绝望与15、16世纪之交意大利战争的血腥催生了这三个世纪亚平宁半岛上"文艺复兴"的高峰，但这也正如加洛林文艺复兴一样，只是贯穿整个中世纪的抵御黑暗的社会振兴运动的一段波峰。12世纪的文艺复兴与之前的加洛林文艺复兴及之后的15世纪的"文艺复兴"一样，同样有着不可磨灭的光华。它或许没有后来的"文艺复兴"那样璀璨夺目，却一样光辉熠熠。

就像哈斯金斯写到的那样，"历史的连续性否定的是这样一种观点：前后相继的时代之间存在如此明显而强烈的反差"①。15世纪的"文艺复兴"不是对之前时代的一次突然的变革，也不仅是一道与之前的黑暗划清界限的光芒，它更是对以"12世纪文艺复兴"为代表的中世纪意大利人对文艺的追求的一次承继。中世纪并非漆黑一片、停滞不前，相反，在那个注重"信仰"的时代，人性一直闪烁着光辉；而文明的交融为文化与科学的繁荣注入了动力。在12世纪，对彼岸的虔诚不代表对此岸美好的摒弃，更不会否认文明交融中对文化和科学的追求，这正如20世纪美国修士默顿在《十八首诗歌》中咏唱的那样："所以我们都知道，天主给我们生命，而不是死亡。"②

参考文献

1. 巴克勒等：《西方社会史（第一卷）》，霍文利、赵燕灵、朱歌姝等译，广西师范大学出版社，2005。

2. 彼得拉克：《歌集》，李国庆、王行人译，花城出版社，2000。

3. 陈志强、徐家玲：《试论拜占庭文化在中世纪欧洲和东地中海文化发展中的地位和作用》，《历史教学》，1986年第8期，第30-37页。

4. 库巴西赫：《罗马风建筑》，汪丽君译，中国建筑工业出版社，1999。

5. 刘建军：《阿拉伯文化对欧洲中世纪文化的影响》，《北方论丛》，2004年第4期，第98-102页。

6. 刘洋：《论奥维德在罗马文学史上的地位》，硕士学位论文，湖南师范大学，2011。

---

① C. H. Haskins, *The Renaissance of the 12th Century* (The World Publishing Company, 1927), Ⅶ.
② Thomas Merton, *Eighteen Poems* (New York Directions, 1985).

7. 马超:《探析阿拉伯文化对欧洲文艺复兴运动的影响》,《商业文化月刊》,2011年第2期,第148页。

8. 彭小瑜:《"你的名如同倒出来的香膏"——圣贝尔纳的爱情观与世界观》,《华中师范大学学报(人文社会科学版)》,2013年第2期,第114-123页。

9. 溥林:《安瑟伦与中世纪经院哲学》,《四川大学学报(哲学社会科学版)》,2007年第3期,第76-82页。

10. 徐兵:《欧洲中世纪大学的科学研究与科学教育》,《高等教育研究》,1996年第6期,第86-90页。

11. 王恒:《拜占庭艺术与欧洲早期的文艺复兴——作为文化艺术传播的十字军东征》,《大众文艺》,2011年第23期,第37-38页。

12. 杨天平、潘奇:《欧洲中世纪大学的特色》,《现代大学教育》,2009年第1期,第52-56页。

13. 翟志宏:《阿奎那理性神学基本特征论析》,《武汉大学学报(人文科学版)》,2007年第3期,第303-307页。

14. 张彦:《阿拉伯—伊斯兰文化对欧洲文艺复兴的影响》,《宝鸡文理学院学报(社会科学版)》,2011年第3期,第73-75页。

15. 周一良、吴于廑:《世界通史(中古部分)》,人民出版社,1972。

16. 朱孝远:《欧洲文艺复兴史(政治卷)》,人民出版社,2010。

17. S. P. Bensch, *Barcelona and its Rulers*, 1096—1291 (Cambridge: Cambridge University Press, 1995).

18. R. L. Benson and G. Constable, *Renaissance and Renewal in the Twelfth Century* (University of Toronto Press, 1991).

19. C. Brooke, *The Twelfth Century Renaissance* (Harcourt, Brace & World, 1970).

20. J. Burchhardt, *The Civilization of the Renaissance in Italy* (Dover Publications, 2010).

21. Marie-Dominique Chenu, *Nature, Man and Society in the Twelfth Century* (The University of Chicago Press, 1969).

22. E. C. Dunn, "The Farced. Epistle as Dramatic Form in the Twelfth Century Renaissance," *Comparative Drama* 29, no.3 (1995): 363-381.

23. Gillian R. Evans, *Philosophy and Theology in the Middle Ages* (Routledge, 1993).

24. C. H. Haskins, *The Renaissance of the 12th Century* (The World Publishing Company, 1927).

25. Urban T. Holmes Jr., "The Idea of a Twelfth-Century Renaissance," *Speculum* 26, no.1 (1951): 643−651.

26. C. S. Jaegar, *The Envy of Angels: Cathed.ral School Social Ideals in Medieval Europe, 950—1200* (University of Pennsylvania Press, 1994).

27. C. S.Jaegar, "Pessimism in the Twelfth-Century 'Renaissance'," *Speculum* 78, no.4 (2003): 1151−1183.

28. Daniel J. Lasker, "Jewish-Christian Polemics at the Turning Point: Jewish Evidence from the Twelfth Century," *The Harvard Theological Review* 89, no.2 (1996): 161−173.

29. Jean Leclercq, *Monk and Love in Twelfth-Century France* (The Clarendon Press, 1979).

30. B. McGinn, "Renaissance, Humanism, and the Interpretation of the Twelfth Century," *The Journal of Religion* 55, no.4 (1975): 444−455.

31. R. McKeon, "Poetry and Philosophy in the Twelfth Century: The Renaissance of Rhetoric," *Modern Philology* 43, no.4 (1946): 217−234.

32. R. McKitterick, *The Frankish Church and the Carolingian Reforms, 789−985* (Royal History Society, 1977).

33. Thomas Merton, *Eighteen Poems* (New York Directions, 1985).

34. C. Morris, *The Discovery of Individual* (SPCK, 1972).

35. W. A. Nitze, "The So-Called Twelfth Century Renaissance," *Speculum* 23, no.3 (1948): 464−471.

36. S. Parckard, *Twelfth-Century Europe: An Interpretive Essay* (University of Massachusetts Press, 1973).

37. E. M. Sanford, "The Twelfth Century: Renaissance or ProtoRenaissance?" *Speculum* 26, no.4 (1951): 635−642.

38. Paul B. Schaeffer, "The Popes and the Twelfth Century Renaissance," *Pacific Historical Review* 1, no.2 (1932): 155−163.

39. Michael. A. Signer, "Overlapping Intellectual Models of the Twelfth-Century Renaissance," *Jewish History* 22, no. 1/2 (2008): 115−137.

40. R. W. Southern, "The Place of England in the Twelfth-Century Renaissance," *History* 45 (1960): 201−216.

41. R. W. Southern, *The Making of the Middle Ages* (Yale University Press, 1992).

42. Robert N. Swanson, *The Twelfth-Century Renaissance* (Manchester University Press, 1999).

43. Rodney M. Thomson, "England and the Twelfth-Century Renaissance," *Past & Present*, no. 101 (1983): 3−21.

优秀作业

豪拉提乌斯的罪与罚——试梳理李维关于豪拉提乌斯案的叙述的历史脉络[①]

余晓慧

引 言

常言道,罗马不是一天建成的。诚然,从亚平宁半岛上的蕞尔小邦到雄跨三洲的强大帝国,罗马国家经历了漫长的成长历程。在这一过程中,罗马城邦发展早期的历史状况无疑塑造了罗马国家的性格,为其后的共和国乃至帝国的建立奠定了基础。共和国晚期历史学家提图斯·李维的《建城以来史》第一卷是关于罗马前共和国时期历史最重要的史学著作之一,从他对王政时期的人物与事件的叙述中,我们可以获得对早期罗马的国家面貌较为准确和全面的了解,正如历史学家本人在前言中所说的,认识到罗马"曾有过什么样的生活,什么样的道德;在和平和战争期间,通过哪些人以及运用哪些才能建立和扩大帝国"[②]。

图鲁斯·豪斯提利乌斯是继罗慕路斯和努马后的第三位王,其统治时期罗马通过战争实现了与阿尔巴城的合并,这一过程中发生了一桩极具戏剧性的故事。由于交战双方——罗马和阿尔巴均不愿在战争中相互损耗而使共同的敌国获利,他们决定各派一组三胞胎兄弟代表各自的国家作战,他们分别是罗马的豪拉提乌斯兄弟和阿尔巴的库利亚提乌斯兄弟(李维指出,关于两组三胞胎的名字也有相反的意见)。经过一场

---

① 课程名称:古希腊罗马历史经典;本文作者所在院系:外国语学院。
② 李维:《建城以来史(前言·卷一)》,穆启乐等译,上海人民出版社,2005,第21页。

苦战，豪拉提乌斯之一在两个兄弟倒下之后为罗马争取到胜利。凯旋的路上，豪拉提乌斯愤怒地杀死了为敌人哀恸的亲妹妹——豪拉提娅哀恸的原因在于，她已经与库利亚提乌斯之一定亲。事情进展到此已是矛盾重重，而同样令人费解的是豪拉提乌斯受到的处置：他在王的指示下被二人团判定为叛国罪，又在王的允许下在人民面前申诉，最终获得民众的原宥，仅被要求象征性地进行赎罪仪式。

本文关注的重点在于，豪斯提乌斯杀害胞妹的罪行如何导向叛国罪的罪名，并且这一罪名又如何在公众面前得以释解。讨论将从以下三个方面展开：第一，豪拉提乌斯杀戮亲人给城邦带来了污染；第二，王在这一事件中的立场和所作所为揭示了豪拉提乌斯的武功对王权造成的威胁；第三，豪拉提乌斯对国家法律的僭越以及接受审判后的归服。

杀戮的罪行与救赎

豪拉提乌斯在大庭广众之下以残暴的方式杀了自己的亲妹妹："在他自己胜利和公众如此之大的欢乐中，妹妹的悲哀震动了这个暴戾的年轻人。""于是，他抽出剑，咒骂着刺穿了这个姑娘。"[1]如果没有这一举动，他本是罗马的英雄，给国家带来了巨大的荣誉。但如此冷血和残酷的行为颠覆了人们对这一英雄的看法，"这一举动对元老和平民来说显得可怖"[2]。

一个显而易见的事实是，豪拉提乌斯犯下了谋杀罪，尤其恶劣的是，他杀的是自己的亲人，然而他得到的罪名却是叛国罪。从表面上看，把叛国的罪名安到豪拉提乌斯头上不仅显得风马牛不相及，而且与豪拉提乌斯的行为形成了鲜明的反差。一方面，豪拉提乌斯在与库利亚提乌斯的战斗中力挽狂澜，使自己的国家免于被统治的同时获得了对另一个国家的统治权，如果没有后来发生的事，他是众望所归的民族英雄。另一方面，从豪拉提乌斯自己的角度来看，他的杀妹之举恰恰是出于炽热的爱国之情。豪拉提娅虽然与阿尔巴的库利亚提乌斯订了婚，但

---

[1] 李维：《建城以来史（前言·卷一）》，穆启乐等译，上海人民出版社，2005，第77页。
[2] 同上书，第70页。

她尚未出嫁，因此其国家归属仍应是罗马。在这一身份的前提下，她的情感倾向却是偏于未婚夫所属的阿尔巴一方的。甚至可以说，被杀的妹妹的行为更符合背叛祖国的判定——正如豪拉提乌斯咒骂的，她对未婚夫的爱是"不合时宜的"，她忘记了死去的和活着的兄长，忘记了自己的祖国。① 当然，这样的分析并非为豪拉提乌斯的罪行辩护，而是一种顺着正常和简单的逻辑得出的结论。

由此可见，豪拉提乌斯的可怖行为与叛国的罪名无法直接挂钩。一种也许可以接受的解释是，他对罗马的背叛不是侵损国家的外部利益，而在于他的所作所为违背了天理和公序良俗，从而给内在的国家道德形象带来了污点。

纵观整部《建城以来史》第一卷，违背伦常、残害亲人之举并非个例。首先，罗马的建立便是以兄弟相残为代价的。李维叙述雷慕斯被杀过程时写道："更为普遍的传说是雷慕斯为嘲弄他兄弟而跳过了新城墙；因而他被愤怒的罗慕路斯杀死，他还加以言辞责骂：'今后任何其他跳过我城墙的人亦如此！'"② 如果把这段内容与对豪拉提乌斯杀妹情形的叙述进行对比，我们会发现其中存在一些相似性。正如 Aaron M. Seider 在其文章中指出，豪拉提乌斯对妹妹的咒骂可以看作是罗慕路斯对雷慕斯责骂的历史回声，二者在句式结构和语气强度上十分一致，而且都指向一种对国家边界的清晰分割与维护。③ 此外，王政时期季世的傲慢者塔克文及其妻子图里娅也有残害亲人之举，两人正是在设计害死各自原先的配偶后才结为夫妻的，图里娅更是犯下"一桩无耻、野蛮的罪行"："丧心病狂的图里娅驱车轧过父亲的尸体，并且她自己被染弄脏，把父亲血与尸体的一部分由染血的车带到她与她丈夫的家神那儿。"④ 图里娅驱车驶过的街区被人们称为"罪恶街区"，并作为这一罪行的纪念地，这与豪拉提乌斯的案例中人们对"妹妹梁"和豪拉提娅之墓的纪念如出一辙。尽管豪拉提乌斯杀妹、罗慕路斯杀弟与图里娅弑父三者不

---

① 李维：《建城以来史（前言·卷一）》，穆启乐等译，上海人民出版社，2005，第 77 页。
② 同上书，第 37 页。
③ M. Aaron, "The Boundaries of Violence in Horatius Battles," New England Classical Journal 39, no. 4 (2012): 259-275.
④ 李维：《建城以来史（前言·卷一）》，穆启乐等译，上海人民出版社，2005，第 125 页。

能等量齐观，但其中存在的相似性表明，血亲之间的互相残害在罗马人心中留有磨灭不去的记忆，这种残暴的罪行无论如何会给国家带来污染，当主人公是与国家命运息息相关的重要人物时，这种污染来得更为严重。

豪拉提乌斯给家族和国家带来的污染也可以从罗马人民对他的处置措施中得到印证。"为了使昭彰的凶手仍然以某种赎罪仪式纯洁化，他们命令父亲用公共基金洁净儿子。"①李维这一叙述中有两个值得玩味的细节：人们没有安排特定的执行人员来为豪拉提乌斯赎罪，而是让其父承担洁净的责任；同时，赎罪仪式产生的费用从公共基金中支出。在一定意义上，这体现出豪拉提乌斯的罪行在家庭和公共空间两个维度的属性：一方面，杀害胞妹是对父权的挑战，他手上沾上了亲人的血，正如图里娅把杀父的污染"带到她与她丈夫的家神那儿"一样，所以净化这一污染需要作为家庭力量之中心的父亲出面；另一方面，血腥的杀戮污染的是整个国家，尤其考虑到豪拉提乌斯作为国家英雄的一面，他的赎罪需要被当作一件公共事务来处理。

王的统治危机及其解除

豪拉提乌斯事件中王的做法颇为出人意料。其一，他没有直接给豪拉提乌斯定罪或赦免他，尽管作为一国之主他显然拥有这样做的权力；其二，在二人团依据法令判豪拉提乌斯为叛国罪并将执行处罚之时，王又扮演了"宽容的法律诠释人"的角色，主使豪拉提乌斯上诉。前后两个举动似乎是矛盾的，王一开始让渡了处置罪犯的直接决定权，后来又主动干涉二人团的审判。不过，李维在文中解释了王的矛盾心理："王为了使自己既不承担如此不幸和令公众不悦判决的责任，也不承担按判决惩罚的责任。"②所以他指定二人团进行司法活动。

在王看来，判决和处罚豪拉提乌斯会令公众不悦，这不难解释。因为豪拉提乌斯前不久刚刚挽救了罗马，他作为罗马英雄的光环并没有因为杀妹的恶行而完全消失。即使证据确凿，王也不敢自行给豪拉提乌斯

---

① 李维：《建城以来史（前言·卷一）》，穆启东等译，上海人民出版社，2005，第75页。
② 同上书，第77页。

定罪并施以严刑，这样做的后果是，一旦民众觉得英雄受到了不公的对待，他们就会对这种不公的直接施加者产生不满情绪，这对王的统治无疑是危险的。但同时，王更不能为了讨好民众而纵容豪拉提乌斯，因为后者的罪行发生在众目睽睽之下，而且就其恶劣性而言的确是不可饶恕的。所以，最讨巧的做法无疑是把判决和处罚的责任推给他人。下一个环节中二人团的做法同样令人玩味："他们以为根据这一法令不得宣告某个甚至无辜的人为无罪。"① 二人团也面临相似的两难境地，他们做出的决定几乎与自己的主观意愿相反。值得注意的是，李维的叙述暗示着二人团认为豪拉提乌斯是无辜的，然而后者的确犯下了不可辩驳的罪行。那么，这里的无辜只能是另外一种解释，即豪拉提乌斯的行为不应使他得到叛国的罪名，这甚至可以看作是一种冤枉。

就在豪拉提乌斯即将接受刑罚之时，王指使豪拉提乌斯上诉。学者阿兰·瓦特孙评价此举为图鲁斯精巧的权术游戏，通过鼓动豪拉提乌斯上诉，王向公众表明了自己是保障上诉权的支持者。② 进一步而言，充当"宽容的法律诠释人"意味着王站在了法律和人民的中间立场上，一方面，他的统治并没有脱离法律的束缚；另一方面，他又是人民利益的积极维护者，不惜挑战法律的边界来保障一个英雄为自己辩护的权利。王此举可谓一石二鸟，不仅在人民面前美化了自己的形象，而且也顺水推舟地把判决和惩处豪拉提乌斯的责任传递到民众手中。这样，无论豪拉提乌斯最后如何被定罪，都不会使人民对王产生不悦，因为他们自己才是做出决定的人。

阿兰·瓦特孙在其文章中也分析了王通过二人团宣判豪拉提乌斯为叛国罪而非谋杀罪的可能原因。他指出，假如王采取更合理的做法而判豪拉提乌斯为谋杀亲人罪，那么他再把审判的责任通过层层递进推卸给人民就会显得多此一举。同时，从当时司法程序的角度来说，谋杀罪犯在接受审判时可能并没有上诉的权利。③ 杀害亲妹妹是关涉家庭成员利害的罪行，即便其恶劣影响超出了家庭的范围，对犯人进行审判的主体

---

① 李维：《建城以来史（前言·卷一）》，穆启东等译，上海人民出版社，2005，第79页。
② Alan Watson, "The Death of Horatia," *The Classical Quarterly* 29, no. 2 (1979): 436–447.
③ Ibid.

也不至于上升为民众全体；但叛国则是关系到整个国家的大事，更何况豪拉提乌斯有着国家英雄的特殊身份。

在整个审判过程中，王巧妙地利用法律和民意解除了王权面临的威胁。从某个角度来说，豪拉提乌斯杀妹事件表面上给王带来了危机和窘境，但实际上恰恰使王的统治免除了更大的危机。试想，如果豪拉提乌斯没有犯下不可饶恕的罪行，那么他在公众心目中只有英雄的光辉形象，这种光辉无疑使国家的统治者——王黯然失色。在李维的叙述中，图鲁斯·豪斯提利乌斯被人民任命为王的理由在于，"他是城堡下与萨宾人战斗中闻名的豪斯提利乌斯的孙子"①，祖上的战功和他本人好战的个性使他获得了元老和人民的肯定。然而，现在出现了就功勋和勇武而言毫不逊色的豪拉提乌斯，这意味着王面临着一位强大的竞争者，后者随时可能凭借新近获得的荣誉和由此带来的民众的支持颠覆王的统治并取而代之。但事情突然出现的变化取消了这种可能性，豪拉提乌斯那带给他荣光的武力也摧毁了他的美好前程。

暴力对法律的僭越与归服

豪拉提乌斯被审判为叛国罪的原因，如学者欧文·J. 厄奇所猜测，也可能在于他滥用武力惩罚对国家不够忠诚的妹妹时，私自执行了城邦的法律。②换言之，妹妹豪拉提娅以罗马人的身份为敌人悲恸，这也许有违城邦法律和道德对公民的要求，但即使她对国家的不忠诚达到了招致惩罚的地步，对她的惩罚也应该由拥有司法权的王或其他人来执行。豪拉提乌斯杀妹的举动是非法的，不仅因为其残暴性和恶劣性，还因为他用剑刺穿妹妹时，进行了某种审判，而这构成了对法律的僭越。

在李维对王政时期的叙述中，与法律相关的内容出现的频率不高，但都有不容忽视的重要性。首先，罗慕路斯甫一建城便确立了法律，"依礼行毕神事，他召集民众到会，颁布了法律；民众只有通过法律才

---

① 李维：《建城以来史（前言·卷一）》，穆启东等译，上海人民出版社，2005，第67页。
② Erwin J. Urch, "The Legendary Case of Horatius," The Classical Journal 25, no. 6 (Mar, 1930): 445-452.

能凝聚成一个民族的整体"①,这表明法律乃是罗马城市存在和发展的重要基石。罗马的第二位奠基人努马同样表现出对法律的高度重视,"当他这样获得王权后,他准备通过正义、法律和道德重新缔造这个靠暴力和武力缔造的城"②,法律在努马这里与道德拥有同样重要的地位,并且都是作为暴力的反面而存在的。图鲁斯·豪斯提利乌斯在完善城邦法律方面似乎没有做出建设性的贡献,但发生在他统治时期的豪拉提乌斯案几乎是整部《建城以来史》第一卷中对法律的内容和程序叙述得最为明确和具体的一次。

通过分析图鲁斯在审判过程中的言行,我们可以发现王权与法律之间的关系是暧昧的。图鲁斯说:"我依法指定二人团来宣判豪拉提乌斯为叛国罪。"③表面上看,王的决定是在法律之下做出的,但随之以直接引语的形式出现的法令内容又像是王的旨意的具体化。而且,从后面的描述中可知,王拥有对法律的解释权,而由他指定负责审判的二人团则只能依据法令做出有违本愿的决定。如果做一个不太谨慎的结论,甚至可以说法律并没有独立于王权而存在,正如所谓"在专制的国家里,国王就是法律"的说法所揭示的那样。从这个角度来看豪拉提乌斯的所作所为,可以说他自觉或不自觉地企图扮演立法者和司法者的角色。他咒骂的话语"任何哀悼敌人的罗马妇女都应这样死去"在表达极度愤怒的情绪之余,也在强调一种适用于整个国家的普遍性。与之相似,罗慕路斯对雷慕斯的斥骂也具有这种普适性,可以推测,罗慕路斯制定的法律中很可能会包含针对像雷慕斯一样的越界者的处罚措施。但罗慕路斯与豪拉提乌斯的区别在于:前者是王,有理由越过甚至更改法律的界限;而后者是民,无论他的行为是重建已有法令的权威性抑或自己宣布一条法令都跳出了法律的限制,因而构成了对法律本身的挑战。

豪拉提乌斯的行为造成了尖锐的道德冲突,但带来冲突的恰恰是他前后性情的一致性。约瑟夫·B.所罗都认为,李维在叙述豪拉提乌斯的故事时明显把情节分成了两个部分,即城外的决斗和城内的审判。这样

---

① 李维:《建城以来史(前言·卷一)》,穆启东等译,上海人民出版社,2005,第39页。
② 同上书,第63页。
③ 同上书,第77页。

的分割突出了主人公作为英雄和杀害妹妹的凶手两重身份之间的矛盾与反差,而前后两种性质不同的行为有着共同的驱动心理:狂热的爱国主义。① 这种爱国热情的外化则是豪拉提乌斯的武力或者说暴力。在战场上,暴力维护甚至扩张着国家的边界;在城墙之内,暴力却很有可能转变为挑战国家边界的危险因素。在一定意义上,可以说法律维护着无形的国家边界。即便豪拉提乌斯没有犯下杀妹之罪,他的暴力(在战场上表现为勇武)依然是一种威胁城邦秩序的可怖力量。更进一步而言,在豪拉提乌斯事件中体现出的军事力量与国家的矛盾正是李维所处时代人们需要面对的问题,正如所罗都所指出的,更晚近的罗马历史很大程度上是由在国外取得军事胜利后返回城邦的将军们创造的。共和国的衰落要回溯到苏拉、凯撒、奥古斯都等人的事业,而他们与罗马国家的关系与豪拉提乌斯颇为相似:都因为军事上的成就对城邦功不可没,并且当他们回到城邦时都引起了人民对未来的恐惧。②

如果说豪拉提乌斯杀妹一事把暴力国家的潜在威胁突出化了,那么对豪拉提乌斯的审判则是让暴力回归法律控制之下的过程。首先,豪拉提乌斯被带到王面前进行审判,王把判决的责任推诿给了二人团,最后豪拉提乌斯的上诉又把审判权带到了人民面前。这一系列流程都是在法律规定的范围内完成的,王自称依法指定二人团为豪拉提乌斯定罪,二人团根据法令不得不宣告叛国的罪名并执行相应的惩罚,豪拉提乌斯上诉虽然是由王主使的,但也是法令允许的操作。

在人们做出最后的判决之前,王权和法律已经把一度凌驾于城邦之上的豪拉提乌斯纳入了城邦秩序之内,使他从不可一世的英雄变成了准备接受审判的罪人。而罗马人民的判决则进一步消解了暴力与法律所代表的国家秩序间的矛盾,实现了前者向后者的归服。李维写道:"他们更多出于对他勇气的敬佩而不是由于他诉讼的公正而宣告他无罪。"③ 这一委婉的表述包含着丰富的意蕴。一方面,从审判的结果来看,罗马人民妥协了,"对他勇气的敬佩"表明人们肯定了豪拉提乌斯对国家的

---

① Joseph B. Solodow, "Livy and the Story of Horatius, 124–26," *Transactions of the American Philological Association* 109, (1979): 251–268.

② Ibid.

③ 李维:《建城以来史(前言·卷一)》,穆启东等译,上海人民出版社,2005,第79页。

功劳，即肯定了暴力的正面作用。另一方面，"不是由于他诉讼的公正"意味着豪拉提乌斯为自己辩护的内容不具有合法性，换言之，在法律面前，豪拉提乌斯仍然是有罪的，后来的赎罪仪式也证明了这一点。从反面来考虑，如果李维没有强调人民做出决定的原因，也就是默认豪拉提乌斯的诉讼是公正的，那我们就可以推断：他不应被给予叛国的罪名，他杀害妹妹的行为及其动机并未构成对国家秩序的挑战，最终的结论便是，回归城邦之内的暴力被允许凌驾于城邦之上。人民对勇气的宽容本来是有违法律原则的，但他们主动承认这种非法性表明了法律并没有丧失在公共空间的权威。这一妥协表面上逾越了法律所维护的边界，但实际上正起到了巩固的作用，因为法律的边界就是人民意志的边界。在豪拉提乌斯案中，民意免除了暴力的罪名，同时也把它束缚在法律的控制范围之内。

参考文献

1. 李维：《建城以来史（前言·卷一）》，穆启乐等译，上海人民出版社，2005。

2. Bernard Mineo (ed.), *A Companion to Livy* (Wiley Blackwell, 2014)

3. M. Aaron, "The Boundaries of Violence in Horatius Battles," *New England Classical Journal* 39, no. 4 (2012): 259-275.

4. C. Davis, "Livy and Corneille: Conflict and Resolution in the Story of the Horatius," *Common Knowledge* 21, no.1 (2015): 44-49.

5. William A. Oldfather, "Livy i, 26 and the Supplicium de More Maiorum," *Transactions and Proceedings of the American Philological Association* 39, (1908): 49-72.

6. Joseph B. Solodow, "Livy and the Story of Horatius, 124-26," *Transactions of the American Philological Association* 109, (1979): 251-268.

7. Erwin J. Urch, "The Legendary Case of Horatius," *The Classical Journal* 25, no. 6 (Mar, 1930): 445-452.

8. Alan Watson, "The Death of Horatia," *The Classical Quarterly* 29, no. 2 (1979): 436-447.

优秀作业
Why Does Moses Smash the Tablets?[①]

朱子建

In Exodus 32-34, the tabernacle narrative in Exodus is interrupted by a sudden event, namely the so-called "Golden Calf" incident. The purpose and function of this incident is quite obscure and controversial, since it seems to be a non-event which has no significant impact on the whole plot of Exodus.

However, not only the function of this incident, but also the incident itself is very hard to understand. For example, why does Moses smash the tablets which were inscribed and handed over to him by God only a moment ago? Given the divine workmanship of these tablets and Moses' well-known piety to God, this action seems quite reckless.

The generally accepted interpretation of Moses' brusque action is that (1) this action expresses Moses' anger and (2) it shows that the covenant is annulled because of the Israelites' sin with the calf and therefore is a punishment for their guilt. This interpretation seems quite convincing in that it has some textual evidence (e.g., Exod. 32: 19, "Moses' anger burned hot"), and it explains why the covenant has to be renewed in Exodus 34.

Nevertheless, several questions must be raised. First, Moses' burning anger seems a little bit odd here. According to the Torah, Moses seldom shows such strong emotions. Here is one of the few cases where Moses gets angry (another case is in Num. 16: 15). Even when he is informed by God of people's sin of idol worship, compared with God's irrepressible anger, he

---

[①] 课程名称:《圣经》释读;本文作者所在院系:哲学系。

keeps calm surprisingly. What is worse, in Deuteronomy where Moses retells the "Golden Calf" incident to the Israelites, he mentions nothing about his anger and the smashing of the tablets (Deut. 9: 7–21).

Second, it is also very hard to understand why the covenant between God and the Israelites can be annulled here. As is seen in Exodus 24, the covenant has already been ratified and established by a complex ceremony (Exod. 24: 1–9). Once a covenant is established between a ruler and his subjects, the subjects have to follow the obligations according to the laws (here, the Decalogue and other ordinances). The violation of the laws does not entail the annulment of the covenant. On the contrary, it only means that, according to the covenant, the violators (here, the Israelites) should be punished by the superior authority (here, God). Hence, the covenant is not annulled by the Israelites themselves. Besides, it seems that God does not intend to abolish the covenant either (e.g., see Exod. 32: 14). Therefore, if the covenant is abolished here, it can only be abolished by Moses' own intentional action. But why does Moses want to do this against God and the Israelites' volition?

One might argue that Moses annuls the covenant only to punish the Israelites. However, it is not clear what punishment Moses imposes by smashing the tablets. What's more, this interpretation seems to exaggerate the tension between Moses' intention to protect the Israelites and to punish them.

Based on the analysis above, the mainstream interpretation of the smashing of the tablets faces many difficulties and therefore is at least not as convincing as it seems to be *prima facie*. In the rest of this article, I will present an alternative interpretation briefly.

In my opinion, Moses' smashing the tablets is not intended to punish the Israelites, but to protect them. According to the Decalogue, because of their worshiping the calf, the Israelites and even their descendants as well have to be punished with death (see Exod. 20: 5 where God commands not to worship an idol: "punishing children for the iniquity of parents, to the third and the fourth generation"). If divine sanction necessarily follows the violation of the divine laws, the Israelites would not have the slightest hope to survive. By smashing the tablets, Moses is declaring to his people, and more importantly to God, that the covenant becomes void because of the break of the tablets. If the covenant is void, the Israelites might avoid God's punishment for their violation of the covenant. In fact, Moses replaces his fatally divine punishment by some much lighter human punishments (Exod. 32: 20−27), otherwise the entire Israel people would have been burned (Exod. 32: 10). Therefore, through this seemingly brusque and reckless act, Moses is actually asking God not to punish the Israelites according to the previous covenant.

In this case, Moses' smashing the tablets is not a hotheaded action due to his burning anger, but a deliberate action aiming to save his people. Although the previous covenant is not annulled and God does not completely forgive this crime, the Israelites are saved for the time being thanks to Moses' act of courage.

If this is the case, then we can have a new understanding of the whole "Golden Calf" incident and its aftermath: This event is not a non-event which has no significant meaning. It extremely emphasizes the important role of Moses in Israel history. He is not just a bearer of God's words; rather, to some extent, he saves the Israelites from "the hands of the living God".

优秀作业
地上之城的企望①

马若凡

自1302年被流放后,但丁终身未能回到佛罗伦萨。对故土风物的热恋、对政治混沌的失望、怀璧其罪的愤慨,使得但丁对佛罗伦萨的情感无比纷杂:他称自己"是一个出生上的佛罗伦萨人,而非天性上的"②。因此,当但丁在《地狱篇》中反复地论及佛罗伦萨,并将其隐喻为一个中世纪版的忒拜时,这种情感的张力同样使得这位托斯卡纳人做出的地上之城的类比具有了多个向度的含义。

一、"两城说"及其传统

对"地上之城"(*civitas terrena*)这一概念的系谱学回溯,必然使我们将但丁对佛罗伦萨的控诉首先带回奥古斯丁的层面之中。在希波的主教看来,由于原罪造成了人内在心灵的自我对立,出现了两种爱:属灵的爱指向上帝,并最终造成了上帝之城,或曰亚伯之城;而属肉的爱则指向低级的善好,造成了地上之城,或曰该隐之城("两种爱造就了两个城。爱自己而轻视上帝,造就了地上之城;爱上帝而轻视自己,造就了天上之城。"③)作为头子的该隐,杀死了亚伯,并出于对自身的爱(*amor sui*)建立了地上之城;而作为次子的亚伯,则把自己定义为尘世

---

① 课程名称:中世纪西方政治思想;本文作者所在院系:政府管理学院。
② 但丁最初对《神曲》标题的命名为: Here beginneth the Comedy of Dante Alighieri, a Florentine by birth, not by character.
③ 奥古斯丁:《上帝之城:驳异教徒》,吴飞译,上海三联书店,2008,第225-226页。

的逆旅者,凭着与上帝的团契在地上之城过着过客的生活。① 由此,就两座城最初的起源而言,"凡是在地上建的城,即地上任何的社会和政治集团,在根本意义上都只能属于地上之城"②。因此,作为一个政治性的城邦,一个尘世的共同体,佛罗伦萨必然是一座彻底的"地上之城"。

进一步而言,奥古斯丁所称心灵秩序的对立,不仅产生了地上之城与上帝之城的历史性区别,必然还包括了正义与不义的价值区别:对于该隐而言,地上之城不仅是他的归宿,更是同袍相残后的避难所③,是用以盛放他对上帝——包括作为上帝子民的亚伯——嫉妒之情的容器。就其目的而言,地上之城必将充满罪恶,故而地上之城中的世俗关系,从根本上就不可能具有真正的价值。而佛罗伦萨所向往的罗马帝国,与该隐之城有着同样的嫉妒与杀戮的起源——就像奥古斯丁对卢侃诗歌的引用:"鲜血在城墙之中哀号"④(the blood cries out from the city's wall)。因此,毫不意外地,被但丁谴责为地上之城的佛罗伦萨,在这一意义上同样充满了罪恶:这一点但丁在游历地狱的旅途中便借第一位遇到的佛罗伦萨人——恰科之口,迫不及待地表达了出来:"义人有两个,说的话大家都不听。/ 傲慢,嫉妒,贪婪这三种罪孽,/ 是点燃这些坏心肠的三点火星。"⑤法里纳塔在谈到他亲友党属所遭受的暴行时也黯然神伤,用"狠心"来谴责佛罗伦萨的党争与分裂。⑥类似的表述后来在拉丁尼口中也得到了再现:"世间自古说他们盲目懵懂,/说这些人贪婪,善妒,矜骄。"(Inf. XVI. 67-68)而随着旅人但丁在地狱中的不断下降,佛罗伦萨作为一座地上之城所犯下的罪愆在他眼中也愈积愈深,仅借罪人和旅人但丁(Dante the pilgrim)之口来表达佛罗伦萨的堕

---

① Peter S.Hawkins, "Divide and Conquer: Augustine in the Divine Comedy," *Publication of the Modern Language Association of America* 106, no.3 (1991): 471-482.

② 吴飞:《心灵秩序与世界历史》,生活·读书·新知三联书店,2013,第248页。

③ Peter S.Hawkins, "Divide and Conquer: Augustine in the Divine Comedy," Publication of the Modern Language Association of America 106, no.3 (1991): 471-482.

④ Ibid.

⑤ 但丁:《神曲(地狱篇)》,黄国彬译,外语教学与研究出版社,2009,第100页。后文出自《神曲》的引文,将随文标出篇名首字和章节号,不再另注。

⑥ "如果你要向美好的世界回归,/ 就告诉我,该族为什么这样狠心,条条法令都要令我的亲人受罪?"(Inf., X, 83-84)

落已经不能表现出作者但丁（Dante the assumed author）的义愤，而必须脱离叙事本身直接对这座地上之城进行谴责："欢腾啊，翡冷翠，因为你这么尊荣，／在海上、路上，都拍着翅膀翱翔；／大名又在地狱中广受传诵！／群贼当中，我发觉五个强梁／是你的公民。为此，我感到害臊。"（Inf. XXVI. 1-25）

二、第三座城？

至此，可以看出但丁是如何将希波主教两城说的基本结构嵌入地狱之中。但是，如果我们进一步对《神曲》中所记述的罪恶进行考察，就会注意到但丁与奥古斯丁间的差别：作为中世纪末神学体系的集大成者，但丁不仅仅是奥古斯丁杰出的继承者，同时还是大胆的修正者。他将爱与自由意志的理论整合进了托马斯式的伦理结构之中：托马斯主张，原罪并没有摧毁人的自然，使其陷入自己对自己的战争状态之中，自然仅因原罪而瘫痪，而上帝的恩典则重新树立了人的自然。①因此，被奥古斯丁弃绝的政治生活，在这一亚里士多德式的论述下重新获得了合法性。进一步而言，这一对于人类个体的伦理关怀，在但丁笔下同时具有了政治性的关照：身犯饕餮之罪的恰科，和但丁讨论的却是佛罗伦萨城中的政治分裂。②由"傲慢、嫉妒、贪婪"所点燃的党争之欲，一如食物点燃的口舌之欲，后者使人身体败坏，前者则使政治的共同体崩裂。被种植于自杀者之林的匿名者，尽管所犯之罪是加诸个人身体的暴力，但同样在最后的叙述中揭示出自身灵与肉的分离如同是对佛罗伦萨城邦分裂的隐喻。③但丁的业师拉丁尼，身处地狱却仍盼《文库》能为自己获得声名上的"不朽"。④虽然但丁对老师抱有对父亲般的敬意，但

---

① John Freccero, *Dante: the Poetic of Conversion* (Harvard University Press, 1988), pp. 47-48.
② 朱振宇：《从"地上之城"到"世界帝国"——但丁对奥古斯丁政治思想的继承与修正》，《世界宗教文化》，2013年第6期。
③ "这座城市的人，即使再度／在阿提拉留下的灰烬之上／把城市重建，也会白费功夫。／我把自己的家，变成了绞刑场。"（Inf., XIII, 148-151）
④ "我别无他求；只推荐我的《文库》／给你——我仍活在这本书里面。"（Inf., XV, 119-120）

拉丁尼身处地狱的事实仍然揭示出他的谬误：正如鸡奸违反了上帝规定的自然，拉丁尼错误的政治理想也违背了政治的自然。① 通过为地狱中的罪恶加上这一政治性的滤镜，但丁试图缓解奥古斯丁两城说中的对立：地上之城中的和平、道德、幸福，至多只具有相对尺度下的利用（uti）意义，而绝对不具有任何安享（frui）的意义。因此，上帝之城对于地上之城的诸种事物的利用并不使得那些引人注目的地上之城——耶路撒冷、巴比伦、罗马——脱离自身的地位而得以成为第三座城。② 不可能真正存在一座处于上帝之城和魔鬼之城外的人民之城，一切世俗国家必然建立在不义的基础上。而在但丁看来，正是共同体自然具有的政治特质使其脱离了魔鬼之城的领域，至少不是完全处于魔鬼之城的控制之下。

三、尘世政治的价值

诚然，政治本身的存在就暗示了一个共同体中潜在的分裂倾向，否则就没有通过公共领域来调节冲突的必要；但另一方面，政治的功用恰恰就在于使分裂能够以人的理性和自由意志加以调节，从而避免战争与冲突。这也解释了但丁在地狱中与同乡的对话，为何往往离不开对佛罗伦萨城政治上恶性争斗与分裂的谴责。因此，那些亲手造成共同体分裂的始作俑者，其愆过无疑也是政治性的，是对城邦在本质上的背离，而这一背离在文学性上也以最讽刺的映射受到了身体分裂的报应（contrapasso）："另一个人，两手切去了一截，／正在昏暗的空气中举起残臂，／……／他喊道：'我是莫斯卡——你不该忘记。／他曾经说过：'米需成炊'；唉，／这句话，是托斯卡纳祸患之所由起。'"（Inf., XXVIII, 103-108）可见，由于政治的存在，地上之城既可能存在魔鬼之城那样的冲突，也可能达到上帝之城那样的和谐状态，是——至少潜

---

① 关于拉丁尼政治观念违背自然的论述，详见 John M. Najemy, "Brunetto Latini's 'politica'," *Dante Studies, with the Annual Report of the Dante Society,* 112 (1994): 33–51；又见 Peter Armour, "Brunetto, the Stoic Pessimist," *Dante Studies, with the Annual Report of the Dante Society,* 112 (1994): 1–18。

② 吴飞：《心灵秩序与世界历史》，生活·读书·新知三联书店，2013，第 253–260 页。

在地是——介乎二者之间的第三座城。而在彻底的魔鬼之城中，即旅人但丁游历的地狱，完全不存在公共性的政治场域，地狱中的鬼魂并不参与地狱的"共同之事"（res publica）：一方面，地狱每一层的看守者对罪魂具有的威权是单向的，罪人们仅仅是魔鬼之城的俘虏而非公民；另一方面，地狱中充满了政治失败的后果——战争，并且这一战争不仅存在于魔鬼与天使、魔鬼与罪人之间，甚至存在于罪人与罪人、魔鬼与魔鬼之间。

除了对地上之城和魔鬼之城进行了区分，但丁还进一步论述了佛罗伦萨作为一座地上之城，同样也存在上升的可能。但丁并不认为佛罗伦萨的堕落是根植于地上之城的起源，或是出于尘世政治的必然，而是一些具体的原因使得它日趋败坏。在第十六歌中，三位高贵的佛罗伦萨人向但丁询问佛罗伦萨城的近况："请告诉我们，礼仪和勇气是不是仍一如过去，在我们的故城留存，/ 还是全部在那里消失废弛。"（Inf., XVI, 67-69）但丁对此的回复则耐人寻味，他并未直接做出表态性的回答，而是转而以第二人称去呼告他的故城："翡冷翠啊，暴发之利和新来之人。在你体内产生了傲慢奢靡。/ 为了这一点，你已在啜泣悲呻。"（Inf., XVI, 73-75）中世纪骑士世界的消失，在但丁看来并非直接由政治上的纷争造成——实际上，即使是政治党争，也能够追溯到具体个体（如莫斯卡）身上的具体的罪——而是"新来之人"和"暴发之利"消蚀了佛罗伦萨人原本的礼仪和勇气，改变了整座城邦的风气。①如，第十七歌中记录的高利贷者几乎是清一色的佛罗伦萨人（Inf., XVII, 54-75）。就抽象的政治共同体本身而言，但丁在《论世界帝国》中做出了清晰的"帝国统一之必要性"②的论断："为了给尘世带来幸福，看来有必要建立世界政体，也就是称为帝国的那个一统的政权。"③而这一论断与地狱篇最后但丁将背叛帝国和背叛基督/教会的罪过共同置于撒旦口中

---

① Anthony J. De Vito, "Dante's Attitude Toward the Italian Cities in 'the Divine Comedy'," *Studies in Philology* 48, no. 1 (1951): 1–12, p. 8; 又见拉法埃莱·坎巴内拉：《但丁与〈神曲〉》，李丙奎、陈英、孙傲译，商务印书馆，2016，第131–133页。

② 朱振宇：《从"地上之城"到"世界帝国"——但丁对奥古斯丁政治思想的继承与修正》，《世界宗教文化》，2013年第6期。

③ 但丁：《论世界帝国》，朱虹译，商务印书馆，1985，第11页。

的惩罚是一致的。

之前提到,奥古斯丁笔下的地上之城,其善好不具有神圣的价值而仅仅具有抑制"更大的恶"的功用(uti);而但丁则认为,尘世帝国,由于其权威"无需通过任何媒介直接来自宇宙的权威之源"[1],因而具有同样神圣的使命[2]。在但丁的建构中,这一尘世使命最显赫的践行者无疑是罗马帝国。进一步讲,如果把罗马和佛罗伦萨并列在一起加以比较,与其说二者是上帝之城与魔鬼之城的预示,毋宁说是但丁在这两座城之间恢复了被奥古斯丁弃绝的第三座城——而罗马和佛罗伦萨更像是这座城的理性形态和堕落变体。因而在这一层面上,佛罗伦萨作为地上之城同时拥有着尘世政治自身的价值与目的。因此,旅人但丁在面对刻意破坏这一尘世意义的佛罗伦萨人时,其情感的爆发往往也是最强烈的,例如第十歌中对自己的政治死敌多银翁费利波的咒骂:"就这样哭泣,这样伤悲,/这样长留此地吧,可恶的鬼物!/你满身肮脏,我仍能认出你是谁"(Inf., X, 37-39);以及三十二歌中对叛徒博卡的谴责乃至攻击:"这时候,我的手已握着她的头发/用力绞扭,并且拔掉了好几撮;/……/'我不要你张口!你这个卑鄙的叛徒!无论你怎样,我都会如实揭发你的丑陋。'"(Inf., XXXII, 103-111)反之,以实现尘世意义为政治目标者——法里纳塔、拉丁尼——尽管理念可能与但丁不尽相同,但但丁对他们都抱有极大的敬意。

综上所述,作为地上之城的佛罗伦萨,首先在奥古斯丁式的层面上遭到了它最优秀的公民的谴责:在"地上之城"原初的意涵之中,佛罗伦萨是一座背离了上帝的尘世之城,也因此充满了奥古斯丁所谓的"意志之罪";但在此之上,但丁本人的神学思考和政治实践使他不愿得出和希波的主教同样决绝的结论,他重新回到了亚里士多德和托马斯式的

---

[1] 但丁:《论世界帝国》,朱虹译,商务印书馆,1985,第88页。
[2] 进一步而言,在《论世界帝国》中,但丁将天上之城和世界帝国的目的并列起来谈论:"因此,正确无误的神明为人类安排的目的具有两重性:其一是尘世的幸福……它也可以由尘世的'乐园'来作为象征;其二是永生的幸福……这种幸福境界是由天上的'乐园'来表现的……人类的缰绳是由一堆骑手按照人类的双重目的来掌握的。其一是教皇,他用神启引导人类走向永生的幸福;其二是帝王,他用哲理引导人类走向尘世的幸福。"见但丁:《论世界帝国》,朱虹译,商务印书馆,1985,第86-87页。

伦理论述中，从尘世之中提炼出人在神圣天国之外的另一重目的，即充满统一、和平之好的尘世乐园。被奥古斯丁弃绝了一切价值的政治生活，恰恰是但丁阐释地上之城何以脱离魔鬼之城，成为人间的第三座城最根本的缘由。虽然佛罗伦萨中盈溢着的政治分裂与堕落，以及它们所导致的争斗，使得佛罗伦萨有滑向魔鬼之城的危险，但这一倾向并非是由地上之城起源上的罪而导致的必然。相反，这种由某些现世之因而催化出的畸形政治，它在理想状态下的罗马式对应物（counterpart），正是一个地上之城得以实现自己尘世价值的企望。

参考文献

1. 但丁：《神曲（地狱篇）》，黄国彬译，外语教学与研究出版社，2009。

2. 奥古斯丁：《上帝之城：驳异教徒（上中下）》，吴飞译，上海三联书店，2007—2009。

3. 但丁：《论世界帝国》，朱虹译，商务印书馆，1985。

4. 吴飞：《心灵秩序与世界历史》，生活·读书·新知三联书店，2013。

5. 拉法埃莱·坎巴内拉：《但丁与〈神曲〉》，李丙奎、陈英、孙傲译，商务印书馆，2016。

6. 朱振宇：《从"地上之城"到"世界帝国"——但丁对奥古斯丁政治思想的继承与修正》，《世界宗教文化》，2013年第6期，第78-83页。

7. 朱振宇：《拉蒂尼之罪辨析》，《外国文学评论》，2015年第1期，第31-43页。

8. John Freccero, *Dante: the Poetic of Conversion* (Harvard University Press, 1988).

9. Peter S.Hawkins, "Divide and Conquer: Augustine in the Divine Comedy," *Publication of the Modern Language Association of America* 106, no. 3 (1991): 471–482.

10. Peter Armour, "Brunetto, the Stoic Pessimist," *Dante Studies, with the Annual Report of the Dante Society,* no. 112 (1994): 1–18.

11. John M. Najemy, "Brunetto Latini's 'politica'," *Dante Studies, with*

the Annual Report of the Dante Society, no. 112 (1994): 33−51.

  12. Anthony J. De Vito, "Dante's Attitude Toward the Italian Cities in 'the Divine Comedy'," *Studies in Philology* 48, no. 1 (1951): 1−12.

优秀作业
马基雅维利《君主论》中的命运与德性[1]

赵宇飞

一

在马基雅维利早年的作品中,有一首名为"论机运"(*Di Fortuna*)的诗歌尤其引人注目。该诗写于1506年,此时马基雅维利的政治事业正一步步迈向顶峰。诗歌的副标题是"致焦万·巴蒂斯塔·索德里尼",这位焦万·巴蒂斯塔·索德里尼(Giovan Battista Soderini)正是马基雅维利的恩师、当时佛罗伦萨的正义旗手皮耶罗·索德里尼之侄。不出意外地,在这篇讨论命运的诗歌中,"德性"这一与"命运"相对应的主题也很快出现了,并且被描述为一种可以用来征服命运的力量:

她[2]的自然强力迫使着每个人;
而她的统治又始终是暴烈的,
如果没有更强的德性来制服她。[3]

用德性征服命运的观点看似平淡无奇,甚至是马基雅维利学说中老生常谈的教条。然而,在这首短诗中马基雅维利赋予了命运女神极高的地位,并将人世间一切的兴衰变化都归于这位女神的名下。在诗歌的结尾处,作者说道:

我们最后看到,当他们的日子过完,
很少有人是幸福的;而那些死去的人,

---

[1] 课程名称:现代西方政治思想;本文作者所在院系:元培学院。
[2] 指命运女神。
[3] 马基雅维利:《马基雅维利全集04:戏剧·诗歌·散文》,徐卫翔、刘儒庭、胡维译,吉林出版集团有限责任公司,2013,第293-294页。

都是赶在了那轮盘转回来之前，

或者说它还没有把他们带到谷底。①

马基雅维利用一种沉重的笔调提醒我们，命运之轮不断转动，因而没有人能够真正逃脱命运的流转变迁。无论是谁，只要不早早地去世，都难免受到命运的重击。那必然会出现的一个问题是，那些拥有"更强的德性"的人也会如此吗？有德性的人在面对命运之轮时，又能否逃脱被其碾压的悲剧？如果从这里出发再向前推进一步，我们就不得不直面马基雅维利学说中最关键的一个问题：命运和德性之间，到底有着什么样的关系？两者中谁又占据了真正的主导地位？

对于这些问题，马基雅维利在他早年写作的这首短诗中并没有给出一个明确的回答。不过，在他最负盛名的作品《君主论》（*Il Principe*）中，命运与德性的问题也同样是其最核心的主题，甚至之前出现在《论机运》中的两者之间的张力，在《君主论》中也几乎以同样的方式再次出现了。在阅读《君主论》第二十五章时，无论多么粗心的读者都一定不会忘记马基雅维利在该章结尾处的这句名言："迅猛胜于小心谨慎，因为命运之神是一个女子，你想要压倒她，就必须打她，冲击她。"②类似的表述在他著名的喜剧《曼陀罗》（*Mandragola*）中也出现过，马基雅维利借卡利马科（Callimaco Guadagno）之口说道："你就面对命运吧；或者就躲开恶，要不然，如果你不想躲开，那就扛住它，像一个男人；别趴下，别像女人那样气馁。"③然而，许多读者在阅读《君主论》第二十五章时往往会忽视另一句话："命运是我们半个行动的主宰，但是它留下其余一半或者几乎一半归我们支配。"④归我们支配的部分只占到一半，甚至不到一半，这样看来，命运的力量即使不强于德性，也至少与德性一样强。

在分析了以上几部作品之后可以发现，"命运主宰行动"和"用德

---

① 马基雅维利：《马基雅维利全集04：戏剧·诗歌·散文》，徐卫翔、刘儒庭、胡维译，吉林出版集团有限责任公司，2013，第303页。

② 尼科洛·马基雅维里：《君主论》，潘汉典译，商务印书馆，1985，第121页。

③ 马基雅维利：《马基雅维利全集04：戏剧·诗歌·散文》，徐卫翔、刘儒庭、胡维译，吉林出版集团有限责任公司，2013，第103页。

④ 尼科洛·马基雅维里：《君主论》，潘汉典译，商务印书馆，1985，第118页。

性征服命运"之间的张力相当普遍地存在于马基雅维利的各个文本中。在写作这些文本时,作者处于人生的不同阶段,自身的政治境遇也发生了天翻地覆的变化。他在写《论机运》时一度成为命运女神的宠儿,在创作《君主论》时则已经被命运之轮狠狠地砸到了地上,然而他关于命运和德性的看法并没有发生根本性的改变。为了解决这一困难,在后文中我们会将命运和德性这对概念落实到《君主论》的文本中来做更为具体的考察,希望能通过文本本身的逻辑理清二者之间的关系。不过在这之前,先梳理一下"德性"的概念在《君主论》中的基本含义应当是有益的。

二

"德性"(virtue)一词在拉丁文中写为 virtu,从构词的角度来说,virtu 来自拉丁文中的 vir(男人),指的是男子的气概。马基雅维利在《君主论》中使用德性一词时并不一定遵照其原意,有时其含义近于"勇敢",有时近于"能力"[①],另外还有"美德""善行""远见卓识"等含义。面对这些纷繁复杂的含义,有些学者认为马基雅维利并没有给出"德性"一词的明确定义,甚至断言作者根本就没有一套完整的、成体系的德性学说。[②]波考克(J. G. A. Pocock)、斯金纳(Quentin Skinner)等剑桥学派的学者秉持语境主义的研究路径,将"德性"的概念放在文艺复兴时期佛罗伦萨的历史背景下来做考察。施特劳斯(Leo Strauss)在他的《关于马基雅维里的思考》(*Thoughts on Machiavelli*)一书中同样承认"德性"的概念含混不清,但仍将其大致区分为三种:其一是道德上的美德,其二是狡黠与勇气的某种结合,其三是政治上的才干。[③]

在整部《君主论》中,"德性"一词首先出现在第一章结尾:"这样获得的领土,或者原来习惯在一个君主统治下生活,或者向来是自由的国家;而其获得,或者是依靠他人的武力或君主自己的武力,否则就是

[①] 潘汉典先生在《君主论》中译本中直接将 virtu 一词都翻译为了"能力",下文中引用的中译原文中的"能力"也均指"德性",不再一一注明。

[②] J. H. Whitfield, "The Anatomy of virtue," in *Machiavelli* (Oxford University Press, 1947).

[③] 列奥·施特劳斯:《关于马基雅维里的思考》,申彤译,译林出版社,2016,第 55–56 页。

由于幸运①或者由于能力。"②在这句话中,马基雅维利建立了两组对应关系,即"他人的武力"对应于"幸运","君主自己的武力"对应于"德性"。我们由此获得了关于德性的第一种理解:一个有德性的统治者应当拥有自己的军队,而非依靠他人的军队。即便不直接将依靠自己的军队等同于德性,我们至少可以认为,通过自己的军队获得国家更接近于依靠自己内在的德性,而依赖别人的军队成为君主则更接近于仰赖外在的命运。

这种对德性的理解在第六章标题"论依靠自己的武力和能力获得的新君主国"中又再一次得到了确认,不过也正是在这一章中,德性的含义在相当程度上被扩展和修正了。在该章中,马基雅维利提出了他心目中依靠德性而崛起为君主的四个古代范例:"但是,谈到那些依靠本人的能力而不是依靠幸运崛起成为君主的人们,我说最出类拔萃的范例是摩西、居鲁士、罗慕洛、提修斯以及如此之类的人们。"③名列为四大典范的人物全都是古人,分别代表了希伯来人、波斯人、罗马人和雅典人中最伟大的领袖,在这个名单中没有出现任何与作者同时代的君主。在这里,马基雅维利又重申了德性和命运之间的差别,他无疑会认为"依靠本人的能力"比"依靠幸运"要来得更加可靠。然而令人困惑的地方在于,马基雅维利在进一步区分了德性和命运之后,又引入了一个全新的概念,也就是"机会"。他宣称自己详细研究了四大典范的生平和事迹,并以一种老道的口吻说道:"当我们研究他们的行迹和生活的时候就会知道:除了获有机会之外,他们并没有依靠什么幸运,机会给他们提供物力,让他们把它塑造成为他们认为最好的那种形式。如果没有这种机会,他们的精神上的能力(*la virtu dello animo*)就会浪费掉;但是,如果没有那样的能力,有机会也会白白地放过。"④

---

① 潘汉典先生的中译本中将 *fortuna* 一词都翻译为了"幸运",与本文中讨论的"命运"是同一概念,后文中引用的中译原文中的"幸运"也均指"命运",不再一一注明。另,马基雅维利在使用 *fortuna* 一词时并不一定指好运,而是同时涵盖了好运和厄运,因而将其翻译为"幸运"其实并不确切。
② 尼科洛·马基雅维里:《君主论》,潘汉典译,商务印书馆,1985,第3页。
③ 同上书,第25页。
④ 同上。

机会显然不完全等同于命运,但无疑有的时候命运会给人提供机会,关键就看人如何加以利用。德性和机会之间是相互成就的关系,没有德性的人即便有了机会也不能好好利用,而有德性的人如果缺乏机会同样不能成就事业。尤其值得关注的地方在于,马基雅维利在这里并不是笼统地讨论一般意义上的德性,而是专门强调了 animo(精神)意义上的德性。与精神相对的是物质或身体,既然有精神意义上的德性,那就一定还有物质或身体意义上的德性。如果用这个标准来做二分的话,那前文中讨论的"依靠自己的军队"就可以被归入后者的范畴中去。

机会有时会由命运来提供,当机会到来时,会给人们"提供物力,让他们把它塑造成为他们认为最好的那种形式"。似乎命运给人提供的是质料,而人自身拥有的精神上的德性是形式,这样看来,凭着德性来利用机会的过程就是用形式来为质料赋形的过程。然而问题在于,机会一定就是人们通常意义上理解的好运吗?在古代的四大典范中,摩西、居鲁士和提修斯的行迹似乎能够支持这种观点,这三位君主都遇到了有利于他们施展卓越德性的环境,他们也洞察并把握到了这样的机会。唯一例外的是罗马的创立者罗慕路斯,他在出生时就被遗弃,此一经历无论如何也称不上是一种好运,但马基雅维利认为,恰恰是这种经历为罗慕路斯日后的丰功伟绩提供了机遇。命运提供的质料未必就很完善,但如果德性足够,也依然能对其加以利用。

在提出了精神上的德性这一核心概念之后,马基雅维利必须立刻处理的问题就是,新提出的这种德性和他在前文中一直强调的"必须依靠自己的武力"之间有着什么样的关系?后者也可以被理解为德性,但和精神上的德性并不完全等同。这些革新者无疑都选择了依靠自己而不是依靠他人,而依靠自己的意思就是他们"能够采取强迫的方法",因而"当人们不再信仰的时候,就依靠武力迫使他们就范"。[1]精神上的德性和依靠自己的军队这两条教诲被结合了起来,先知和武装在四大典范身上实现了统一,于是他们就成了"武装的先知"。和四大典范相对的反例是"我们这个时代的季罗拉莫·萨沃纳罗拉修道士"[2]。萨沃纳罗

---

[1] 尼科洛·马基雅维里:《君主论》,潘汉典译,商务印书馆,1985,第27页。
[2] 同上。

拉（Girolamo Savonarola）抓住了机会，一举掌握了佛罗伦萨的支配权，这证明他拥有精神上的德性。但是在建立了一套新的制度与秩序（new modes and orders）之后，萨沃纳罗拉这位没有武装的先知依然被人们抛弃了。他没能将他创设的制度和秩序在佛罗伦萨保存下来，也没能成为一名真正的君主。新君主或革新者当然是某种意义上的先知，但要成为一名合格的新君主也不能没有自己的武装，因而这两者缺一不可。

三

摩西等四人是马基雅维利心目中古代的典范，而教皇亚历山大六世之子、瓦伦蒂诺公爵切萨雷·博尔贾（Cesare Borgia）则是现代的范例。马基雅维利对博尔贾的推崇几乎人尽皆知，他甚至将完成意大利统一事业的希望也寄托在博尔贾身上。但是在《君主论》中，博尔贾却被归入第七章，而这一章的标题是"论依靠他人的武力或者由于幸运而取得的新君主国"。许多研究者认为《君主论》中新君主的形象其实就是以博尔贾为范本刻画的，这一观点虽然没有任何直接的文本依据，但也并非妄下判断。博尔贾无疑是整部《君主论》中的核心人物，在研究德性与命运的主题时，我们有必要为他在马基雅维利设定的德性—命运坐标系中找到合适的位置。

在开始讲述博尔贾的故事之前，马基雅维利先将博尔贾与弗朗切斯科·斯福尔扎（Francesco Sforza）做了对比。后者之所以能够成为米兰公爵，是通过"运用适当的手段，依靠自己卓越的能力"[①]得来的，因而依靠的是德性，而前者获得国家靠的则是好运，具体来说也就是他父亲教皇亚历山大六世的荫庇。不过马基雅维利紧接着马上话锋一转，认为博尔贾已经尽其所能地摆脱了命运的影响："……在这个依靠他人的武力和依靠幸运而获得的国家里，为着使自己能够在那里扎根，已经采取了各种措施并且凡是一个明智能干的人应做的一切事情他都做了。"[②]也就是说，博尔贾已经将他的德性发挥到了最大的程度。在马基雅维利

[①] 尼科洛·马基雅维里：《君主论》，潘汉典译，商务印书馆，1985，第30页。
[②] 同上。

看来，博尔贾之后所做的一切努力，其目的无外乎是希望能摆脱命运的因素，而用德性取而代之。在整部《君主论》中，博尔贾的形象都显得极为特殊，在他身上我们既能看到最大的德性，也能发现对命运最大限度的依赖。① 亚历山大六世为儿子提供了绝佳的机会，他的儿子也没有辜负他的苦心，运用自己的德性抓住了机会。在命运之轮上，博尔贾从来不需要辛苦爬升，这部分工作都由教皇代劳了，因而他从一开始就占据了轮顶最有利的位置。博尔贾的全部目标都在于让自己始终保持在命运之轮的这个位置上，用德性来维系新君主国。然而令马基雅维利备感痛惜的是，博尔贾最终失败了。当教皇去世时，博尔贾也病入膏肓，马基雅维利在第七章中遗憾地总结说："这并不是他本人的过错，而是由于运气极端的异常恶劣使然。"② 至少从这个例子上看，命运仍然占到了上风。

在讨论博尔贾的盛衰兴亡时，我们不妨把亚历山大六世也纳入考察的对象中来。在古代的四大典范中，马基雅维利告诉我们，对于君主来说，想要建立政权，最好的方式就是在旧有统治不稳固的时候下手。对于摩西和提修斯来说，以色列人和波斯人分别对埃及统治者和梅迪统治者不满就是命运赐予他们的宝贵机会。不过这样的机会并不是时时能有的，对于有野心、也有德性的人来说，这时候或许需要主动来创造机会，而亚历山大六世就是这样做的。教皇想要提高儿子的权力并为他寻找一块领地，马基雅维利向我们交代了教皇此时的盘算和手段："所以，为了成为这些国家的一部分地区的主宰，他有必要打乱这种秩序，并且使他们的国家混乱不堪。"③ 亚历山大六世为博尔贾创造了机会，这一机会和当时摩西或提修斯在建立功业时所拥有的机会并无二致，区别之处只在于，前者是人造的，而后者是拜命运所赐。

对于博尔贾的崛起，亚历山大六世无疑立了首功，但对于儿子的失败，教皇是否不需要负任何的责任呢？作者提示我们，似乎他对此也并不能完全免责。马基雅维利同时代的读者都很清楚，亚历山大六世直

---

① 波考克：《马基雅维利时刻》，冯克利、傅乾译，译林出版社，2013，第184页。
② 尼科洛·马基雅维里：《君主论》，潘汉典译，商务印书馆，1985，第30页。
③ 同上书，第31页。

到在位的第六年或第七年才开始为儿子筹划事业。① 而在第十一章"论教会的君主国"中,作者又特别强调,教皇平均而言在位年限大概是十年。我们不禁要设想,如果父亲更早一些动手,以博尔贾的德性,是不是他最终就能维持住自己的统治?如果从这个角度看的话,博尔贾的失败并非因为他自己的德性不足,而是由于他父亲缺乏深谋远虑。因而,这里的关键之处并不在于亚历山大六世不幸地被自己准备的毒酒毒死,因为他此时在位的时间已经超过了历任教皇平均在位的年限。问题的关键其实在于,亚历山大六世明知余生有限,但依然迟迟没有动手,在这一点上缺乏深谋远虑无疑使得他的判断出现了偏差,而没有选择最合适的行动方式。

在马基雅维利的学说中,深谋远虑同样是一种重要的德性。如果从古典哲学的角度看,深谋远虑就相当于 φρόνησις(phronesis),也即"慎虑"(prudence)。深谋远虑或慎虑针对的对象并非永恒不变的事物,因为那是 σοφία(sophia)所关心的东西。慎虑并没有一个普遍的原则,当然也不可能将某个放之四海而皆准的教条直接运用到特殊的情境之中。慎虑的关键在于根据每个具体的、偶然的情形做出决断,找出一种最合适的行动方式,并将其践行。在马基雅维利的学说中命运女神代表了偶然性,在变幻莫测的世界中,他认为最重要的就是能够"同命运密切地协调",也就是说,要能对自己被命运放置于其中的具体情境有基本的判断。如果说人依靠德性来面对命运,那么深谋远虑或慎虑就是德性的尺度,为德性提供必要的规定性。

对于亚历山大六世来说,他为博尔贾做的种种筹划无疑都非常成功,而唯一不够慎虑的地方就在于没能尽早地开始谋划,这恰恰是最致命的。在第二十五章中,马基雅维利用了洪水比喻来表达他在这方面的洞见:"我把命运比作我们那些毁灭性的河流之一,当它怒吼的时候,淹没原野,拔树毁屋,把土地搬家;在洪水面前人人奔逃,屈服于它的暴虐之下,毫无能力抵抗它。事情尽管如此,但是我们不能因此得出结论说:当天气好的时候,人们不能够修筑堤坝与水渠做好防备,使

---

① 阿尔瓦热兹:《马基雅维利的事业:〈君主论〉疏证》,贺志刚译,华东师范大学出版社,2009。

将来水涨的时候,顺河道宣泄,水势不致毫无控制而泛滥成灾。"① 古代的四大典范之所以比教皇或博尔贾取得了更大的成功,原因也同样在于他们最及时地做出了最合适的判断。亚历山大六世的机会固然是他主动创造的,但是早在他继位的时候这一机会就已经放在了他的面前,而他在慎虑或深谋远虑方面的欠缺使得他没有足够的德性来把握命运的赠予。

四

马基雅维利传统上经常被描述为一个罪恶的教唆者,这一点既不完全正确,也并非毫无道理。在马基雅维利的学说中,德性是中性的能力。在评价西西里国王阿加托克雷(Agatocle)时,作者认为,"他毫无或者很少可以归功于幸运之处","他取得了君权并不是依靠他人的好意"。② 在《君主论》的语境中,如果不归功于命运女神的眷顾,那就意味着阿加托克雷的统治是依靠他的德性获得的。然而在紧接着的下一句话中,马基雅维利就话锋一转,说道:"但是,屠杀市民,出卖朋友,缺乏信用,毫无恻隐之心,没有宗教信仰,是不能够称作是有能力的。以这样的方法只是可以赢得统治权,但是不能赢得光荣。"③ 因而,阿加托克雷不被当作有 *virtu* 的人。相邻的两句话中出现了对同一个人物截然相反的评价,其原因正在于,德性在前一句话中指的是获取政权的能力,而在后一句话中则指传统意义上的道德品质。由此我们可以确认,马基雅维利的德性学说中并非完全排斥了道德的因素。

但是恶行和道德所指向的善行之间依然是不相容的,在面对任何一件具体的事情时,君主都必须决定应该施以善行还是施以恶行。显然马基雅维利会认为,许多时候疾风骤雨的杀伐决断才能体现出足以征服命运的德性,因为善行常常会带来毁灭。但是这并不意味着在善行能获得更好的效果时也应该以恶行代之。在善行与恶行之间的抉择也依然需要求助于慎虑或深谋远虑的品性,根据环境的需要而在善行与恶行之间做

---

① 尼科洛·马基雅维里:《君主论》,潘汉典译,商务印书馆,1985,第118页。
② 同上书,第40页。
③ 同上书,第40-41页。

慎虑的交替轮换，这本身就构成了马基雅维利对德性最根本性的理解。当君主想要建立统治时，他首先需要慎虑来帮助他确定何时才是开始宏图伟业的最佳时机，而在开始动手之后也同样需要慎虑来判断在每一个具体的情境之中应该采取恶行还是善行。虽然马基雅维利并不完全是一个邪恶导师，但是他毫不拒斥恶行的态度也足以让传统道德的拥护者对其嗤之以鼻。

德性内在于我们，我们依靠德性来对抗外在于我们的命运的力量，德性与命运之间无疑存在某种程度的对立。但二者之间的关系并不仅限于此。在马基雅维利的叙述中，新君主需要运用德性来做革新，来建立新的制度与秩序，这相当于主动把我们自己抛入命运的洪流之中，因为革新带来的偶然事件是我们无法控制的，命运女神因而得以轻易摆布我们。但在这一过程之中，德性也在某种程度上塑造了命运，试图在命运带来的偶然性格局之上添加某种人为的秩序。

在命运与德性之间，慎虑又构成了桥梁。慎虑让我们辨识命运，也为德性提供了规制，使人能够在每个具体的环境之中做出最合适的判断，因而马基雅维利德性学说的核心意涵并非荷马在使用 $αρετή$（arete）时所推崇的勇敢，而是在面对命运时的审时度势和深谋远虑。我们与其认为德性能够征服命运，不如说是德性让人能够更好地适应命运。至于"命运之神是一个女子，你想要压倒她，就必须打她，冲击她"这一让人激情洋溢的口号，则不过构成了对上述原则的一种补充。命运之轮不断转动，大多数人其实意识不到这一点，习惯于听天由命。因而对于他们而言，在不知道应该如何才能慎虑地用德性面对命运女神时，迅猛地"冲击她"确实胜于小心谨慎。但是，当命运变化时，或许同样的方法也会让人从命运之轮的顶端狠狠地摔落到地上。

命运充满了偶然性，因而在根本的意义上不可能完全采取某种简单如一的手段来对待命运，而慎虑之人运用德性的方式当然要比单纯地只会"冲击命运"高明许多。在马基雅维利的学说中，德性最终被理解为一种让人更好地面对命运、适应命运的能力。这种能力让人在慎虑的指导之下选择最合适的行动方式，使之与命运达成最密切的契合与协调。依靠人的德性并不能真正征服命运，人所能做的不过是在命运之轮即将把自己抛到地上时，不失时宜地"从一个轮盘跳上另一个轮盘"①，从而尽力让自己更长久地处于轮盘的顶端。人在轮盘之间跳跃翻腾或许能让轮盘的旋转产生轻微的扰动，但却不可能真正改变命运之轮的运行方向。在这个意义上，在我们的行动中，命运确实是一半或一大半的主宰，而归我们自己支配的部分可能只有一小半。

在《君主论》中，马基雅维利的努力显然已经超越了一个一般意义上的政治理论家，他加以审视的对象不再只是希望建立统治的新君主，他的视野已经扩展到了整个人类世界，并通过对德性—命运学说的解释来阐发他对"人应如何生活"这一根本哲学问题的理解。在马基雅维利的心目中，我们生活在这个世界的根本任务就是要用德性来应对或适应外在世界施加在我们身上的命运，而非追求理想中的天国。如果马基雅维利来到两百年后的德国，他应当会同意莱布尼兹对神义论所做的经典解释：我们身处的世界就是无限可能的世界中最好的那个。

五

在《君主论》第二十五章中，命运被比喻为会冲毁一切的洪流，我们不妨就从这个比喻出发对马基雅维利的德性—命运学说做一种形而上学意义上的理解。将命运称做洪流，这意味着命运会像水一样四散流溢。如果不从外部加以任何的规定性，水不会有任何稳定的形状，就好比纯粹的质料不会有任何的形式。因而，命运就是无形质料，而德性就是形式。前者会在时间之流中不断变化，从而带来难以预测的偶然性或流变，而后者则需要为前者提供某种规定性。命运让人在时间之中失散，而德性则让人在时间之中收束。用德性来应对命运变迁的过程就好比是用形式来为无形质料赋形的过程，在赋形的过程中，人的全部努力都在于试图使自己不至于被命运的洪流冲散。用命运之轮的比喻来解释的话，就相当于是要尽力避免被轮盘抛掷在地。

马基雅维利最钦佩的意大利作家无疑是但丁，他的长诗《金驴记》

---

① 马基雅维利：《马基雅维利全集 04：戏剧・诗歌・散文》，徐卫翔、刘儒庭、胡维译，吉林出版集团有限责任公司，2013，第 303 页。

就是对《神曲》的戏仿。但丁在《神曲1（地狱篇）》中也借维吉尔之口对命运做过一番阐发。在下到地狱第四层时，但丁向维吉尔询问"命运"到底是谁，维吉尔在解释完命运女神的使命之后又补充说：

这，就是遭人谩骂的神祇。
谩骂的人，其实该对她颂赞；
不该错怪她，不该以恶言丑诋。
不过，她在至福中并无所感，
正欣然跟上帝所造的太初众生
推动天体，享受天赐的美善。①

维吉尔所说的"太初众生"就是诸天使，按照他的描述，命运女神显然身居天使之列。因而，在但丁的世界图景之中，命运女神不是最高的，在命运女神之上还有上帝。维吉尔的德性在进入炼狱之后就显得捉襟见肘，在来到伊甸园后他则必须要和但丁告别，因为他所拥有的人世间的德性并不足以支撑他继续向上飞升。在伊甸园之下，人们仍然处在时间的序列之中，命运能够主宰人世，而人的德性也尚能有用，但身处天堂之中的光灵从不会抱怨自己命运不济，因为他们已经进入了九重天，命运对他们难以形成支配，因而人间的德性也毫无用处。

在但丁的理解中，仅依靠人世间的德性似乎并不足以应对命运女神，所以作为德性典范的古代贤人们至多也只能身处灵簿狱中，他们免于遭受永罚，但在时间终结之前无法进入天堂。因而，真正能够收束生命的东西并非德性。唯有恩典（grace）才能让人不至于被命运的无形质料冲走，而上帝的恩典则只降在信仰者身上。处于天堂中的信仰者之所以能够免受命运洪流的冲击，其根本的原因依然在于上帝。这个问题可以从两个层面来理解。上帝并不在历史之中，甚至我们不能说上帝与时间同样永恒，因为上帝处在时间之外，时间本身就是上帝创造的。而命运所代表的流变必须在时间之中才能产生，因而命运对上帝来说不构成挑战，对拥有上帝恩典的信仰者来说也同样如此。而与此同时，上帝本身就是作为存在本身而存在的，因而是绝对的存在，也有着绝对的和最高的形式。依靠上帝的恩典，信仰者不需要担心能否为质料赋

---

① 但丁：《神曲1（地狱篇）》，黄国彬译注，外语教学与研究出版社，2009，第114页。

形。在恩典和信仰之间，命运的问题就随着这两者的结合而被自动消解掉了。

马基雅维利决定性地颠覆了这一理解，这种颠覆也同样会带来双重的后果。由于恩典和信仰的退场，人失去了一个超越于时间之外的视野，因而必须进入时间的序列。进入时间的序列也意味着要进入命运的洪流，命运女神摆脱了其从属地位，再一次成为人们必须加以关注的首要话题。与之相伴的，人在进入命运洪流之后，就必须依靠自己的力量来面对命运。在马基雅维利这里，这种力量就是德性。然而，属人的德性注定是不完备的，因而并不能够在绝对的意义上为命运赋形，而只能在相对的意义上做到这一点。在抛弃了伊甸园上方的九重天之后，马基雅维利笔下的世界永远失去了一劳永逸地征服命运女神的手段。

由此，我们为前文中对马基雅维利命运——德性学说的判断找到了一个哲学的基础。由于人已经进入了流变的世界之中，就必须用德性来应对命运女神的挑战，试图征服命运。然而属人的德性不是绝对的，所以这样的征服也不可能完全实现。也正是出于这一原因，马基雅维利会在《论机运》这首诗的结尾处感慨人终究难逃命运女神的摆布。对于马基雅维利而言，最终得出的方案就是希望能在这两者之间建立某种平衡。也就是说，人必须在每一偶然事件中都做出慎虑的判断来选择最合适的行为，用这种方式来保证自己在命运之轮流转的过程中不至于跌得太惨。

马基雅维利的德性学说无疑赋予了人以主体性，但人之所以需要依靠德性、需要提升德性，其根本的原因就在于，无论人的德性有多么高，命运都始终在人身上施加了某种限制，这一图景本身就带有相当强的悲剧性。在这一框架下，马基雅维利的结论可以向两个不同的方向继续推进下去。如果强调用德性来应对命运，那么在自由和必然性的争论之中就会偏向自由这一端，而如果强调命运的限制作用，那么就会将必然性放在首位。倘若我们从这一视角出发来理解后来霍布斯与笛卡尔之间著名的反驳与答辩，就会发现二人之间冲突的核心之处也依然在此。虽然这场争论表面上看来被表述为一元论与二元论之间的冲突，但问题的实质仍然不变，也即究竟应该如何理解人与外部世界互动的方式。而如果将这一问题还原到马基雅维利的学说中，那么其解决的关键也仍在于应如何理解德性与命运之间的关系。

当马基雅维利抛弃了天国的视野之后,他最终为我们留下了一个什么样的世界?显然我们已经不再能够在安宅中安享由恩典和信仰共同构建起来的安稳,更不可能奢望最高天的宁静,但恐怕我们也不至于置身于地狱的废墟之中。① 因为当德性和命运结合时,这两者也能为我们构建起某种新的秩序。只不过在这一秩序中,伊甸园成了可望而不可即的理想,更遑论伊甸园之上的天国。

在马基雅维利的引领下,现代人离开了上帝为我们创设的乐园,而进入了人间。在他看来,或许我们不应该为此懊丧苦恼。如果马基雅维利读过比他晚生一百多年的英国诗人弥尔顿的作品,想必他一定会引用《失乐园》中那句著名的诗歌来劝慰我们:"这样,你们就不会不喜离开乐园,反而在你们心中将占有更快乐的乐园。"② 无论如何,在马基雅维利的身后,现代世界的帷幕已经徐徐拉开。我们不可能回到马基雅维利之前的时代,对于生来就是现代人的我们而言,这大概也属于命运的安排。

参考文献

(一) 文本

1. 尼科洛·马基雅维里:《君主论》,潘汉典译,商务印书馆,1985。
2. 马基雅维利:《马基雅维利全集 04:戏剧·诗歌·散文》,徐卫翔、刘儒庭、胡维译,吉林出版集团有限责任公司,2013。
3. 马基雅维里:《论李维罗马史》,吕健忠译,商务印书馆,2013。
4. 但丁:《神曲》,黄国彬译注,外语教学与研究出版社,2009。

(二) 二手文献

1. 列奥·施特劳斯:《关于马基雅维里的思考》,申彤译,译林出版社,2016。

---

① 李猛:《马基雅维利的世界的轻与重》,载《思想与社会》编委会编:《现代政治与道德》,上海三联书店,2006。
② 弥尔顿:《失乐园》,张汉裕译,协志工业丛书,1960,第37-38页,转引自马克斯·韦伯:《新教伦理与资本主义精神》,康乐、简惠美译,广西师范大学出版社,2010,第65页。

2. 阿尔瓦热兹:《马基雅维利的事业:〈君主论〉疏证》,贺志刚译,华东师范大学出版社,2009。

3. 哈维·曼斯菲尔德:《新的方式与制度——马基雅维利的〈论李维〉研究》,贺志刚译,华夏出版社,2009。

4. 波考克:《马基雅维利时刻》,冯克利、傅乾译,译林出版社,2013。

5. 列奥·施特劳斯、约瑟夫·克罗波西主编:《政治哲学史》,李洪润等译,法律出版社,2009。

6. 吴增定:《利维坦的道德困境》,生活·读书·新知三联书店,2012。

7. 刘小枫、陈少明主编:《马基雅维利的喜剧》,华夏出版社,2006。

8. 李猛:《马基雅维利的世界的轻与重》,载"思想与社会"编委会编:《现代政治与道德》,上海三联书店,2006。

9. J. H. Whitfield, *Machiavelli* (Oxford University Press, 1947).

10. 马克斯·韦伯:《新教伦理与资本主义精神》,康乐、简惠美译,广西师范大学出版社,2010。

优秀作业
苏格拉底的哲学教育不应为阿尔西比亚德的行为负责[①]

缪 辰

苏格拉底的哲学教育对阿尔西比亚德的作为起到了催化剂的促成作用，但阿尔西比亚德的行为有其自己的逻辑与动机，应探求其行为的根源而不是简单地将其过失归咎于苏格拉底。要归责的不是哲学教育指明的终点，而是他所选择的异于常人的途径。

一、苏格拉底的哲学赠予

在阿尔西比亚德的抱怨中，苏格拉底对于他试图获得更为深入的哲学教导的尝试一再推托，但这一抱怨是不足为信的。

首先，苏格拉底自称"实际上我根本没有那种本事"所推辞的是对于阶梯最高级的美本身的掌握，它难以达到，更难以传授，故而他拒绝用阿尔西比亚德外在的美来换取他渴求的"美本身"，也即所谓"拿黄铜换金子"。正是苏格拉底对自己介于有知与无知之间状态的准确把握，使他拒绝了难以做到的教导。

但这并不意味着苏格拉底就没有对阿尔西比亚德施加力所能及的教导。苏格拉底此举有合理的动机与实践。苏格拉底承认爱的目的是在美的事物中繁衍，而他作为哲学家，曾经与阿尔西比亚德的爱恋关系也就具有这一目的。由此可以认为，并不贪求美的外在的苏格拉底同样承认阿尔西比亚德也具有美的本性，并尝试做精神上的教育。

[①] 课程名称：哲学导论；本文作者所在院系：元培学院。

在"哲学家和美产生出精神上的后代"这个三角之中，被爱者是被放置在"美"的位置上的，他作为美的具体的表现，在爱者创造出精神上的后代的同时也获得了它，并以此达到了更高的哲学修养，从被爱者成为爱者，之后重复这一过程以提供一个载体，让精神上的成果流传进而达到不朽。被爱的人并非一无所获，而是在自身进步的同时提供了不朽的可能。若没有被爱者，爱者所创造出的精神成果无人承接，无人理解，不朽也就无从谈起。所以苏格拉底有必要教导阿尔西比亚德，这一教导也是出于对他有利的动机。

苏格拉底也确实进行了这样的实践，他声称，自己"成了唯一一个对你（阿尔西比亚德）不离不弃的"，并且对阿尔西比亚德进行了多方面的劝导，而不愿让他"贪恋并且想要享受生活直到终老"。可是，阿尔西比亚德自身并非求而不得，而是有所退避："他逼我承认自己还有许多缺点，由于关心雅典的事务，却放松了自己的修养。因此我强迫自己躲开他。"

因而，无论说苏格拉底没有尽教育之责还是教导不当，抱怨都是不足为信的。

二、哲学作为工具的危险

苏格拉底的哲学教育提供的是一个向上攀登的工具，但也是一个无法束缚住阿尔西比亚德的锁链。他那被称为"助产术式"的"困惑式问答"通过启发与探索，并不能强行将受教育者的价值观塑造为他理想的形态，而是提供一种让受教育者塑造自我与认识世界的途径。

哲学教育的危险在于，给予人智慧而无法限制如何使用这些智慧。阿尔西比亚德看到了这一危险并为其所吸引，将其作为自己"解放思想"、得到自己所追求事物的工具。他对法律与道德产生怀疑且行为自由放荡，是和他未能如苏格拉底所愿地应用所得到的智慧分不开的。他在与伯利克里的辩驳中对城邦的法律不以为意，并不代表苏格拉底对秩序的直接挑战，而仅能代表他对哲学武器不合时宜的运用。

他自有其追求，所作所为并不能完全契合阶梯中的某一阶。反之，他可能拥有自己所定义的一条阶梯，并以自己的方式去攀登。向苏格拉底索求哲学智慧也只是他达到其追求的其中一步而已。而他走出的这一步有明显的目的性。在苏格拉底描述了泰米斯托克勒斯凭借政治权谋击败波斯王，在波斯也获得了优厚待遇的故事后，阿尔西比亚德"大声呼喊，垂头丧气，把他的头放在苏格拉底的膝盖上，因为他甚至在相应的准备上都不如泰米斯托克勒斯"。他的动机在于获取此种智慧来免于遭到不测乃至左右逢源，而他日后与这个故事相似的经历更是印证了其目的性。

于他而言，对哲学的求索只是一场为满足自己的渴望而进行的交易。他试图用物质的美去换取苏格拉底的教导，但并未成功，因而有了"我相信自己只有一样东西能制服他，他却逃脱了我的掌心"的抱怨。他称"我是一个被蝮蛇咬了一口的人……我在那里被爱智的言论咬伤了"，可见促使他尝试这种交易的并不仅是对于美的本能渴望，还包括哲学能够为他所用的诱惑，一种使他感到痛苦（受伤）的欲望。而这欲望最终引导他做出难以理喻的行为。

哲学教育的危险也在于，它能引导人向善向美，但无法彻底消除而只能暂时遏制丑的可能。苏格拉底授人以渔，但无法保证阿尔西比亚德不会竭泽而渔，何况他本就有享乐放纵的天性，不加以约束则会挣脱哲学教导的生活。他虽然是美的，但也具有败坏与堕落的风险。神明让他们在一辈子过苏格拉底那样的生活或死亡之间做一个抉择的话，他们是会宁愿选择死亡也不愿过苏格拉底那样的生活的。（1.2.16）

苏格拉底同样认识到了阿尔西比亚德的缺陷，并以哲学教育的形式进行了保护与抗争，试图激发阿尔西比亚德身上向好的天性。阿尔西比亚德自述："我在别人面前从来没有感到自己有愧，羞愧在我身上是找不到的，只有在这个人面前除外。"但这个抗争难以持久，"可是一离开他，听到人家花言巧语，我就打熬不住，被名缰利索拖跑了"。阿尔西比亚德最终没有将哲学作为生活方式，而是在不再受到压力后将之作为工具拿起。

综上，哲学危险的弱点被阿尔西比亚德别有用心地加以利用，并非哲学之过或者苏格拉底之过。

三、云泥异路的追求路径

阿尔西比亚德的行为源于他接受了哲学教育的思维方式，而没有选择与苏格拉底的理想相似的路径去达到终极的追求。他的行为逻辑与终极追求可以为哲学教育所解释，但他选择的道路并不是哲学教育的必然结果。

狄欧蒂玛质问苏格拉底："爱者从美的东西中得到什么？"之后追问："他使好的东西归自己所有又怎么样呢？"苏格拉底回答："他会幸福。"对于阿尔西比亚德，这一逻辑也同样适用："所有的人都盼望拥有好的东西……这是人人共有的。"阿尔西比亚德同样在试图拥有他认为美和好的东西，以达到幸福的境界，这和苏格拉底给出的答案是殊途同归的。锲而不舍的追求和爱最终也都归于"达到不朽"，由此，苏格拉底的哲学教育为他指明的终极追求——幸福乃至于不朽，都是无可指责的。

苏格拉底力求接近美本身，在他的阶梯上力求超越城邦法律以至于超越知识这些具体的美，高于包赛尼阿爱的境界。阿尔西比亚德则身体力行地超越了城邦法律的局限，选择了动摇城邦秩序的出格之举。在类似的观念指引下，更应该申辩的是阿尔西比亚德而不是苏格拉底。其选择的处事方式与上升路径并非哲学教育导致，他没有在苏格拉底的阶梯上亦步亦趋，也就不应推脱责任。

如前文提及，阿尔西比亚德的理念与行为不能简单对应阶梯的某几阶，他从哲学教育中得到的只是思想观念，却用了不为人认可的方式去追求其理想。要归责的不是终点，而是途径。为他指出终极目标的哲学教育不应负责，即使终点是殊途同归："爱也必然是奔赴不朽的。"最应该为他所选择的道路负责的只有他本人。

参考文献

1. 柏拉图：《会饮篇》，王太庆译，商务印书馆，2017。
2. 柏拉图：《阿尔喀比亚德》，梁中和译、疏，华夏出版社，2009。
3. 普鲁塔克：《希腊罗马名人传》，席代岳译，吉林出版集团有限责任公司，2009。

优秀作业
格劳孔的理论对特拉需马科的两个命题的继承与超越[①]

潘明烨

引　言

《理想国》第二卷开篇，格劳孔以特拉需马科的论述为基础，希望在新的语境内进一步探讨正义。一方面，双方拥有相同的社会背景与公众认知，格劳孔对"深入"的要求使理论的承接成为某种必然；另一方面，出于多种因素，格劳孔关于正义与不义的理论在逻辑自洽性、对社会现实的诠释能力与对理论层面的探讨的推动力上，都实现了不同程度的超越。

一、理论概述

特拉需马科：

1. 正义是强者的利益，是合法的；
2. 正义总是处处吃亏，而不正义则为自己带来好处。

在城邦生活中，法律象征正义；城邦中强有力的人进行着统治，而统治者倾向基于自身利益制定法律，故正义只是属于强者的利益。此处将强者抽象为理想化形象，排除"强者不强"的矛盾。

正义和不正义的人相处，在任何场合下总是正义的人居于劣势。而

[①] 课程名称：理想国；本文作者所在院系：元培学院。

诟骂不义者之所以诟骂不义,并非因为他们害怕加不义于人,而只是因为他们害怕受不义之苦。故不义达到一定规模,便比正义更加有力:"所谓正义,实际上是属于强者的利益,而所谓不正义却是给自己带来实惠和利益的东西。故正义总是处处吃亏,而不正义则为自己带来好处。"①

格劳孔:

1. 一般人认知中正义的本质与起源;
2. 将正义付诸实践者并非出于本心;
3. 不义者的生活比正义者好。

在以后果与自身属性为区分标准的三种善之中,多数人认为正义属于劳苦繁重、为报酬名誉而不得不追求者。城邦法律源于"既不加人以不义,也不为人以不义所加"②的契约。这恰是正义起源、本质所在:正义介于最好的处境(加人以不义而不受惩处)与最坏的处境(受不义之苦而无力报复)之间。这种契约的根本在于人们的懦弱与妥协——正常人若有能力则必行不义。

而在"正义与不义者各自处于本人生活方式的最顶峰状态"③的语境下,正义者受苦不为人理解,不义者取一切名利。无论神灵还是人间,都为不义者安排了相较正义者更好的生活。

二、格劳孔对特拉需马科理论上的继承

格劳孔与特拉需马科对于正义的理论都来自社会群众对正义的观感,二者理论体系中"正义"在城邦生活中的具现也都集中于人们制定或达成的法律或契约。特拉需马科将普罗大众的正义观加以极端化,形成略显激进的正义观。在论述过程中,特拉需马科曾明确表示:正义"是十足的、出色的头脑简单,或者说出色的好心肠";"把不正义归到品德和智慧一类里,而把正义归到正好相反的一类"。④与之对应的是,

---

① 柏拉图:《理想国》,顾寿观译、吴天岳校,岳麓书社,2010,第34页。
② 同上书,第58页。
③ 同上书,第61页。
④ 同上书,第42页。

格劳孔则先行将正义限制在三种不同的善的范围中。无论正义的本质怎样，正义终究在个人层面上为人带来利益，并在城邦层面上维持了城邦的发展。

另一方面，由正义引起的种种社会现象在二者的理论中都成了例证。针对城邦中行不义之人得到更多的利益，而行正义者反而被迫受苦这一现象，特拉需马科选择以其作为核心论据，而格劳孔同样以其论证"将正义付诸实践者并非出于本心""不义者的生活比正义者好"等论点。可以说，正是因为处于相同的社会背景之中，格劳孔正义理论的语境才可以由特拉需马科的理论框架继承下来，并且不与自己的核心观点产生矛盾。

三、格劳孔对特拉需马科理论上的超越

1. 对社会现实的诠释能力

特拉需马科以"政治生活中的统治者"作为强者的影射，并以此为基础展开一系列譬喻。这样的思考方式其来有自：特拉需马科实际上是智者学派的代表人物，他也为统治阶级服务。因而，他说"正义"是"利他"的时候，是从被统治者的角度说的；说"正义"是"利己"的时候，是站在统治者的立场上而言。由此得到总结性的论断："正义即强者的利益。"[①]

"正义即强者的利益"反映了当时社会的普遍观点。城邦社会中，统治者与被统治者之间的阶级分立存在一定的必然性，因而这一论断时至今日也具有相当大的合理性。而正因选取统治者作为"强者"的代表，由此引起的正义的讨论也以政治生活、城邦内各阶级之间的关系为交锋点。更进一步，在特拉需马科的语境中，正义依托于权力。这样的切入方式一方面使"正义"的适用群体——生活在城邦内的人——在探究伊始便明晰可见；另一方面，片面地将正义与不义以阶级之间的对立进行譬喻（尽管这一譬喻是某种意义上的现实）也令对正义的探究

---

① 厉国振：《柏拉图是如何理解正义的》，硕士学位论文，上海师范大学哲学学院，2016，第14页。

产生了局限性。

反观格劳孔，既不属于城邦的统治阶级，却又怀有一个领袖的梦想。这样的身份背景令他得以脱离"强者的利益"的束缚，从更加宏观的角度纵观城邦。其正义理论于是脱离了简单的阶级对立，下探到更加普遍的日常生活中。"契约论"便是这一视角的直接产物：因不具有行不义的能力而又不愿被加以不义，于是达成契约，这是城邦中普遍、自然的社会现象。正因如此，在格劳孔与苏格拉底后续的探讨中，苏格拉底得以假借格劳孔与阿黛依曼特构建的语境，在对传统正义观加以批判后，揭示出正义在灵魂层面、政治层面的含义。

更强的对社会现象的诠释能力令正义从特拉需马科口中单纯的道德概念上升为一个具有现实意义的命题。自此，繁复的论辩被正式赋予价值，格劳孔的理论也从这一角度实现了对特拉需马科的超越。

2. 逻辑自洽性

无论是特拉需马科理论的底层逻辑还是他在论辩过程中添加的"补丁"，逻辑自洽性都不足以支撑自己完成完整的论证。

特拉需马科的第一个漏洞出现在对"强者"的模糊定义上。苏格拉底以统治者的疏漏加以反驳，迫使特拉需马科将论述中的城邦理想化。自此，特拉需马科的逻辑漏洞被一步步放大。在关于"技艺自身的争论"中，苏格拉底巧妙地区分"技艺自身的利益"与"属于技艺对象的利益"[①]，令正义在城邦生活中站稳了脚跟。同时，双方交锋的根本矛盾——利益——也逐渐显现。苏格拉底为此先后论证正义具有德性的属性、相对于不义的破坏性正义更加有助于和谐，并自然地论证了正义在利益方面所具有的价值。

可以想见，特拉需马科的败北一方面源于苏格拉底巧妙的诡辩技术，另一方面在于自己的观点之间出现了割裂。割裂既在于"强者利益"的宏观层面与"他人之善"的个人角度之间的转圜，也在于"这两个论断中的'正义'的含义并不是一致的"[②]。

基于特拉需马科的理论框架与社会认知，格劳孔的正义与不正义的

---

① 柏拉图：《理想国》，顾寿观译、吴天岳校，岳麓书社，2010，第29-32页。
② 刘雪莹：《格劳孔的挑战》，硕士学位论文，中共中央党校，2016，第15、21页。

理论具有更完善的逻辑。从更具有普适性的城邦居民行为抽象出的论断先天不证自明；将正义定义为"善"而非极端化的"十足的、出色的头脑简单，或者说出色的好心肠"①，既表达了格劳孔单纯的探索的诉求，同时却也赋予了"不义"以同等的合理性，从而规避了对"正义"与"不义"直接在德性层面加以评判，而是将讨论聚焦于正义与不义的先天属性。

由于这种观点具有完善的理论架构与逻辑自洽性，苏格拉底不再能单凭逻辑上的诡辩推翻格劳孔的观点。在这一点上，格劳孔的理论实现了对特拉需马科的超越。

3. 对理论层面探究的推动力

客观而言，对社会现状的描述能力、逻辑自洽性等理论的固有属性都令格劳孔与苏格拉底对正义的探讨易于向更加本源的方向推进。格劳孔更加具有普适性的正义观使得涉及城邦发展、个人行为的具体描述不致在复杂的推断中成为空中楼阁，而是易于随时向现实寻求理论依据；更加自洽的理论构建也有效地避免了无谓的逻辑层次上的交锋，使得论辩的重点得以集中于思路的描绘、概念的引入。

可以看到，尽管苏格拉底在与特拉需马科的论辩中获胜，大家（苏格拉底一方与格劳孔一方）却并不认为这是一次有价值的探讨。究其原因，"利益"在这次论辩中扮演了重要的角色：既成了双方的主要交锋点、特拉需马科暴露谬误之所在，也被认定为正义评判的尺度标准。当对争议话题的探讨滑向逻辑层面的诡辩，一些在特拉需马科的论述中暴露出的问题，便没有得到解决，二人也因此失去了向正义的本源更进一步的契机。

"格劳孔挑战之初对于正义自身的剥离，是有关正义的讨论从习俗到自然的上升。"②

特拉需马科的第一个观点源于对城邦人民生活的总结概括。换言之，特拉需马科在此倾向于从"实然"中发掘正义与不义的意义。随着论辩的展开，苏格拉底引导特拉需马科提出了对"德性"的思考。这即

---

① 柏拉图：《理想国》，顾寿观译、吴天岳校，岳麓书社，2010，第42页。
② 刘雪莹：《格劳孔的挑战》，硕士学位论文，中共中央党校，2016，第25页。

是所谓"习俗到自然的上升"。尽管二人没有对此达成实质性的深入，但格劳孔通过理论构建完成了特拉需马科的未竟之业。在对正义的定义中，格劳孔抛弃了利益的出发点，选择以"善"来为正义圈定范围："我所渴望的是听得正义与不正义它们两者是什么，以及作为它们自身，各自在所处的灵魂中拥有一种什么力量，至于它们的报酬，以及由于它们而得来的后果，就任凭它们为何，一概不予过问。"[①]

通过一系列论证，格劳孔有意识地分离了正义与正义在城邦中产生的社会现象。这一点在接下来阿黛依曼特的补充中得到了再一次的强调与明确。这样的理论给予了苏格拉底远比之前的论辩大得多的思维延伸空间。他不再拘泥于逻辑上的谬误，也脱离了城邦人民生活现状对假设的约束，从"实然"过渡到"应然"，从现实利益过渡到价值导向。这是格劳孔的理论对特拉需马科最大的超越。

结　语

格劳孔的理论在不同的意义上实现了对特拉需马科的两个命题的继承与超越，为对有关合力塑造城邦制度的思考做出了贡献，成为一行人探索真正的正义的道路上至关重要的一步。

---

① 柏拉图：《理想国》，顾寿观译、吴天岳校，岳麓书社，2010，第57页。

优秀作业
浅析格劳孔对特拉需马科在正义命题上的继承与超越[①]

田 苊

一、导言

在关于"什么是正义"的讨论中,特拉需马科提出了两个命题:正义是强者的利益;正义总是处处吃亏,而不正义为自己带来好处。特拉需马科通过统治、利益和强者等概念来阐明他的观点,把不正义当作一种美德和智慧,而正义则被归为与之相反的东西。苏格拉底说服特拉需马科后,格劳孔并不满足于当前对于正义的论证,提出了自己的挑战。他希望探究正义与不正义自身是什么,以及它们在灵魂中的力量。与特拉需马科相反,格劳孔承认正义是一种善,在后续的论证中,他通过"巨哥指环"隐喻人性的"贪得好胜"以及"人天生倾向于不义",并企图进一步论证"人们并非自愿追求正义,且不正义者的生活更加优越"。从目前的研究来看,学者们对于特拉需马科关于正义的命题有两种看法,一派认为他的两个命题是逻辑自洽的,而另一派则认为它们是自相矛盾的。笔者倾向于第一个观点,认为特拉需马科的两个命题实质上是相通的。而格劳孔的观点,不仅是对于特拉需马科命题的继承,也是对他命题的哲学提升。

[①] 课程名称:理想国;本文作者所在院系:元培学院。

二、特拉需马科的两个命题

1. 命题的展开

第一命题为"正义是强者的利益"（a）。受苏格拉底的引导，特拉需马科对于本命题论述的入手在于强者的定义。他从城邦的结构入手，认为"那强有力的就是进行着统治的部分"[①]，统治团体或个人则根据自己的利益来制定法律，接下来他进一步地提出了第一命题下的小命题："正义是对于来自统治者命令的服从"[②]（b），即对于统治者来说，正义就是服从法律。

第二命题为"正义吃亏，而不正义带来好处"（c）。特拉需马科运用牧羊人的例子来揭示：统治者并不关心被统治者的利益，并进行了视角的转换，即站在被统治者的角度，提出了新的小命题："那所谓正义和正义的事实际上乃是他人的好处，它是属于那强者和统治者的利益"[③]，即"正义是他者的利益"（d），是对于（a）的确认和拓展。这里他所说的强者，明显与（a）中所指的统治者不同，指的是被统治者中的不正义者。他强调，不正义需要有极致的规模："不正义，只要他拥有了足够的规模，就是一个比正义更强劲有力、更潇洒自如、更威风堂皇得多的东西。"[④]不正义的极致便是僭主。这是对于正义与不正义讨论层次不断深入的过渡，这句话及之后所提到的正义与不正义，开始成为一种对于行事方式和人的描述，即从物质层面的实惠和利益过渡到了道德层面的美德与智慧。最后他提出：不正义是明智得益，是一种美德，而正义是单纯天真，是与之相反的东西（e）。

2. 逻辑的自洽

特拉需马科两个命题逻辑的矛盾在于，在命题（a）中，正义是利益；而在命题（c）中，不正义才能带来利益。但事实上，这两个命题是站在不同的角度叙述同一件事。根据命题（b），民众服从法律就是正义（这里的正义已经进行了道德含义上的转化，是对于行为性质的定

[①] 柏拉图：《理想国》，顾寿观译，吴天岳校注，岳麓书社，2018，第22页。
[②] 同上书，第26页。
[③] 同上书，第33页。
[④] 同上书，第34页。

义），违反法律就是不正义，符合命题（c）中不义者作为违法者、犯恶行者的定义。法律代表着强者的利益，所以对于正义的被统治者来说，服从法律就意味着为他者带来利益。命题（d）对命题（a）进行了补充，扩充了强者的范围，强者包含了统治者（立法者）与作为被统治者中的不正义者，而不正义者的极致就是僭主。当特拉需马科将正义作为一种道德层面的划分时，他仅仅将其应用在被统治者当中，并没有对僭主以外的统治者做正义与否的严格区分。命题（e）揭示出，特拉需马科更倾向于不正义，而正义者、合法者，只是"好样的傻子"①，他们为他者的利益服务，自身只能承受不幸和损失，是对于命题（c）中阐释的"正义的被统治者吃亏，而不正义者则因其不义获得好处"的解释与说明。他者即强者，命题（d）既呼应了命题（c）的观点也呼应了命题（a）的观点。特拉需马科通过统治者与被统治者视角的变更，以及正义概念的转换，进行了两大命题的联通。

二、格劳孔的三个命题

格劳孔并不满足于苏格拉底的反驳，于是提出了新的挑战。他从三种善的定义出发，认为正义"属于那劳苦繁重的一种，他是为了报酬以及为了照顾名誉而不得不去追求的一种善，而就它自身来说，作为一件痛苦的事，本该是予以逃避的"②。他不关心正义带来的好处，希望诉求正义是什么并且它们自身在灵魂中的力量，去论证：人们并非自愿追求正义，并且不正义的人生更加优越。

格劳孔从正义的本质和起源谈起，建立自然与习俗的对立。"做不正义天生是好事，而被人加以不正义天生是坏事，可是被人加以不正义所谓的坏处，超过了加人以不正义所得的好处。"③由于软弱无力，人们互相签订契约，这样就产生了法律，产生了所谓合法的和正义的。所以正义和法律就"介于那最好的处境——加人以不正义而不受惩处，与

---

① 柏拉图：《理想国》，顾寿观译，吴天岳校注，岳麓书社，2018，第33页。
② 同上书，第57页。
③ 同上书，第58页。

那最坏的处境——受人以不正义所加而无力报复,这两者之间"①,构建了温和的契约论。随后,格劳孔用"巨哥指环"指出,人的本性就是贪得好胜以及倾向于不义,只是由于外部法律与公约的强制才被迫行正义,如果具有足够的能力,人们一定会选择行不义。最后,格劳孔提出,最正义的人是"不愿意显得是,而是真正是好人的人"②,他将受尽一切苦难折磨,在尖桩上被钉死;不正义的人追求实际,却具有表面正义的名声,反而拥有更好的生活。阿黛依曼特对不正义的辩护进行了补充,他认为,除了具有神圣天性或者受到知识的熏陶不肯为不义的人,以及软弱无力被迫不能为不义的人,没有自愿而为正义的了。他和格劳孔想要剔除掉正义的名声和外表,而探求正义自身的力量。

三、对于特拉需马科的继承与超越

特拉需马科和格劳孔都表明了不正义能带来更多的利益,他们都认为极致的不义反而会拥有好的名声。在特拉需马科看来僭主被叫成"幸福的人""吉祥的人"③,而格劳孔则认为最不正义的人可以利用正义获得更好的生活;并且他们都直接或间接地提出了强者与弱者的概念来阐释正义的问题。但格劳孔与特拉需马科不同,他从一开始就将正义归作一种善,只不过它本身是苦的;特拉需马科则认为不正义才是美德,正义是与之相反的东西。格劳孔与苏格拉底讨论的目标,是为了追溯正义本身的力量;特拉需马科则是在说明与正义相关的利益关系。格劳孔与特拉需马科的命题具有许多相似性,也有理论上的超越。

1. **法律与强者**:在特拉需马科的命题中,正义出于强者根据自己的利益制定的法律,法律是作为强者维护统治的手段,维护强者一方的利益。而在格劳孔的命题中,人们正因为"无力",即因为不是强者,才签订契约,制定法律,来维护每一个人的利益。首先,他们都从城邦生活的角度,从对于正义的传统定义——法律的角度来切入主题,这或许同时也为苏格拉底之后的"大字小字"的比喻埋下了伏笔。但是格劳

---

① 柏拉图:《理想国》,顾寿观译,吴天岳校注,岳麓书社,2018,第59页。
② 同上书,第62页。
③ 同上书,第34页。

孔的契约论背后,还有他对于人性论的预设作为支撑,从而建构了自然和习俗的对立:人们天性倾向于做不义之事,互相行不义也就意味着互相伤害,这种自然状态就需要习俗(即法律)从外部来约制人们的行为。这是特拉需马科所没有的。

同时我们也发现,虽然他们都对法律与正义进行了分析,但他们的思维方式不同。不论是统治者还是被统治者,特拉需马科都采取一种强者的思维,强者利用不同的手段来维护利益,而正义者只能服从于或者服务于强者的利益。格劳孔则从弱者的角度出发,关于不正义,他认为人们签订契约的其中一个原因是没有能力行不义,同时避免最坏的处境——被人不正义地对待而无力报复;而关于正义,他则认为人们是因为外部法律的制约,或是软弱或年老残疾无力行不义而被迫行正义,他对于正义或不正义的理解都围绕着"无力",可见他对于不正义和正义都是从弱者的角度来看的。

2. **不正义作为一种技艺**:格劳孔认为不正义是一种伪装的技艺,让不义者可以利用正义来获得利益。他把不正义与正义结合起来谈,其中一个就表现在对于特拉需马科的两大命题的逻辑贯通。由于特拉需马科谈论命题(a)和命题(c)时分别采用了统治者的角度和被统治者的角度,所以从表面上看造成了自相矛盾。格劳孔则通过让不正义者和强者处在统一语境中,化解了特拉需马科原有的分歧,在此基础上有了新的阐发。他将特拉需马科的命题(a)和命题(c)结合起来,即不正义者利用正义的名声来攫取利益,过更好的生活。在格劳孔的定义中,命题(a)的正义是一种伪装的技艺,是一种正义的名声,命题(c)的正义则是道德含义上真正的正义。另一个表现就是格劳孔展现了同一主体具有的不正义和正义的复杂性,人们倾向于不正义,但是由于多种因素,如法律、无力、自身的神圣或者知识的熏陶(阿黛依曼特的补充),人们被迫选择了正义。而在特拉需马科看来,正义不是利益就是单纯的天性,并没有格劳孔所述如此复杂的关系。

3. **人性的哲学提升**:格劳孔从三种善的定义入手,把正义归为一种善,并且苏格拉底认为正义是最好的那种善,其实就是把正义的问题上升到了对于幸福的追求,对于人性的理解。因为格劳孔的正义理论具有人性论的基础,所以苏格拉底构建了更有力的哲学系统来反驳他。特拉需马科似乎也涉及了道德，但是他的论述都是建立在城邦生活中的，且很大程度上都是在统治与被统治的语境下展开的，并没有纯粹的道德和人性层面的分析。在特拉需马科看来，正义不是一种道德的选择，而是政治利益的博弈，是一种服从，只有强者的利益才是正义，正义是由统治者所规定的。

四、结论

通过对于特拉需马科命题的分析，我们发现其思想逻辑事实上是自洽的，而格劳孔通过"人天性倾向于不义"的人性论基础阐明"不正义的生活更加优越"，是对于特拉需马科为不正义辩护的继承和提升。他们都从法律入手，反映了城邦对于正义的传统认知。在对正义的论述中，都涉及了强者与弱者的概念，并且进一步从不正义的极致所获得的好处来推进自己的论证。但格劳孔与特拉需马科的价值核心是相悖的。因为格劳孔将正义归为善，诉求正义本身的力量，而特拉需马科则承认正义是一种恶德。格劳孔的理论涉及了正义与不正义在同一主体上的复杂关系，在自然与习俗的对立中构建了温和的契约论，构建了更加完整、系统的哲学体系，是对于特拉需马科命题的全面提升。

编后记
静悄悄的革命

强世功

通识教育的话题在过去的十多年中获得了前所未有的关注。作为改革开放以来中国大学改革运动的有机组成部分，通识教育不仅是中国大学精神的自我探索和自我塑造的有机组成部分，更是中国经济崛起引发的文化自觉和文明复兴运动的有机组成部分。尽管人们对通识教育的理解不同，但关心大学通识教育的人不可避免地会关注两个话题：一是中国的大学究竟应当培养什么样的人以及如何培养出这样的人？二是中国大学教育究竟应当为中国崛起提供怎样的文化传承、思想滋养和精神引导？

然而，无论人们对通识教育秉持怎样的理念，要将这种理论落到实处，就必须尊重高等教育教学固有的规律，必须尊重每个学校特有的教学管理体制。北京大学的通识教育有一个漫长的发展过程，从全校通选课的设立到教学方针的逐步调整，从元培教学改革试点到自主选课制度和自由选择专业制度的建立，北京大学的通识教育是一个不断探索试错的过程，也是一个渐进的、累积的过程。因此，与北京大学过往改革的大刀阔斧与激辩不同，与其他高校声势浩大、不断升级的通识教育改革方案不同，北京大学的通识教育改革更像是一场静悄悄的革命。而这场静悄悄的革命恰恰在于遵循了一个基本的理念：在不打破现有强大专业教育传统的基础上慢慢叠加通识教育，从而将通识教育理念渗透到专业教育中，形成通识教育与专业教育相结合的思路。而这个改革思路秉持的恰恰是守正与创新相结合的理念。

正是基于这样的理念和思路，通识教育改革从大学教育的基石——课程——入手，开始改革通选课，建立通识核心课，将通识教育的理念贯穿到这些标杆性的课程中。正是透过通识核心课这个纽带来培养通识教育的生态环境，从而使教师、学生和学校管理者在专业院系主导的院校中逐渐接受通识教育的理念。因此，北京大学的通识教育改革从来不是自上而下的行政推动，而是在不改变学校现有教育教学体系的前提下，由一批支持通识教育理念的优秀教师通过课程建设在大学中塑造出通识教育的生态环境。可以说，通识核心课是北京大学推动通识教育最重要的平台，而通识核心课的老师们无疑是北京大学通识教育真正的灵魂人物。正是由于这些通识核心课在教学中树立了标杆典范作用，保持了相当高水平的课程质量，在全校学生、教师群体、学校和管理层乃至其他高校和整个社会中产生了积极正面的影响力，各院系才自然而然地接受了这些有真正育人效果的课程，在培养方案的调整中主动压缩专业学分、增加通识教育学分，接受学生自由选课制度、自主选专业等制度安排，并积极组织跨专业的本科生培养项目。

相较十年前，从通识教育理念到具体制度安排，从元培学院的改革到通识教育跨专业项目的发展，北京大学的通识教育都发生了革命性的变化。如果说当年元培实验班是一个通识教育改革试验田，那么今天北京大学就是一个扩大版本的元培学院。而今天的元培学院则要继续承担起新一轮的通识教育改革的探索重任，开展住宿学院制、新生讨论课等改革。然而，这场静悄悄的革命不是来自声势浩大的宣传或行政力量的强行推动，而是首先来自通识核心课身体力行的示范作用，让所有参与其中的人都理解了通识教育的意义，感受到通识教育的魅力，配套的行政改革措施更多是顺势而为。

关于如何建设通识核心课，我在以前的一篇访谈中已经讲过了（参见《现代社会及其问题》第一部分），这里不再赘述。现在呈现在读者面前的这五册著作大体展现了北京大学通识核心课的面貌。我们将通识课程划分为五类，每一册就是一类课程。这样的划分标准是为了和国内目前的学科与知识体系进行有效对接，而没有采用国内大学普遍流行的——但实际上是从西方大学模仿而来的——名目繁多的分布式课程分类。在这些课程中，每一个老师都结合课程阐述了自己对通识教育的理解。我们可以看到，不同专业、不同课程的老师对通识教育的理解有所不同，但这恰恰展现了通识教育理念的包容性和开放性。通识教育不是僵死的教条，而是对每个教师开放的多元空间。比如，在很多理工科的教师看来，如何让理工科学生逻辑清晰地表达一个完整的思想，哪怕是写一封合格的求职信，起草一份项目报告书，也是通识教育的一部分；而中文系的老师往往希望每个大学生都能够写出诗意盎然的小散文。因此，不少大学将写作课程看作是通识教育的基本要求，但每位老师对于写作课内涵的理解或许是不同的。实际上，我们只有将这些不同的理解放在一起，才能展现出通识教育的真意，即通过不同方式和途径达到不同层次的目的，而通识教育本身就是这个不断向上攀登的阶梯。从小时候的家庭教育到中小学教育，从大学教育到社会政治领域中的教育，从追随老师和经典的教育到自我教育，通识教育的理念贯穿人的一生，而大学阶段的通识教育就是为了打开迈向终身教育的阶梯。

在这些通识教育理念的栏目中，我们分别收录了几篇经典的通识教育文献，包括北京大学原校长林建华教授、中山大学原校长黄达人教授、复旦大学校长许宁生教授、清华大学新雅书院院长甘阳教授和复旦大学通识教育中心主任孙向晨教授关于通识教育的文章。这四所大学在2015年共同发起成立大学通识教育联盟，依靠大学和教授们自发的力量来共同推动中国大学通识教育的发展。可以说，他们的通识教育理念或决定、或推动、或影响着北京大学的通识教育。林建华教授是北京大学目前通识教育方案的设计者和推动者，他率先提出了"通识教育与专业教育相结合"的理念，这个理念后来也出现在国家"十三五"规划中，而目前北京大学学生自由选课、自主选专业的制度，更是他全力推动的。黄达人教授关于通识教育的论述已经成为中国大学通识教育的必读文献，他在2015年"通识教育暑期班"上的讲话推动了大学通识教育联盟的成立。甘阳教授是中国大学通识教育最有影响力的倡导者和推动者。他组织的"通识教育暑期班"为众多学生和青年教师展示了通识核心课的典范，后来也成为北京大学推广通识教育理念的重要工作。他曾经在中山大学和重庆大学分别创办了博雅学院，为中国大学的通识教育提供了可以参考的样板，而他在清华大学主持的新雅书院与北京大学的元培学院相互促进，成为两校通识教育合作的典范。孙向晨教授是复旦大学通识教育的主持人，复旦大学与北京大学在通识核心课建设上分享了共同的理念，两校的通识核心课建设也相互借鉴、相互促进。

通识教育的理念只有通过课程才能落实到育人过程中。对于一门课程而言，教学大纲最能反映出授课的思路、理念。不同于传统的课堂讲授、学生做笔记、背诵考试，通识核心课始终将文献阅读和写作思考贯穿其中。因此，通识核心课要求教师在教学大纲中列出具体的阅读书目，最好是每个章节围绕授课内容提供必读文献和选读文献。在学生课前阅读文献的基础上，课堂讲授就变成了一场对话，即师生面对共同的问题，面对已经思考并回答这些问题的理论文献，共同思考我们如何理解这个问题，如何理解文献所提供的答案，我们自己又能给出怎样的理解和解答。恰恰是围绕这些问题和文献，我们将过去的思考与今天的思考、老师自己的思考和学生的思考构成了跨越时空的对话。在这个过程中，我们理解了问题的开放性和文献解读的开放性。

在课堂上，我经常听到学生说，听了老师的讲解，好像老师阅读的和学生自己阅读的不是同一个文献。其实，这种差异恰恰是老师和学生的差异，也恰恰是学生需要向老师学习的地方。如果教科书已经写得明明白白，老师照本宣读，即使讲得妙趣横生，满堂生彩，对学生的思考又有何益呢？因此，通识核心课从来不追求类似桑德尔的公开课所精心设计的那种剧场式的修辞效果或表演效果，相反，我们希望课堂更像是一个思想解剖的实验室，让学生理解一个具体的问题是如何在理论中建构出来的，这种理论建构又形成了怎样的传统，时代变化又如何推动后人对这种理论传统的革新，从而针对新的问题提出新的理论，并认真探究，在当下的语境中，我们究竟应当如何思考这些问题，从前人的思考中能汲取怎样的营养。这个过程实际上就是通过课堂将学生引入一个巨大的文明历史传统中进行思考。老师和学生对问题和文献的不同理解，首先在于思考问题的深度和广度有所不同，毕竟老师对相关问题的理论脉络比学生更清楚；也可能是由于不同的生活经验对问题的关注角度有所不同，毕竟对问题的理解会随着人生阅历而加深；也可能是解读文献的方法不同，毕竟老师受过严格的学术思想训练。学生从老师那里学习理解这些内容的过程，其实就是通识教育的过程，是通过老师和课程这个中介与经典文献直接对话的过程。尽管如此，我们并不能以老师的标准来说学生的思考和理解就是幼稚浅薄的，更不能说学生的思考就是错的。相反，可能学生恰恰看到了老师所忽略的问题，进而有可能开放出一个新的问题域，这有可能是学生未来超越老师的地方，也是老师需要向学生虚心学习的地方。教学相长恰恰体现在这个讨论、交流甚至辩难的过程中。因此，对于通识核心课而言，老师与学生的讨论交流、学生之间的讨论和交流非常重要，但这种讨论和交流面对共同的问题和文献才更具有针对性。因此，我们在通识核心课的设计中，阅读文献要求、小组讨论和师生交流是其中最重要的环节，而助教在这个环节中扮演了重要角色。助教在帮助老师查找相关文献、主持小组讨论、组织师生讨论的过程中成了师生沟通的桥梁。

通识核心课要求课程的成绩不能完全由最后的考试来决定，要求必须有平时成绩，包括小组讨论的成绩和课程作业或者小论文的成绩。这些作业或论文的写作也是通识教育的重要环节，通识教育中虽然有不少人主张开设写作课，但不小心就变成了公文写作的格式化要求。写作是阅读和思考的延伸，从这个意义上来说，写作必须是针对具体内容的写作。同样，逻辑思维也是针对具体问题的逻辑思考，学习形式逻辑并不是培养逻辑思维的必要条件。因此，对逻辑思维和写作能力的训练必须贯穿在具体的课程所关注的具体内容中，写作训练离不开对具体问题的思考，离不开对具体文献的阅读和讨论。而对于具体课程的写作，我们也是采取一种开放的态度。有些课程作业已经变成一种学术论文的写作，有些课程作业可能就是一种报告，另一些课程作业也可能是一篇随笔或者评论。不同的形式服务于不同的目标，但都展现了课程所带来的思考。我们把这些可能显得稚嫩的课程作业选登在这里，恰恰是怀着平常心来看待通识核心课。通识核心课真正的魅力正是在于这些日常教学活动中的阅读、讨论和写作本身。我们编辑这一套书就是为了记录通识教育核心课的点滴，以期进一步推动并完善北京大学的通识教育。

北京大学通识核心课虽然是由北京大学通识教育专家咨询委员会共同组织的，但整个通识教育的理念和方案都是由校长们构思、教务部具体推行的。从林建华校长到郝平校长，从高松常务副校长到龚旗煌常务副校长，北京大学通识教育工作始终坚持守正创新的原则，稳步扎实地推进，并进一步将通识核心课建设的经验运用到思政课建设中。而教务部作为通识教育的主责单位，从方新贵部长、董志勇部长到傅绥燕部长,每一位部长都着眼于北京大学的长远发展,以功成不必在我的精神,持续推动通识教育工作的顺利开展。在这个过程中,复旦大学高等教育研究所的陆一博士一直为我们提供第三方课程评估,并对课程的改进提出了非常中肯的建议。而"通识联播"公众号的所有编辑都是北京大学的学生,他们的积极参与有力地推动了通识核心课的建设,将课程承载的通识教育理念向课程之外更广阔的范围传播,为创造良好的通识教育生态环境发挥了巨大作用。

在此,我们要感谢所有北京大学通识教育工作的参与者、支持者、关注者和批评者,尤其要感谢郝平校长和傅绥燕部长,他们为这套书作序,指明了北京大学通识教育未来发展的方向。北京大学通识教育工作始终在路上,让我们共同努力,继续推动通识教育的发展,推动中国大学精神的复兴,推动中国文化的自觉与中国文明传统的重建。

2021 年 2 月 21 日